破解成长型企业的管

运营突破

100 个管理难题的落地解决方案

孟志强◎著

中华工商联合出版社

图书在版编目（CIP）数据

运营突破 / 孟志强著. -- 北京：中华工商联合出版社，2019.12
ISBN 978-7-5158-2636-3

Ⅰ.①运… Ⅱ.①孟… Ⅲ.①企业管理－研究 Ⅳ.①F272

中国版本图书馆CIP数据核字（2019）第251859号

运营突破

作　　者：孟志强
责任编辑：吴建新
封面设计：张合涛
责任审读：郭敬梅
责任印制：迈致红
出版发行：中华工商联合出版社有限责任公司
印　　刷：三河市燕春印务有限公司
版　　次：2020年1月第1版
印　　次：2024年1月第3次印刷
开　　本：700mm×1000mm　1/16
字　　数：240千字
印　　张：16.5
书　　号：ISBN 978-7-5158-2636-3
定　　价：45.00元

服务热线：010-58301130
销售热线：010-58302813
地址邮编：北京市西城区西环广场A座
　　　　　19-20层，100044
http://www.chgslcbs.cn
E-mail：cicap1202@sina.com（营销中心）
E-mail：gslzbs@sina.com（总编室）

修订版自序

《运营突破》源自学员课堂提问和我的解答，自 2016 年出版以来，成为许多中小企业解决管理难题的实用小册子。2017 年我们开通了"中国运营大本营"学员微信群，为参加过"运营突破特训营"和"5i 运营管理咨询项目"的学员提供线上咨询解答，这些解答也收录到此书中。

虽然只有短短的三四年时间，但是企业家面临的管理问题发生了巨大变化，突出表现在经营的问题少了，管理的问题多了；宏观政策的问题少了，具体操作的问题多了；员工层面的问题少了，老板自身的问题多了；文化理念的问题少了，实用方法的问题多了……这是一个可喜的变化，说明我们的企业在成熟，我们的团队在成长。

党的十九大以来，中国正在由速度规模型向质量效益型转变，企业过去的野蛮式生长、粗放式管理、江湖式文化已经不适应时代发展的要求。新的问题层出不穷，为我们这次出版修订版提供了最新的话题，修订版中三分之二的问题和内容已经进行了更新，而且解答也比之前更加详尽。感谢我们的学员和客户，没有你们的问题，就没有这本书，是我们共同合写了这本《运营突破》，也希望当您遇到具体问题时，翻翻这本《运营突破》，就像在与一位咨询师对话，就像我在您身边！

　　需要说明的是，这本书不是一本专著，只是一本问答总汇，书中的问题是学员提出的，案例也是他们企业的个案，不一定完全符合您的实际情况，解答的方案也不一定完全适合您，所以请您借鉴和参考使用。

目 录

战略篇

人才篇

运营篇

文化篇

战略篇

1. 小公司需要做战略规划吗?

【案例】我们是一家小型的生产企业,主要生产塑钢门窗,包括加工生产和工程安装,一共有60多名员工,已经有10年历史了,但一直没有做大。听课的时候,老师讲企业要做战略规划,我们这么小的公司,效益也很一般,生存还都是个问题,有必要做什么战略规划吗?我的理想就是做一家"小而美"的公司,不求大,只要能赚钱,大家都快乐,那就是一家很好的公司了,我的想法对吗?

【解答】无论企业大小,都是市场竞争的主体,有竞争,就有输赢,你不竞争,别人就把你竞争下去,你不进步,别人就会超过你,为了不落后、不失败,为了持续的成功,就应当准确预测形势,做好超前的判断,为企业指出一条正确的、可持续的发展之路,这就是战略。因此,做不做战略规划,与企业大小没有关系,只与你想不想赢有关系。

(1)不做大,可以做"美"。不是所有的企业都要做大做强,做"小而美"的公司也是一个很好的选择,但是做"小"很容易,做"美"却很难。

"做大做强"曾经是红极一时的口号,鼓舞了许多企业不断奋斗,走向了成功,也误导了许多企业,在奋斗的道路上最终倒了下来。这些企业只做大了,没有做强,他们资产规模很大、销售额很大、区域覆盖很大、分公司很多、人员也很多,但是利润很少、利润率很低、人均利润更低,不赚钱,甚至还亏损,这就是所谓的"大而不强"。

有的企业资产规模不大,人也不多,但是利润高、利润率高、人均利润更高,而且每年都能够持续增长,发展非常稳健,这就是"小而美"的公司。这个"美",就是他们的产品与服务的附加值很高、股东回报率很高、员工薪资福利待遇也很高,甚至有某种技术或者模式的壁垒,竞争对手很难与他们竞争,更不用说超越他们。比如,普通的钢材贸易是要走量的,因为利润率很低,收款非常困难,必须做大才有利润。如果战略重新定位,改为销售特种钢材,并提供个性化加工和技术解决方案,销售量可能变小,但是利润会很高,这就是"小而美"的公司。以您的企业为例，普通塑钢门窗已经产能过剩，个人客户还有些利润，开发商或者政府工程压款就比较严重，总体算下来，工程干完了可能没有利润，这就需要战略转型。我们有个学员与您是同行，现在转型做智能特种门窗，主要用于医院、机场、实验室，除了隔音还能静音，除了环保还能杀毒，目前销量虽然不大，但是价格高、利润率高，这就是"小而美"的公司。"小而美"的公司在做强的前提下，通过市场拓展营销和运营体系复制，这个企业就能够变大。

从一般规律上讲，从"大"做到"强"不容易，因为有些大企业习惯了挣快钱，习惯了走量，习惯了抓眼前的效益，忽略了未来的竞争是依靠附加值和解决方案，或者明明看见了，但是心态已经非常浮躁，沉不下心去做更高价值的创新。这是非常危险的，如果华为没有"B计划"，不做芯片研发和操作系统开发，只依靠手机或者其他通讯设备产品的大规模销售，在2019年美国违反商业规则的制裁中就会陷入绝境，他们每年拿出销售收入的10%~15%做研发，就是要把自己做强，以应对任何突如其来的挑战。

企业从一开始就要做强、做高端，虽然创业艰难，但是一旦成功以后，想做大是很容易的，创新、资本、运营管理是从强走向大的三大要素，这种"小而美"的公司会比那些"大而不强"的企业更容易走向成功。

（2）战略不是"高大上"，而是正确的思想。做战略规划是必要的，但是做战略规划不一定是做一本厚厚的战略规划书，或者搞个精美的PPT做样子，而是在你心中要有一个可持续发展的路子，核心是你必须有战略思想，如果你的思想是深远的、正确的、清晰的，即便是几页纸，也是非常棒的战略。

中小企业可以没有战略规划书，但是不能没有战略思考和战略思想。让我们看看"企"字是怎么写的，上面一个人，下面一个止，什么意思？就是人停住奔忙的脚步，踮着脚尖，把脚后跟抬起来，向远处展望，思考未来向何处去。企业，企业，就是企图、企盼干一番事业，正是因为企业小，所以才更需要高瞻远瞩，看清未来，不要迷失方向，不要走弯路。当年索尼很小，只是一家生产车载收音机的"街道小作坊"，但是他们那时就为自己定下了目标，希望成为"让世界尊重日本制造"的公司，街坊邻居都嘲笑他们不自量力，但是他们不为所动，依然奋力前行，若干年后他们成了世界精致制造的标杆。马云当年带领"十八罗汉"创业，他们不断地融资，不断地遭到拒绝，但依然没有灰心丧气，他们一直认为自己的梦想会实现——让"天下没有难做的生意"，让阿里巴巴成为一个互联网电商平台，后来他们成功了。

所以，小企业也要立大志，小企业也要有大战略，哪怕不用像大公司那样请专业的咨询公司，搞出一个非常专业化的战略规划书，但是可以通过学习，制定自己的愿景、使命、价值观，梳理好自己的商业模式，做好"三层业务链"与《三年战略规划》，然后分解到每年的年度计划中，也是非常好的战略思考与制定过程。再退而求其次，有一个战略构想在心中，有一个战略思想指导自己，总比"只低头拉车，不抬头看路"地瞎干、蛮干要好得多。

（3）战略的功能是提早准备和凝聚人心。战略的功能非常多，不只是"明确方向"一句话那么简单，战略的作用之一就是"不打无准备之仗"。做战略就是帮助企业家或者股东理清发展思路，看清前进的道路，条条大路通罗马，但是总有一条捷径在那里，就看你能不能发现，就看你如何选择。通过制定战略，梳理一下自己烦乱的思绪，认清当前的优势，找到市场发展的趋势，找到客户潜在的需求，并围绕这个需求创新我们的产品与服务，在细分领域中把自己做到极致，让我们的利润率更高，获利能力更持续，然后设计好成功的商业模式，把我们获取更高利润的逻辑搞清楚，我们的战略思想基本上就成熟了。剩下的事情就是进入运营与执行阶段了，知道未来要什么，就会知道现在准备什么，所有的机会都是为有准备的人提供的，技术、人才、资金、土地、客户资源、品牌积累、管理提升……公司会有意识地创造、引入、整合一切有利的资源，为实现战略目标服务，这就是战略的物理功能。

对于有股东、有高管、有核心团队的公司，在战略讨论、战略梳理、战略制定的过程中，老板必然会与股东、高管、核心团队进行讨论，在讨论的过程中，总会出现不一致的观点与看法，甚至会出现激烈的争执，这是非常正常的现象，因为战略关乎决策层的切身利益，特别是股东。有的人想进攻，有的人想防守，有的人认为进攻就是最好的防守，有的人认为防守才能保住现有成果；有的人认为应当放弃传统行业，转型到新兴行业，有的人认为新行业风险太大，应当把主业干到极致，有条件时再进入新兴行业；有的人认为公司已经很好了，我们个人也都成功了，可以"小富即安"了，有的人认为企业如逆水行舟，不进则退，永远没有安全期，必须不停地创新和挑战……当然，我们内部最后一定会达成一致，或者多数人赞同一个战略方案。决策了什么固然重要，但是讨论的过程更加重要，这是一个统一思想、统一认识、统一目标的过程，是一个凝聚人心的过程，只有万众一心，团队才能爆出巨大的工作热情与强大的团队执行力，这是战略的化学功能。

综上所述，小企业也需要做战略，不图"高大上"，只图"方向明"，公司的战略方向明确了，团队的执行才不会迷茫。

2. 公司战略由谁来制定？

【案例】我们公司是一家从事智能设备设计、生产、销售、服务一条龙的高科技企业，已经成立3年多了，目前产品与服务模式已经基本成熟，公司效益也逐年增长，但是在2018年新技术博览会上，我们发现竞争对手的产品创新、技术创新和模式创新都走在了我们前边，公司董事会有了很强的危机意识。通过了解，竞争对手在公司发展战略上下了很大的功夫，从他们的介绍来看，这些公司具有非常明确的战略规划与商业模式，也吸引了许多投资人的青睐，我们感到在战略方面已经落后了，我们也打算从今年开始制定公司未来三年的战略规划，但是由谁来制定呢？说法不一，有的认为是董事长制定；有的认为是总经理起草，董事会批准；有的认为应当成立战略发展部，由他们来制定，然后再提交董事会批准；有的认为可以请一家专业的咨询公司来起草，我们董事会批准。请问公司战略到底由谁来制定，讨论、通过的程序包括什么？

【解答】不同的公司有不同的战略规划制定与审批程序，因为上市公司比较规范，程序规定比较全面，所以我用一家上市公司的做法来做说明，如果不是上市公司，可以参照以下方式进行程序删节。一般情况下，上市公司涉及战略制定与审批的机构和个人包括股东会、董事会、战略发展委员会、战略发展部和董事长、总经理。

（1）由董事长主持召开公司三年战略规划研讨会，董事长、总经理、战略发展部参加，可邀请专业咨询公司或者企业战略顾问参加，这个会议主要是务虚，讨论研究和确定《公司三年发展战略》的背景目的、基本原则、主要内容、重要目标、实现路径，以及战略制定工作的计划，包括组织分工、阶段性成果、时间期限、讨论与审批程序，并指示战略发展部向董事长提交《公司三年发展战略大纲》（讨论稿）。

（2）由战略发展部起草《公司三年发展战略大纲》（讨论稿），对公司战略做框架式描述，主要包括公司三年发展战略的背景目的、发展目标、经营指标、商业模式、实现步骤等重大战略课题，并进行定性和定量描述及说明，提交给董事长。期间，战略发展部负责下发战略大纲模板，由各部门、各分子公司讨论并填写上交，战略发展部汇总、初审，报总经理二审，然后提交董事长终审。如果委托专业的咨询公司，则由咨询公司进行调研、分析、起草、提交，战略发展部负责提供资料和组织各部门研讨。

（3）由董事长主持召开《公司三年发展战略》研讨会，邀请董事会成员、战略发展委员会成员、总经理、副总经理以上人员参加，由战略发展部汇报《大纲》讨论稿，如果委托咨询公司，则由咨询公司汇报。研讨会之后，由战略发展部或者咨询公司，根据研讨会提出的意见，进行再次修订、补充和完善，提交《公司三年发展战略》第一稿，第一稿的初稿交由各部门、各分子公司补充、完善、确认，总经理审核通过，董事长审核通过，再次上会。

（4）由董事长主持召开《公司三年发展战略》审定会，董事会成员、战略发展委员会成员、总经理参加，战略发展部、咨询公司列席。会前下发第一稿，会中由董事长向会议做《公司三年发展战略》制定情况说明报告，与会人员充分讨论，达成一致，最后董事会成员按照《董事会章程》的有关规定表决通过《公司三年发展战略》第二稿（正式稿），会上战略发展部和咨询公司随时回答与会成员的提问。

（5）董事长向股东代表大会或者股东会做《公司三年发展战略》规划汇报，交由股东代表或者全体股东讨论，如果有重大原则性修改，则由董事长主持，战略发展部或者咨询公司负责修改，经提出建议的股东同意；如果无重大原则性修改，由公司战略发展部或者咨询公司修改完善之后，交董事长审定通过，发给各与会股东，由董事长向股东做修改说明，按照《公司章程》有关规定提交股东会，表决通过《公司三年发展战略》最终稿。

（6）董事长代表董事会签发《公司三年发展战略》并予以公告，总经理、战略发展部组织各部门、各分子公司学习领会，并要求各部门、各分子公司依据公司战略，提交各自的《三年战略行动方案》和第一年度工作计划，报总经理审核、董事长批准后下发执行。涉及目标分解与经营责任状的签定时，由总经理、首席运营官和战略发展部与各部门、各分子公司领导商定。年度工作计划下发后，各部门、各分子公司开始执行，各自的运营管理系统启动。

如果是中小企业，或者非上市公司，建议简化程序：《公司三年发展战略大纲》由董事长或者总经理起草，各部门、各分子公司依此讨论，并提交各自三年行动方案和第一年度工作计划，交由董事长召开高层战略审定会通过，公司副总经理以上人员参加，之后董事长签发《公司三年发展战略》和公司第一年度工作计划，各部门、各分子公司开始执行。

3. 我与中层签定年度目标责任状时，为什么都会讨价还价？

【案例】我是董事长兼总经理，我们每年都要与中层讨论年度计划，签定年度目标责任状，其中在目标高低、指标多少的问题上，总有一番艰难的讨价还价。通常情况下，我要求的目标和指标会高一些，他们会想尽办法，寻找各种理由往下压。有的干部对目标和指标没有意见，但是想要的奖励过高，比如销售部长；有的干部不想要高奖励，但也不要高承诺，比如生产部长；有的干部想要高奖励，但是希望低承诺，比如技术部长，我应当如何说服他们达成一致？

【解答】每年与中层商谈目标责任状，是一种特别好的战略沟通方式，目的是统一思想、责任到人、激励团队、互利共赢。在这个过程中，讨价还价是正常现象，说明大家都非常在乎各自的利益，也希望相互信守承诺。因此，这是好事，总比不讨论，或者比"老板你说了算"要好很多。"先小人后君子"是我们鼓励的商业精神，一旦谈好了，这支团队会心情舒畅地投入战斗，而不会在执行过程中，因为目标不清、利益不明、支持不足而心存疑虑或者不满，这会严重影响团队未来的执行。

至于出现了讨价还价、相互争执，甚至不愉快的现象，需要我们分清情况，分别对待。这其中有利益问题，有方法问题，更有企业价值观问题，基本原则是给目标、给依据、给支持、给激励、给信心，具体解决方法如下：

（1）给目标。对于硬性目标，也就是必须完成的目标，在慎重考虑之后，要坚定不移地提出来，讲道理、讲依据，但不做过多讨论。比如与销售部长谈销售目标，包括销售额、销售增长、新品销售占比等；比如与分公司总经理谈收入目标、利润目标、市场区域目标、大客户拓展目标等，这些目标如果完不成，我们可能就会退出竞争。假如我们目前是行业老大，行业平均增长20%，那么如果我们完不成销售目标，不能实现35%以上的增长，公司就会从行业老大，变成行业老二，你就要问销售经理，问分公司经理，问技术部长……你是否希望公司成为行业老二？这是公司处于一种什么地位的问题，是品牌影响力问题，是大是大非问题，在这方面，老板绝不能让步，宁可这个人不用了，也不能让步，以此来检验团队的价值观。

（2）给依据。不能只讲目标，不给依据，强行往下压，甚至不讲道理，这会导致干部执行起来没有积极性，心不通，气不顺，怎么叫人家好好干活呢？老板必须对重大异议提供充分的依据，比如销售增长35%，为什么？去年经济形势不好，行业性亏损严重，公司产品结构还处在调整期，我们还增长了30%。从外部看，今年经济形势回暖，行业洗牌基本结束，公司新产品具备强大竞争力（行业前三名），大客户积累到了一定的比重（大客户占比为80%），我们在江西、安徽、贵州的办事处已经过了磨合期，都在以40%以上的速度增长。从内部看，我们调整了销售团队的人员，优化薪酬与考核方案，以及销售政策，在销售团队11人中，8个人完成每人1000万元的指标没有问题，其他3人只完成目标的50%，我们也能够达成年度目标。所以，要摆事实，讲道理，给依据，做分析，充分讨论，而不是强压下去。

（3）给支持。不能只让人家承诺，不给人家支持。老板在力所能及的范围内，要给下属提供人、财、物、社会关系等资源支持，这是老板的责任，也是老板的义务。比如，技术部长搞研发，需要资金、人才、设备等条件，那么老板就应当请技术部长提出预算与项目立项方案，与技术部长逐项研究，哪些条件我们内部可以解决，哪些条件需要公司出面与外面资源对接与合作。比如，分公司经理没有条件与当地政府或者大客户快速建立良好的合作关系，老板就要运用总公司的力量，甚至亲自出面为他们创造良好的外部环境。

（3）给激励。本着互利共赢的原则，要给下属适当的激励。激励包括晋级、授权、工资待遇、福利、绩效奖金、期权、年终分红、授予荣誉、内部股份制改造等。人的需求无外乎精神与物质两个方面，那么老板也要从两个方面给予激励，激励那些敢于承诺、挑战目标、创造佳绩的下属。比如，销售部长完成目标提成多少，超过目标提成多少，如果连续三年超额完成销售目标，可以成立销售公司，独立核算，并可以让销售部长占有一定比例的股份；比如技术部长，完成新品上市之后，如果创造出了利润，可以在规定的前三年内给予一定比例的新品利润分成，如果研发创造出了巨大利润，公司可以成立研究所，让技术部长入股，对内完成公司的技术研发，对外可以输出技术和提供技术服务，实现市场赢利，双方共享创新的利润分成。

（4）给信心。针对个别自信心不足的干部，要给信心。自信心不足的干部，一般会有三种情况，一种是心理素质不好的，这类干部遇到压力和挑战就会出现退缩，老板要给他信心，讲清我们的优势，讲清公司提供的支持，讲清实现目标的方法、措施和步骤，让他看清方向，先设定一些容易完成的小目标，然后前进一步、激励一次，逐步增强他的信心。比如生产部长对提升质量指标没有信心，老板就要讲清我们设备的先进性、工艺的科学性、公司对员工训练的投入，以及采购、技术、品质等部门提供的支持，然后确定每月质量提升目标，一步一步地实现，每达到一个高度给予相应的奖励，帮助他从不自信中走出来。第二种是新来的，或者转岗到新的岗位，对业务不熟悉，对工作没有信心，那么老板就要给他提供学习的机会，有条件的可以指定专人帮助他熟悉业务，并告诉他如果胜任了岗位，自己就有了一次新的成长与突破，如果没有成功，还可以调换岗位或者回到过去的岗位，给他一颗定心丸。比如一位公司的行政专员干得不错，公司有意提拔她做人力资源管理工作，但是她没有自信心，怕做不好会影响公司发展，这时候老板要鼓励她，你是最合适的，最有培养潜质的，如果能够胜任人力资源管理工作，不但弥补了公司人力资源管理方面的不足，同时自己也会得到锻炼和成长。要告诉她，你不能干一辈子行政管理工作，人总是要有新的追求，公司会送你去学习人力资源管理，给你3个月的时间适应人力资源管理工作，如果3个月后达不到公司的要求，自己也不想做下去了，你可以回到原来的行政岗位。这样给信心，我们的员工才会增加信心、挑战自我，再加上每次进步都给予肯定与鼓励，人才就会培养起来。最后一种是长期从事一种工作，身心疲惫，对挑战目标没有动力与信心。这时候，老板要征求他的意见，如果有适合的岗位可以让他挑选，因为这类员工不是不想干好工作，而是由于长期工作压力太大，负荷太重，长期做重复性工作，产生了职业疲劳，需要一段时间的调整，换个岗位或者环境可能就会好很多。比如生产部长已经干了10年了，他不想要奖励，也不想挑战更高的目标，如果你判断他是职业疲劳，那么就可以让他选择一个自己愿意干的工作，可以去做采购，可以去做品管，可以去做售后服务，并且告诉他一旦自己觉得调整过来了，想重返生产管理岗位，我们会立即让他回归。

回到商业的本质，老板与下属之间就是一种契约关系，实现双赢才是根本，既不要强压目标，也不要无度放纵，在大目标一致的前提下，讨论具体的问题，寻求具体的解决方法，提供具体可用的资源，不讲空话，不讲大道理，要对症下药。当然有时候一步谈不到位，可以双方设立一个阶段性目标，达成了再谈下一个目标，用实践去检验目标实现的可行性。对于创新的工作，要允许试错，要给予包容，甚至要为有价值的错误发奖，只有这样，我们才能最后达成一致，为了共同的目标并肩战斗、携手前行。

4. 做贸易的转做生产，是不是不太容易成功？

【案例】我们一直做进口阀门贸易，主要给一些大型石油管道生产商和施工方提供进口的阀门及配套零件，最近一家石油管道生产厂家的老板问我是否愿意做一个阀门配套工厂，他可以投入一些资金，并承诺会在订单上支持我。我非常犹豫，一方面贸易利润太低，也受到国外供应商的制约，我们想提高利润率；另一方面又担心没有做过生产，技术上问题不大，但是在生产管理上自己是个外行，担心会有风险。请问该怎么办？

【解答】在产业链中之所以有贸易，是因为生产厂家不想在销售上投入更多的资源，希望集中优势资源专心做好生产，把市场开拓与当地服务委托给贸易商，另外他们也不希望增加储运成本，把储运成本转嫁到贸易商那里，加快现金与物流的周转速度。如果贸易商看到某个行业未来不容易出现厂家直接做贸易和销售的话，那么最佳的方案是把贸易做到极致，而不要轻易做上游的生产。在这个基础上，如果能够提供销售前端的品牌营销，以及后端的技术服务，那么贸易商就会成为厂家不可替代的产业链的一部分。

如果看到未来贸易会逐渐被厂家替代，生存空间会受到极大的挤压，这个行业没有前途，那么可以考虑由贸易转行做生产。贸易转行做生产的风险很高，因为这是两个完全不同的行业，完全不同的经营管理模式，但是也有成功的可能，这要具体情况具体分析。

（1）跨行业的转型风险最高，不做为好。所谓行业跨度大，是指两个行业没有任何关联度，等于重新成立了一家公司，从事了一个全新的行业。比如搞房地产的生产矿泉水，造空调的生产汽车，生产瓷砖的销售红酒……成功概率太低了，隔行如隔山，这句老话是有道理的。

上边这些例子跨行业的特征比较明显，容易鉴别，还有一些转型，看似有关联度，其实也是两个完全不同的专业，具有一定的欺骗性。比如做管理培训的转行做管理咨询，做医药批发的转做医院，做软件开发的转做电商平台，做房地产开发的转做零售商业直营……

（2）同类产品的贸易转行做生产，成功概率较高。如果一直做某类原料和产品的贸易，对原料性能和产品功能非常熟悉，在资金和技术有保障的前提下，可以选择从事上游的生产，从贸易商转成生产商。比如，从事服装面料贸易的，可以转型做服装生产，因为你对原料的特性非常熟悉，如果有设计人才与资金保障的话，可以考虑进入服装生产领域；做农业种植和养殖的，可以开餐馆，但是要具备烹饪技术与餐厅管理能力；做进口设备贸易的，可以转型做这类设备的生产，因为你对设备的结构与性能非常熟悉，可以选择有前瞻性的设备进行生产。

从你的案例来看，就属于做设备贸易的转型做设备生产，从阀门进口贸易，转型做替代进口阀门的生产，这个行业跨度不大，你对产品的市场定位、性能和技术工艺是有了解的，加上原有的销售渠道优势，你是可以做的。但是，不要把宝押在客户给你订单上，即便客户承诺会给予订单支持，这也是一种不靠谱的说法，因为如果价格过高，交货不及时，或者产品质量不达标，再好的关系也会因为利益冲突而被放弃，这样的结局是我们最不想看到的。能够把握自己命运的因素只有两条，一是技术能力，二是生产企业的管理能力，如果你能够具备这两个能力，那你就可以转型，否则还是小心为好。

（3）如果想降低风险，可以先采取贴牌生产的外包模式作为过渡。贴牌外包的好处，就是通过外包对供应商的生产组织管理过程有更深的理解，这是一个学习的过程，如果掌握了生产管理的流程，获得了一些重要参数，对生产风险把控有了底数，那么再自己建厂生产，这样风险系数最小。贸易转型做生产，最大的风险是不懂生产管理，因为生产的供应链管理要比贸易复杂得多。贸易的难点在于产品选择与市场开拓，而生产管理从设计、生产、品管、采购、销售、物流、售后服务，到后台的行政、人事、财务，各项专业管理都不能少，管理要素多，管理难度大，与贸易完全不是一个打法，需要全面了解与掌握才能控制风险。当然，通过参加学习与培训，获得生产管理的基本知识也是一种非常好的方法，至少在理论上从外行变成内行，这样做起来会少走许多弯路。

（4）要学会两条腿走路，轻易不要放弃贸易。贸易转型做生产，最好是贸易照常做，当生产还不能达到盈亏平衡的时候，不能自我良性发展的时候，贸易可以为生产的初期阶段提供现金流。即便生产走入了良性循环的发展阶段，贸易也不要轻易放弃，在生产方面选择一两款有竞争力的产品，从技术研发到售后服务都做到极致，把自家的产品放到自家的贸易渠道实现自产自销，提高质量控制能力和利润空间，这种产业生态结构比较好。

（5）要区分中小企业行业转型与大企业的品牌和资本运作。可能有人会问，为什么一家非体育行业的公司会收购一支足球俱乐部呢？这有两个战略考量，一是未来可能进入体育产业，因为这个产业是朝阳产业，替代传统产业具有广阔的市场前景；二是依靠体育营销，通过体育比赛等活动传播公司的品牌，打出知名度，即使不赢利，也会增加公司的无形资产，就算给自己做品牌推广了。

可能还有人问，为什么做电商平台的、做房地产的会投资新能源汽车？这是因为他们原来的行业赢利能力很强，有强大的资金能力投资未来有前景的产业，即便这些产业与他们原来的产业毫无关联，也没有关系，因为他们已经不是传统意义上的提供产品或者服务的企业，而是一家投资型企业，未来的赢利模式就是投资与回报，所以他们投资或者收购的企业通常已经具备相对成熟的技术、产品或者模式，那些企业只需要资金即可做强做大，不需要从头再来。

中小企业投资一个新产业，虽然有一定的可用资源，但是从某种意义上说还是要从头做起，如果行业跨度太大，还是要谨慎行事。是专业化好，还是多元化好，一直是一个伪命题，如果你有专业技术与管理能力，你就可以尝试多元化，如果没有，还是做好本行，做到极致，同样也能够成功，而且成功的概率更大。如果想做多元化，就要把自己为什么要做，到底要什么，具备什么优势，如何才能具备这些能力和获取这些资源等各方面问题都想清楚，把风险预测好、控制好，也一样会成功！

5. 做传统产业的，转型做高新技术，如何才能成功？

【案例】我是做房地产开发的，过去几年市场形势很好，赚了一些钱，近几年房地产行情低迷，特别是我们这些小型房地产公司，在资金和项目运营上无法与大型房地产公司抗衡，经营风险非常大，而且做了十几年，也厌倦了这个行业，所以我打算从事新的行业。有人劝我做一些文化旅游开发项目，有人劝我做一些工业房地产，有人劝我做一些商业地产，虽然与我的本行有一定的关联度，但是我觉得这些还是传统行业，没有什么发展前景。现在有一个机会，一个物联网科技研发团队开发出了一套家庭养老智能化系统，就是把医院、私人医生、家庭成员与家庭智能医疗设备放在一个平台上，保证老人在平时可以养生保健，病时及时诊断治疗，但是他们没有资金，希望我投资入股，他们从事后续的研发升级。我对此非常感兴趣，相信这个新兴行业一定会有很大的市场空间，资金方面我没有太大的问题，只是担心这个行业我完全陌生，市场中也没有已经成功的模式，我到底该怎么选择？

【解答】从传统行业转向高新技术行业，从宏观的大方向上看是非常正确的选择，因为高新技术符合国家产业政策，符合市场发展的规律，可以让传统行业实现转型升级。在从事传统行业并有了一定积累的前提下，勇于向高新技术领域跨越，这是值得称赞的企业家精神。但是，从微观层面要非常慎重，这个跨越不仅需要眼光和勇气，还需要知识、能力和智慧，要了解市场的情况，了解这个行业的特点，了解科技型企业的管理特性，把风险控制在自己可以承受的范围内，确保企业转型升级取得成功。

（1）做好市场调研，防止成为"烈士"。有句话说得特别有诱惑力，"站在风口上，猪都能飞起来"，我再加一句话，万一风停了呢？过去几年互联网行业的某些领域就给我们演绎了一段非常精彩的悲喜剧，无数传统行业的老板投身互联网行业，互联网金融、互联网商城、互联网教育、互联网餐饮……当尘埃落定的时候，除了几个"独角兽"之外，这个行业落得一地鸡毛。有的因为太超前成了"烈士"，因为政策、市场还没有成熟，过早投入研发，还没有撑到明天，资金链就断了，比如新能源汽车。有的因为太落后，成了击鼓传花游戏中最后一个接盘手，某些技术从一开始就不是新技术，只是传统技术加上一些炫酷的概念，比如共享单车。大量的资金打了水漂，大量的互联网企业解散倒闭，大量的社会资源被浪费。今天物联网、人工智能、大数据、云计算等新一轮技术革命又向我们袭来，会不会再次出现那些大喜大悲、大起大落呢？因此，当我们进入一个全新的技术领域时，作为传统行业的投资人，必须对这个技术未来的市场应用前景做到心中有数，最有效的手段是做好市场调研与预测，做到至少有七分把握。

比如案例中提到的养老医疗物联网平台。首先，要请技术团队做一份商业计划书，包括市场分析重在看风险、技术分析重在看竞争、模式分析重在看逻辑、应用分析重在看可行、专利保护重在看壁垒、团队分析重在看人品、预算分析重在看回报、合作条件分析重在看掌控、政策分析重在看大势。技术团队提供的商业计划书，自己要进行调查与核实，比如是否有类似的项目已经启动或者正在应用，研发与应用的情况如何，国外和国内两个市场都要了解，什么样的医院可以连接到这个平台，医院现有的体制能否与我们的平台无缝衔接，要细到这个程度，这个调研才有意义。如果技术团队做不了市场调研与商业计划书，或者做得不满意，可以自己去做，或者请第三方专业机构做，总之，必须对这个新技术投资项目做全面的调研。基本原则就是少看些前景，多看些陷阱；少看些优势，多看些劣势；少看些诱惑，多看些风险；少听些大话，多看些实际。

只有前期慎重一点，我们后边才会减少风险，调研需要时间，没有七分把握不要轻易决策。通过调研把我们赚钱的逻辑搞清楚，把计划实施的可行性搞清楚，把投入与产出的大致情况搞清楚，心里清楚，才能正确决策。

（2）做好商业模式，防止成为"陪练"。好的技术不等于好的项目，好的项目不等于好的回报，关键是商业模式必须设计好。商业模式就是企业如何获利、持续赢利的一种方式，其中最关键的就是围绕我们的战略目标，打通实现目标的基本逻辑。我们的客户是谁？这些客户潜在的需求是什么？如何挖掘、引领和满足他们的需求？为他们提供什么独特的价值？实现这个价值需要什么资源？这些资源中哪些是我们具备的？哪些是我们可以整合的？从现有资源到目标实现的途径是什么？这个途径实现的可行性有多大？这些问题首尾相接，互为因果，需要逻辑推理，需要层层递进，把我们的商业模式设计好，自己首先要说服自己，理不通，事不成。

比如这个案例中，我们明确这个项目的战略目标是构建家庭养老与保健的物联网平台，那么我们必须要搞清楚，老人和子女是第一客户，他们的需求是居家养老与智能便捷，私人医生和医院是第二客户，他们的需求是就业收入与分散医疗。我们提供的物联网平台区别于传统养老医疗模式的独特价值是"老人不用离家，也不用麻烦子女"，这个价值的创造需要技术、资金、医院、私人医生等资源，这些资源的获得条件是与他们在价值系统与利益分配机制方面达成共识，项目获取客户资源的途径是移动客户端、新媒体、社区示范……如何达到我们的目标，这些问题必须要回答得非常清楚，其中每一个环节必须充分论证，把实现可持续赢利的逻辑梳理透彻，然后反复推敲，至少在逻辑和依据上没有漏洞。

（3）做好知识储备，防止成为"外行"。从传统行业转向新技术行业，投资人如果不是行业专家，对行业特点、人才特点、管理特点不了解，继续用做传统行业的那套打法，很容易在决策与管理方面与合作伙伴产生冲突和内耗，甚至让一个好项目夭折。

从这个案例来分析，房地产行业与高新技术行业有共同点，就是资金需求量大，不同点有两个：

一是预见性不同。房地产开发建设投入之前，项目的预期是明确的，投资回报多少，时间周期有多长，回报率是多少是可以预见的，但是新技术项目的预见性是不确定的，在100个人的脑袋里有100个想象，虽然有计划，虽然要建模型，虽然有预算，但是往往资金需要更多，时间需要更长，甚至越开发越糊涂。如果没有充分的估计，或者勉强上马，项目中断的时候损失会非常大。

二是人才特点不同。房地产管理团队一般作风硬朗，行动迅速，出手大方，有令必行，讲求规范；但是技术团队不一样，他们追求创意，热衷讨论，敢于试错，行动自由，做事细致，喜欢调侃苦乐。如果投资人不懂得这些特点，用管理房地产团队的方式管理科技团队，往往会产生激烈的矛盾冲突。比如有一家公司首席技术官就不愿意坐班，因为他一进写字楼就没有灵感，要求在家办公、网上开会，不要对他考勤，他承诺结果，但是不希望老板对他有太多约束，作为投资人就要尊重这个职业和岗位的习性，不坐班可以，上网即可视为上班，这样才能与技术人才和谐相处。

不同的行业，不同的人群，不同的文化，投资人必须要清楚地了解这些最基本的知识，通过学习，通过与科技人才交流，通过初期的体验，要尽快调整自己的管理风格，既保持传统行业规范化的优点，也要尊重科技型企业的创造性特质，让科技人才在公司中有梦想也有计划，有自由也有规矩，有讨论也有结果，这样我们才能控制投资与运营过程中的风险。

（4）做好资金预算，防止成为"黑洞"。合作双方最后分手的根本原因多半是超预算，多少钱也填不满坑，就像一个黑洞把资金吸得无影无踪，投资人不敢再投资，技术团队另寻他人或者就此散伙。有的科技团队为了拿到投资，所提供的预算故意说少，或者不珍惜投资人的资金，在运营过程中大手大脚，违背职业道德和合作操守；有的科研团队水平有限，预算不准，估计不到后来还会出现的巨大资金缺口，当钱用没了的时候，项目还远远达不到上市的程度。

建议投资人与科研团队共同确定一个预算，最好是一个边开发边收益的计划，重点是确定一个产品的上市策略，从低向高，从易到难，切忌追求完美，坚持现金为王，原则上先搞出一个可以赚钱的产品或者项目，先做个 1.0 版，不完美但是能赚钱，这是最好的起点。能够卖出去，一是可以有现金回流，二是可以增强投资人信心，三是可以检验市场。作为投资人不可以急功近利，今天投资明天就要收钱，这种心态会让研发团队变得焦躁，人急了反而效率不高，会降低他们的工作积极性。研发团队也要摒弃完美主义思想，树立市场意识、商人意识，照顾到投资人的切身利益和诉求，加快资金回笼速度，尽量减少投资人的财务成本，避免投资人的财务损失。

（5）做好股权结构，防止产生"恩怨"。构建合理的股权结构，是保证新项目、新公司最后成功的顶层设计，天时地利，不如人和。人和不能仅靠情怀，靠梦想，靠人品，最重要的是靠利益，成功的战略合作关系都是共担风险、共享利益的关系，任何一方只有利益没有风险，或者任何一方只有风险没有利益，这个合作注定是短命的。

最好的方式是投资人与技术团队共同出资入股新公司，双方友好协商占股比例，通常情况下投资人占大头，因为除了股金之外，投资人还要承担项目的后续投入，所以投资人风险最大，占大头是理所应当的。在股东协议中需要注意的是，要明确规定从企业赢利之日起，优先偿还股东前期投资，再进行股份分红，以保障主要投资人的利益。

有的投资人过于贪婪，认为给了研发团队高薪，你就得给我完成研发，帮我赚钱，所以就完全投资，完全持股，完全控制，完全说了算，研发团队成了投资人的打工仔。这种结构是最不好的，表面上看未来所有投资收益都归了投资人，好像投资人赚得更多，其实结果往往事与愿违，因为科技企业与其他企业不同，技术才是硬核，技术团队才是决胜因素，而不是资本，更不是投资人。明白了这个道理，在合作洽谈时，投资人应当邀请技术团队，特别是团队领头人投资入股，共同成为联合创始人，成为命运共同体。首先，科研团队有感到自豪的股东或者合伙人的身份；其次，他们在主观上注意自己利益的同时，客观上也照顾到投资人的利益，双方是命运共同体；最后，在是否入股问题上，也考验研发团队对项目的信心。

做生意一定要先小人后君子，多站在共赢的角度看问题，确定的事情要白纸黑字写清规则，心甘情愿签定文件，信守承诺绝不失言，朋友可以不做，但是绝对不要变成仇人。江湖恩怨在初创型科技企业里天天上演，我们要变得聪明，不要重蹈覆辙。

6. 我们公司效益不好，员工收入不高，管严了人就走了，管松了人就不干活，该怎么办呢？

【案例】我们是一家传统加工型企业，主要是职业装、工作服、校服的生产与制造，员工有200多人，主要还是机械与手工操作为主。近年来，原料成本、人工成本都在上升，而价格却没有提高，公司利润下降，员工收入自然不高，在当地处于中低水平。一线生产员工实行计件工资，客户对质量要求非常严格，考核也以质量为主，但是管严了，员工就走了，管松了，出工不出力，出力不出活，质量与交期经常出问题，我们该怎么办？

【解答】这个问题非常普遍，表面上看是一个人力资源管理问题，实际上是一个战略问题，产品的附加值太低、利润率太低，公司不赚钱，哪来的钱给员工发高工资？所以，解决问题的关键是如何实现战略突破，实现产品创新，实现更高的附加值。当然，在产品升级与产品研发的过程中，做好人力资源管理，做好人才招聘和薪酬绩效机制，吸引更多的人来工作，同时要建立和导入运营管理，提升流程复制团队的能力，做到不怕人走，还要给予员工人文关怀，尽力留住那些合格的员工，这是我们企业渡过难关的辅助性手段。

（1）产品创新。在公司战略层面，要有产品规划，传统产品作为公司的一层业务链，还要做好，不能放弃，因为不管怎么样，传统产品还是有利润的，虽然利润很薄，但能够维持公司日常运营，这是我们的生存之本。

在这个基础上，要判断市场的发展趋势，瞄准产品附加值，以此来规划二层业务链，在设备与工艺不变，或者适当升级的条件下，做更高利润的产品。因为从产业链来看，低端产品逐步被小作坊式企业代替，有一定规模的工厂在成本上拼不过这些小作坊，如果不生产高利润产品，就是用自己的劣势与别人的优势竞争。反之，如果做小作坊做不了的产品，就会与低端产品生产企业进行差异化竞争，走出恶性竞争的圈子。

在我们的同学中也有类似做工作服、校服的企业，也曾经历过利润低迷和员工严重流失的情况，但是他们把产品做了两次升级，第一次是升级到特种防护服，主要是海洋钻井平台工作服，特点是防酸、防碱、防油，这个在面料选择上可以做到；第二次是服装款式与功能适合高空作业，比如有小型工具的携带功能等。结果他们的产品成了细分市场中的"爆款"，他们的海洋钻井平台工作装在全国处于领先位置，公司走出利润困境。

随着产品创新，未来服装纺织业将迎来生产方式的重大变化，我们从工厂又要回归家庭，特别是手工制作将会产生更高的利润。我们有一位同学是做拖鞋的，为了进军欧盟，从机械草编拖鞋转型为手工草编拖鞋，手工制作产品在欧盟有广泛的市场认同，价格也非常高。这位同学回到农村老家，组织家庭妇女进行生产，经过一段时间的培训与质量提升过程，产品达到了出口标准，在欧盟市场大受欢迎。他把原来的工厂承包给员工，自己专门做高端的出口产品，企业利润大幅度提升，也少了许多人员流失的烦恼。

凡是员工稳定的企业，凡是高收入的公司，一定是高附加值的企业，产品创新是前提。

（2）模式创新。产品创新到了一定的阶段，要考虑投入产出比，要实行批量化生产，以保持企业利润的稳定增长。在这个阶段，模式创新非常关键，好产品加上好模式才能让公司效益最大化。前面解答中我讲到了商业模式，就是企业实现持续赢利的一种方式，在逻辑上要打通，在运营上要执行，让我们的产品创新目标在模式中得以实现。这不仅仅是指营销方式，还包括生产方式、整合资源的方式等。

特种服装的生产商非常多，同质化现象也越来越严重，如何让创新产品占领更大的市场，需要我们在模式上创新，而定制化生产与营销是比较有效的模式。所谓定制化，就是挖掘客户独特的、潜在的需求，为客户量身订做产品与服务，在产品设计阶段就已经开始了营销，其中的逻辑就是"为你设计，为你定制，你就不得不采购我们的产品和接受我们的服务"，这种与客户黏合度较高的模式是非常有效的。

特种服装从功能先进型，逐步向便捷美观型转变，我们的研发设计人员，要深入到客户应用实践当中去，观察、倾听、体验客户的需求，为客户设计几种款式的服装让其体验和鉴赏，然后在款式、加工工艺、便利化服务方面，为其提供一整套解决方案。同时要采取客户见证的方式，先做大客户产生影响力，然后联系意向客户召开现场说明会和订货会，做好产品使用体验展示，做好服务承诺，我们的好产品才能更好地推广出去。

（3）提高劳动生产率。员工来到公司的第一目的是赚钱，如何才能保证员工赚到钱呢？不仅要提高员工的业务技能，更要改进生产管理方式，让员工在付出相同的体力与时间的前提下，有更多的高质量产出。要做到科学排产、设备技改、工艺优化，以及从计划安排、采购供应、工艺指导、品质管控、工序衔接、成品入库等各个环节的标准化、流程化、效率化，就是我们常说的供应链管理要上一个台阶。

比如，我们案例中的服装生产，从设计、打板、出图样，到原料裁剪、缝制、整熨、包装，各个环节要实行体系优化。拿服装生产中的打板来说，这就是一个精细活和技术活，手工制作纸样误差就比较大，要求打板师傅手艺必须好。师傅不好找，是人就会出错误，现在我们可以用激光打板机来代替人工，输入服装版型程序，通过激光扫描达到精准打板和裁剪。随着人工智能的普及，用工人数会越来越少，但是对人的素质要求会越来越高。

（4）人文关怀。现在的员工与以前不一样了，他们在乎工资，更在乎生产、生活环境与文化氛围。干净、整洁、舒适、便利和人性化的公司，友爱、善意、讲诚信、有能力的领导，丰富多彩又新颖时尚的文化活动，都是他们非常看重的要素。

我去企业时，经常去员工宿舍、食堂、娱乐室、培训室、图书室、工厂花园去转转，我会想象如果让我一天 8 小时在这个环境中工作，一干就是 10 年，我是否愿意待在这样的环境中。如果有不满意的地方，我会找到总经理，给他们提出改善环境和条件的建议。因为我知道，作为一家咨询公司，帮助干部和员工提高管理与运营水平，教会他们管理理念与方式不是什么难事，但是要改善他们的环境却很不容易，只有让老板有了这个意识，人文关怀才可以在公司中得到提倡和落实。

人既有物质上的要求，更有精神上的要求，随着员工队伍不断年轻化，"95 后""00 后"已经进入职场。他们喜欢轻松的工作、快乐的生活、讲道理的制度和可爱的领导，再高一点的需求是有培训和学习的机会，或者有灵性的成长。

对精神有更高的追求，这是时代的进步，是从经营管理走向文化管理的驱动力，每个企业都要做好这方面的准备，传统企业更是如此，老板不能一天到晚只是生意，别忘了还有比生意更重要的文化。如果哪天老板理解了，生意，生意，就是生命的意义，那么你的企业文化与人文关怀才真正开始。

7. 客户经常变更设计，导致好多项目没有利润，该怎么办呢？

【案例】我们是做软件开发的企业，为政府和大型企业做信息化系统建设。让我多年困惑的问题是客户开始同意了方案，但在项目进行中，客户又不断提出变更要求，不答应吧，他们是客户，比我们强势；答应吧，我的成本会增加，这个项目可能不赚钱。怎么做才能让客户满意，我也能够赚到钱呢？

【解答】这是一个战略问题，也是一个策略问题。从战略上讲，软件开发的核心能力是对客户潜在需求的真正理解，你设计出来的方案让客户无法更改，而且你对方案的讲解与传达是没有歧义的，这就是你的"硬核"，是解决这个问题的根本出路。当然这需要技术，需要时间，需要人才，需要资金，需要模型建构的独特性及投标小组严谨的演示与讲解，需要一个相当长的积累过程。

那么在短期内，从策略上看，我们是不是可以改变这种困境呢？我觉得是可以的，在合同谈判过程中，规定免费更改设计的次数与工作量，如果再要求变更就要增加费用，从而保持项目的盈利性。

（1）从战略上讲，一是做高端，就是做高端客户、高端项目、高技术含量的系统，具有创新与实用相结合的独到设计。高端客户需求高，价格给得高，理解力也高，当然他们更加挑剔，更加苛刻，这对我们来讲是好事，总比项目小、价格低、要求高、不理解、付款还磨蹭的低端客户好。我们一家学员企业叫北京德联易控，主要研发防止和处理车险诈险的系统，他们的客户是保险公司，使用终端是4S店，他们的产品是德国专利，具有很高的技术壁垒，客户无法不选择。二是做惊喜，就是我们的设计理念必须优于客户，并与之产生共鸣，提出让客户拍案惊喜的方案。比如，我们有一位同学是做数字化产品展示系统的，过去他是做手机销售的。近些年随着电子商务的出现，线下交易量锐减，手机零售与服务不赚钱了，他就转型做手机展销空间。把厂家的手机放在一个展厅，从客户进门刷脸，到客户在哪款手机前停留多长时间，询问款式、功能、颜色、大小等语言采集，再到所有信息的处理和自动生成，最后给客户一个产品设计改进的数据化建议。这个系统提供给客户的最大价值是替代了市场部的市场调研，让客户无意识中参与到产品的设计当中去，然后在线上提出新品设计理念与样机，吸引粉丝们吐槽，再做数据采集与分析，产品设计定位精准，量产上市之后肯定成为"爆款"。这家公司历经3年发展，最后被一家手机品牌商收购了，当然他们获得了巨大的回报，并可以继续从事他们喜欢的系统创新。

（2）从策略上讲，我们必须在商务洽谈的时候，在预见客户已经下决心选择我们的时候，大胆地提出限定更改的次数，可以依据具体项目列出变更项目的种类与收费标准，比如 A 类是增加功能模块，这已经完全突破了原来方案中的功能，比如从统计功能升级到分析功能，或者从分析功能升级到指令功能，项目功能模块增加了，模型的性质发生了变化，这种情况必须要签定补充协议，增加项目合同金额；B 类是局部调整与细化，或者模块内增加小功能，那么可以限定 3 天的工作量，可以免费修改 3 次，3 次以上的，每增加一天要告知收费标准；C 类是小改动，就是随时提出随时解决的小问题，可以不收费，比如换颜色、换字体等美工小更改。

我们要树立一个理念，就是与客户共赢的理念，而不是屈从于客户的理念。如果这个项目更改过多，又没有合同约定的费用增加，最后我们就会不赚钱。不赚钱的项目，或者没有达到利润预期的项目，对我们企业是有损害的，我们将会失去为客户继续服务的能力，所以宁可不做，也不要让项目亏损，除非是战略性项目。

我一直对大家讲，客户是用来敬畏的，也是用来"教育"的，但是绝对不是用来"搞定"的。敬畏客户是因为客户给了我们一切，他们是我们的上帝，是我们的衣食父母，是我们公司存在与发展的基础。客户是用来"教育"的，是因为有些客户的本性是想少花钱，又想多要东西，我们就要给客户算账，不怕比较，不怕挑剔，最后让客户感到物超所值，让客户感受到多花钱就是给自己省钱，省钱就是赚钱。

比如说一个停车场收客户 10 元停车费，客户会觉得贵，但是停车场说如果不停在这里，你可能会被罚款 200 元，到那时候你会觉得我收费 50 元都不贵。这就是教育客户，也是引导客户，当然现在的客户也更理性了，当你拿出超越他们希望的产品、服务或者方案时，明理的客户不会在价格上与我们过多纠缠。当然客户绝对不是用来"搞定"的，不能欺骗客户签单，或者答应客户的事情，最后偷工减料企图蒙混过关，或者看哪个客户好欺负，故意不给公平的价格与服务，这是道德问题，搞不好还是法律问题。与我们做人的价值观不一致的事情，让我们良心过不去的事情，千万不能做，不然你晚上睡觉都会做噩梦。

8. 供应商"店大欺客",商品价格高,到货不及时,我们又不想降低质量选择别的供应商,该怎么办呢?

【案例】我们是一家食品生产企业,生产高品质的食品,其中一种食品生物添加剂必须使用外国独资企业生产的产品,虽然价格很高,但是质量非常好,是我们食品生产中非常重要的辅料。由于市场受欢迎,国内又无替代品,他们的产品非常紧俏,我们在供应商那里拿货非常困难,除了价格高之外,还不给货或者少给货,导致我们的生产经常不能正常进行。他们太强势了,像我们这样的小采购商在他们眼里可有可无,我们没有任何话语权,只能拉关系,做好合理库存,产销计划的执行十分被动,请问该怎么办?

【解答】世界上有些企业是上游的垄断"寡头",他们依靠先进的技术、先进的制造、可靠稳定的质量和强大的品牌影响力在某些领域形成相对的垄断地位,他们更加青睐大采购商,批量大、流水高、物流省,往往把他们的订单优先安排,而对于一些中小采购商往往不重视,当成可有可无的配角,需要补充时用着你,不需要时就不用你。这也无可厚非,市场经济就是这样,如果有一天你也成了"寡头",可能也会这样。对于中小采购商来说,如何解决这个难题呢?

(1)精准计算产销比,计划安全库存。僧多粥少,僧们就要精打细算过日子,将历年每月产销数据与采购量进行统计分析,将下季度营销计划与生产计划进行预测,划出采购需求量曲线和实际采购量曲线,从对比中看到缺货的数量。做好安全库存的计划,在正常采购量的基础上,增加安全库存量,防止"货到用时方恨少",也要防止采购过多,占用资金。

(2)提前下单,抵消延迟交货的时间。将历年每月下单时间与交货时间进行对比,找出供应商延迟交货的时间,在新的年度采购计划中,结合年度每月产量预测,做出提前性采购计划。比如正常情况下,10吨以上采购量需要30天交货时间,但是往往40天交货,那么我们就要将10吨采购量提前10天下单,在需要的时间正好完成采购入库。最简单的计算公式:安全库存=(预计最大采购量－平均采购量）×采购提前量。

（3）维系好合作关系，让供应商在情感上倾向我们。虽然这不是寄人屋檐下，不得不低头，但为了生意还得处理好与供应商的个人关系，打好感情牌，与供应商的责任人、销售负责人、物流负责人搞好关系。搞好关系不是让你去行贿，这是违法的，而是思想与情感上的沟通，个人友情的建立有助于工作上互相提供方便。

（4）收购和扶持有潜质的替代型技术企业，从根本上摆脱束缚。如果预测行业持续发展的前景很好，公司决定扩大产能以保证未来市场需求增长，可以考虑自己做原料或者收购有潜质的替代企业，从根本上彻底解决被动局面。即便我们的品质或者产量在初期会不尽如人意，但是至少我们可以有自己的替代品，品质与供应自己可以掌控。

对行业垄断的打破，也是对行业的一个贡献。如果有一天我们完全替代进口，不仅掌握了自己的命运，也给其他中小采购商带来一个福音，打破垄断，公平竞争，会促进这个行业整体水平的提高。

9. 做对外出口的公司转型做内销，需要注意些什么？

【案例】我们是做灯具出口的企业，已经做了十几年了，主要是欧洲市场，前些年竞争对手少，中国产品物美价廉，欧洲经济状况也不错，我们这些小型外贸加工企业有一段好日子。但是近些年销量下降，利润下降，国外市场越来越不好做了，我们也试图打开北美、中东等市场，但是国内企业之间的竞争把价格拉下来了。我们做过一些市场调研，认为国内市场反而更有利润，市场需求大，而且在质量保证方面正是我们的强项，所以我们决定杀回国内。不过有些外销转内销的朋友告诫我，国内市场风险更大，销售也很困难，我一时也拿不准，到底是否应该转型做内销？

【解答】你的朋友说得一点都不错，对于某些行业来说，外销转内销的确是一个美丽的"陷阱",国外市场与国内市场各有利弊,各有优劣。

（1）认清国外市场的真实情况。同类产品或者服务,从外销到内销,好像只是一个市场空间的转换,其实没有这么简单,这是两个完全不同的市场、两个完全不同的规划、两个完全不同的理念、两个完全不同的玩法。所以,如果没有做好充分的准备,不要轻易转换市场,因为你在国外市场的优势转到国内市场时,可能变成劣势。中国企业"走出去"的路还很长远,即便是一些老牌外贸企业,也还没有在国际市场形成强大的品牌影响力,相比国外知名企业在中国的影响力还相差甚远,特别是欧美市场。

中国民营企业进入国外市场也只是刚刚开始,一些创新力比较强的企业在国外细分市场当中有了自己的一席之地,像福耀玻璃专注汽车玻璃市场,华为专注移动通讯设备,格力专注空调领域等,但是大部分民营企业还是以生活用品、工业配套产品和贸易业为主,承担着中低端市场的补充作用。还有一些民营企业收购国外企业,加快技术与市场的国际化,比如吉利汽车收购沃尔沃、参股奔驰等。

目前多数外贸企业的基本格局还是研发、制造在中国,代理销售或者终端销售在国外,未来随着中国创新能力的提升,会有越来越多民营企业的研发中心、制造中心和服务中心设立在国外。已经进入国际市场的企业要好好想想,国外的市场是否做充分了,是否做到了极致,如果没有,建议暂时先做好国外市场,再考虑进入国内市场。

（2）国外市场转到国内市场的优势。首先,外贸企业最大的优势是质量很好,因为发达国家对产品与服务的质量要求非常高,能够通过这些国家质量管理标准认证的产品与服务,在国内也是上乘的产品与服务。比如出口日本的服装如果在国内销售的话,品质是非常可靠的,本案中出口欧盟国家的灯具质量也是上乘的,这无疑是外贸企业的竞争优势。其次,外贸企业的管理体系也是经过国外厂家严格评审的,其管理水平通常比内销企业的管理水平要高,管理标准与管理水平国际化的背后是管理理念的先进性,这是需要较长时间积累和沉淀的,是一般内贸企业所不具备的。最后,技术转化能力强。外贸企业有两类，一类是为国外品牌贴牌生产的 OEM 企业，另一类是自主研发对外出口的企业，两者技术转化能力都很强，尤其是前者。

（3）国外市场转型国内市场的风险与防范。首先是合作信用风险，从总体上来说，外贸企业与国外厂商合作在信誉度上是有保证的，200 多年的契约精神和规则意识，让我们在与外商打交道的时候比较放心，虽然也有骗子，但是属于极少数，建立在信用基础上的双方合作开展得比较顺利，甚至一封邮件就是合同，而且双方会严格遵守。即便是合作中出了一些意外，出现了违规现象，也都讲道理，该道歉的道歉，该赔偿的赔偿。

反观我们国内市场，这方面虽然有些进步，但是违约现象要比外贸合作领域多，签定了合同还不认账的事情时有发生，甚至信用危机已经影响到经济发展。外贸企业转向国内市场最不适应的现象就是"说话不算话"，"蛮横不讲理"，大家经常看到外商在我们国内企业有驻厂代表，其实就是对我们有些企业不放心。

所以外贸企业转做国内市场，不仅在合同上要严谨，更重要的是合同执行过程中要更加严格把控，坚持到现场考察，做好初检试验，了解供应链运作，建立报表和抽查等风险预警机制等，合作的信用成本较高。

其次是市场定位风险。国内市场需求变化大，因为我们的市场还不够成熟，消费者还不太理性，品质要求还不太高，如果我们把国外的产品与服务定位用在国内，恐怕会出现错位现象。比如为欧洲生产的灯具，如果不加以改造和重新定位，直接投放国内市场，恐怕是卖不动的，审美习惯、使用惯性、价格接受能力、环保意识等都不一样，国内消费者不讲求耐用、实用，而讲求便宜、好看、有面子。

德国大众高尔夫在德国是国民车，卖得很火，但是在中国就没有那么火爆，那么小的车卖那么贵，让中国人搞不懂，结果德国人最后在其他畅销车型上都妥协了，奥迪加长了，迈腾加长了，然后好卖了。

最后是管理文化的风险，做外单比较简单，你雇一个国外的业务员或者研发人员，只要讲好规则，他们就会照办，甚至有些死板，死板的坏处是效率不高，好处是不出错，但是时间长了还是不出错的效率最高，这就是管理文化问题。还有与外商团队打交道可以对事不对人，对事认真，对人灵活。国内团队就比较复杂，打起交道来人情第一，原则第二；关系第一，规则第二；熟人第一，生人第二；老板第一，员工第二。这需要我们改造文化、改造人，弘扬中国优秀的传统文化，也要吸收西方优秀的文化，培养契约精神、独立人格，更加信守规则。

无论是做外贸，还是做内贸，或是内外双管齐下，都要以企业利益与长期发展的眼光来判断，从自己企业的实际情况出发扬长避短，用空间换时间，东方不亮西方亮，坚持实事求是的态度，做好市场调研和投资方案，把控各项风险，强化企业管理，建好企业文化，不管在哪里我们都可以成为最好的公司。

10. 小店一定要做大吗？如果要实行加盟连锁，具体该怎么做？

【案例】我开了一个小服装店，前店后厂，说是企业，其实就是作坊。自己设计制作、自己销售，主要是女装，偶尔也经销一些品牌服装服饰和珠宝，生意不好不坏，也干了 15 年了，在当地有些小名气，也积累了一些忠实客户，其中不乏当地的社会知名人士，她们有事没事也到我这试衣喝茶，小日子也过得其乐融融。员工一共有 8 个，收入不高不低，也没有流失，也不用管理，像一家人一样，小姑娘变成了小媳妇，小伙子变成了老爷们。有些朋友就问我，为什么不开连锁，为什么不扩大规模，凭你的才华早就成为大品牌的设计师了，你的企业早就成知名服装企业了，你一辈子就甘心当个小店主吗？我也犹豫过，不过好像有个声音一直在我心中，做个"小而美"的企业不好吗？人生的意义是一定要干大事业吗？

【解答】大企业和小企业，都无所谓对和错、好和坏，甚至也无所谓成功与不成功。大品牌也有瞬间倒下的，小公司也有百年老店，企业家既有风光无限的，也有昙花一现的，这一切都与人生价值观有关，同时也受到一定外在环境和条件的制约与影响。从你的情况看，做"小而美"的企业效益还不错，自己很知足，那么就这样做下去吧，因为这就是你的人生观，除非哪天你一觉醒来，突然觉得"不做大"会后悔一生。

不过，我们现在还是要交流一下做小企业的心得，其实做"小而美"的企业也不容易。

（1）"小而美"的公司依靠创新也可以做长久。市场的法则是不进则退，没有一成不变的企业，小企业不做大，但是必须要做强，因为小企业抗风险的能力弱。这个时代抛弃你，连个招呼都不打，今天的服装店将来可能会被互联网销售、私人裁缝、大品牌转向定制化、自我设计，甚至3D打印所削弱，小店也在风雨中，需要我们有足够的智慧洞察市场变化，做出适时的调整。设计风格、最新款式、面料、工艺、服饰、陈列、环境营造、客情管理、私人定制、上门服务……我们要做的很多，如果专注私人高端定制，我们的小店可以逐步过渡到私人会所，因为这是一种区别服装店的新模式，重点在营造"圈子文化"，只服务会员与会员介绍的客户，客户定位精准，购买力强，情感交融更容易，除提供服装服饰之外，还有私人之间的友情、文化鉴赏、私人服饰顾问、户外活动等小店不能够承载的内涵。未来客户潜在的需求还有什么，未来的小店将变成什么样，谁也说不好，只有紧盯市场与行业的变化趋势，乘势而为，持续创新，才能维系长久。

（2）"小而美"的公司如果要做大，做好复制就行了。如果有一天生意非常好，未来前景很乐观，自己也有实现做大品牌的理想，那么就要在创新的基础上做复制，可以开自营连锁，也可以搞加盟，这是另一个非常重要的课题，难度不比创新低，正确的思路应当是把第一家店打造成样板店，打造成训练基地，打造成模式输出的"原件"和"复印机"。那么，输出什么呢？

第一，输出产品与服务项目。把我们公司的简介、产品与服务的目录、产品与服务的独特价值及竞争优势、营销与服务话术等说清楚，要有一套《产品与服务项目说明书》。第二，输出文化。把店面的功能设计与文化标识统一标准规范化，所有的店面都是一个标准，细致到店装都要一致，包括企业文化、形象识别系统、员工行为识别系统，要有一套《VI与MI手册》《店面装修工程指导书》。第三，输出人才。样板店重要的使命是为加盟店培养店长和员工，以确保他们在管理与服务质量上不低于样板店的标准。要提前培养，不能现用现抓，形成梯队建设，要有人力资源管理体系，包括组织架构、部门职能说明书、岗位职责说明书、员工入职标准与招聘流程、薪酬管理制度与绩效考核方案、员工晋级制度，要有一套《人力资源管理手册》。第四，输出运营管理系统。包括连锁加盟合作条件与盈利预测、价格政策与分配制度、工作计划与报告模板、主要业务流程、日常管理规范与奖罚制度、质询会制度、改进会制度，要有一套《运营管理手册》。

您觉得复杂吗？复杂也得做，因为想做大必须要有人、有体系，还要训练人使用体系，把这些做完之后，成熟之后，我们再复制起来就省力了，因为有了好的"原件"和"复印机"，复制工作就变得异常轻松了。

11. 做包装不赚钱，改行做酒，也不容易赚钱，下一步准备开餐厅，这个方案可行吗？

【案例】我是做包装印刷的，做了十几年，近来生意不好做了，同时制造业我也做烦了，希望进入一个新的领域。我们家有祖传黄酒秘方，我尝试着用古法酿酒，但是做了两年，产品出来了，一直销不出去，最初靠朋友捧场卖得还可以，这波热乎劲过去后销量明显下降了，没有赚到多少钱。本来还想搞一个餐厅，与黄酒配套，这样餐饮带动酒类营销，一举两得，利润率预测也比较高，只是感觉有更大的风险，心里没有底，我该怎么选择？

【解答】还是小心为好。包装、黄酒、餐厅，这是三个完全不同的行业，黄酒与餐厅之间根本也没有什么关联度，你这是在搞多元化经营。多元化是企业转型升级的一条路，有成功的，也有失败的，关键在于我们是否具有多元化的资源与能力。另外，如果要实现多元化，传统行业与新行业如何排列顺序也至关重要，放弃与新生不是一夜之间就可以完成的，需要一个合理的安排与过渡。

（1）轻易不要放弃主业。做了十几年的传统业务真的做不下去了吗？包装印刷行业真的没有前途了吗？这需要我们认真思考和讨论。包装印刷行业在细分市场当中，近年来有好有坏，传统的、大众化包装印刷行业开始退出市场，但中高端化妆品包装、高科技电子产品包装、文旅创意产品包装等细分市场却在逐年递增，所以我们要静下心来，好好观察一下包装印刷行业的突围之路。

突围之路主要有三条，第一条是设计能力提升之路，在包装材料与工艺方面，我们比客户更专业，现在需要我们补充的是设计能力，就是在深刻理解客户产品价值诉求的基础上，在材料选择与工艺创新方面发挥我们的特长，通过创意性设计，把客户诉求转化为惊艳的产品包装样品，充分展示与表达产品的价值内涵，不是做到表里如一，而是表胜其里，只有这样才能与客户心心相印，把合作的主动权掌握在自己的手中。第二条是设备升级之路，包装印刷行业追求的就是设备先进性，谁的设备先进，谁的制作表达就容易实现，德国海德堡的设备至今是包装印刷行业的至宝，已经达到八色胶印的水平了，但是非常昂贵，即便是这样，中国依然是海德堡的最大买家。为什么？因为物有所值，设备贵、质量好、交付快、人工省、价格高，起步就是高端路线，容易产生行业影响力与品牌效应。还要对具体区域、具体客户进行分析才可以下决心，如果当地高端竞争已经很饱和了，建议还是要谨慎投入，如果高端市场需求增加，当地设备落后，那么你的市场机会就来了。第三条是贴近战术之路，把工厂搬到大客户的附近，最好在一个工业园里边，俗称"傍大款"，对于技术与设备投入不足，但是水平也不差的印刷包装企业来说这是一条比较容易实现的突围之路，这样做的好处是新品设计反应速度快、物流距离短、随时供货不误事，还帮助大客户减少库存成本，大客户使用习惯了就不会轻易更换供应商，你的业务就相对稳定。

如果你的企业还有在传统包装印刷业突围的可能，建议把它做下去，做到极致，需要调整的就是那颗"疲劳"的心，其实什么行业都一样，做时间长了，老板都有厌倦感，还是苦中取乐，痛并快乐着吧！

（2）做好三层业务链设计。制造业转型服务业是一个新趋势，我们有许多制造企业转型成功了，服务业在国民经济中的占比已经超过了50%，也就是我们常说的"三产"超过了"二产"，这是现代中国经济社会发展的必然趋势，国家也大力扶持。但是对于跨行业的转型来说，比行业关联性转型要危险得多，因为我们是外行。

按照战略的三层业务链原理，包装印刷行业是你的第一层业务链，是你的核心业务，是维系生存和支持新行业的家底，不到万不得已，不要轻言放弃，升级改造做到极致。然后，再专心做好第二层增长业务，就是现在从事的黄酒生产与销售，把这个业务作为自己公司新的利润增长点，从外行变成内行，要做就做成功。然后再考虑第三层种子业务，可以研究开餐厅的事情，但是餐饮是这个世界上很赚钱也很难生存的行业之一，建议开始规模不要大，地理位置好一些，要有点特色，黄酒配浙江菜比较好。在这个过程中，探索餐饮管理的规律，先把一个餐厅做成功。

（3）做足新行业的功课。从目前情况看，你已经进入酒业这个行业了，而且做的是传统黄酒，如果你在投资前告诉我，我不会建议你做这个行业，因为黄酒行业有鲜明的地域性，走出江浙一带，很少有人喝黄酒，当然各地浙江菜馆和中医馆也是目标客户。做酒的利润很大，实际上竞争非常激烈，没有一定的资金实力、专业营销能力、稳定的渠道合作关系、长期的广告宣传与品牌积累，想赚钱不那么容易。

那么话说回来，既然做了，就做下去，只要有利可图就行。现在需要做足新行业的功课，首要功课是产品结构的优化，找到当地客户喜欢的口味与品牌，稳固供货渠道，减少中间成本，强化终端营销，做好模式创新，生意开始靠熟人，最终还得靠生人，商贸零售业与制造业是完全不同的行业，服务业供应链短，要求服务水平更高，讲求文化环境与服务沟通，需要不同时期开展各项促销活动，做好大客户定制和酒文化圈子营造。慢慢来，不心急，逐步从外行变成内行还要做足很多功课。

12. 政府招商政策非常优惠，但是地方太偏僻了，能不能投资？

【案例】我是做电子元器件生产的企业，主要是向手机、电脑、电视等行业的国内知名大品牌制造商供货，由于质量好、品种全、工艺先进，在这个沿海城市已经做了10多年，行业内有了一定的口碑，但是随着沿海地区生产成本的增加，利润空间变小。最近西部某县级市来我们这里招商，承诺在土地、配套、税收、劳动力供应等方面，提供全国最优的待遇，但是我去考察了之后，发现那里是相对贫困的地区，劳动力素质不高，交通不便利，技术人才也愿意长期住在那里，怎么看待这种招商项目，投还是不投呢？

【解答】为什么珠三角土地贵，大家还愿意在这里集中呢？一个地方是否值得投资，有几个要素需要搞清楚，能够算账的要好好算账，不仅要算小账，还要算大账。

（1）政府政策与营商环境。地方政府的政策一般都是透明的，是在国家大政策下制定的，相同条件的地方政策基本上也是一样的，主要还是一些税收和费用减免的政策，需要我们关注的是这个地方的营商环境和干部素质，有的地方政策好，但是干部不行，存在不懂政策法规的，办事效率低下的，不作为拖延的，甚至收受贿赂的。

我们有一位同学在某地投资，一个环保局的科长就差点把这家企业拖垮，他不喝你的，不吃你的，不拿你的，但是你得到他指定的企业采购，到他指定的饭店吃饭，这完全打乱了他们的生产节奏。我们国家的法制建设越来越好，政策法规配套越来越全面、清晰，这是可喜的进步，但是在某些地方、某些官员还是会简单执行，粗暴行政，最终受伤的还是企业，所以考察好当地的营商环境非常关键。你可以通过各种渠道找到在当地投资的外地企业家详细了解当地营商环境，也可以查寻当地法院公开的裁判信息，看看企业起诉政府的行政诉讼案例多不多，当然从网上查寻的其他信息要核实，这样基本上可以判断他们的"软环境"如何了。

最后还要看当地金融支持够不够，政府是否有专项基金的扶持，这也是考察当地投资环境的一个重要方面。

（2）基础配套设施与产业配套。基础配套设施要看现实成形的，与你的投资区域相关的水、电、气、通讯、道路等关键配套设施，而不用过多地看总体规划和没有实现的未来设想，许多企业在未来到现实的等待中导致已经投入的项目迟迟完成不了，资金损失很大。我们有一位同学在某地投资了一个工业园，政府土地便宜而且审批面积也大，结果水电配套3年也没有配齐，电增容不达标，一期工程投产之后，二期工程迟迟不能建设，最后贷款利息都支付不起，财务费用快把企业压垮了。

产业配套最关键，一类是与企业建设成本相关的产业配套，水泥、钢材、大型机电、建筑施工能力等，另一类是与企业产品与服务相关的产业配套，主要是指供应商的数量与品质，就是看产业链全不全。我们有一位同学把电子工厂投资到一个山青水秀的旅游城市，结果当地缺少电子配套供应商，缺少产业集群，许多配件还得从沿海地区采购，速度慢，成本高，成了当地产业中的一个孤岛和另类。

（3）交通物流与劳动力成本及素养。制造成本低，不等于总成本低，如果当地地理位置比较偏僻，交通运输不发达，就会导致物流成本很高。我们一位同学投资畜牧业加工企业，当地畜牧养殖业发达，采购价格便宜，但是加工出来的成品运不出来，运输成本特别高，生产成本那点优势被物流成本都吞噬掉了。当地牧民较多，没有受过生产制造方面的训练，培训成本很高，招工很困难，产能与品质都满足不了客户的要求，企业陷入了困境。

以上因素考察清楚之后，要坐下来算算账，大账和小账，近期账和长期账，都要算仔细了，最后综合分析再下结论。如果投资新地区利大于弊，基本上没有太大的风险，企业能够实现以空间换时间的战略发展目的，那么我们就下决心投资吧。

13. 为客户提供整体解决方案是我们的战略，但是人才与技术实力不足该怎么办？

【案例】我们是做电力设备生产与安装服务的企业，从生产高低压开关、配电柜、配电箱，到生产智能电表与智能收费系统开发，未来希望能够加入市政电网的智能化管理运营，这是我们公司为客户提供一体化解决方案的战略规划，但是我们缺少智能系统开发与运营服务的人才与技术，收购这方面的公司需要大量资金，公司目前财力有限，怎么办呢？

【解答】将产业链延伸，形成从前端设计到中端生产安装，再到后端运营服务，无疑是非常好的产业闭合构想，不但可以控制品质，也可以增加企业的利润，是从生产型企业向服务型企业过渡的好战略。如果人才与技术能力不足，可以通过对外合作的方式，来弥补公司当前的能力短板，我有几个建议：

（1）养人才，不如用人才。我经常给企业讲，想吃个鸡蛋不需要养只鸡，现在社会分工越来越精细化、专业化，许多研发机构希望与产业合作，转化他们的科研成果。如果不是非常大的企业，不需要招聘那么多高水平科技人员，否则费用高，而且工作量不饱和，高级人才也不一定愿意在小企业工作，他们也会感到不自由，最好的方式是合作。合作的方式主要有四种，第一种方式是协议开发，专利共享，企业出资金、定课题，研发机构立项目、做研发、交成果，研发出来的成果由双方共同享有，不可单方面转让或者授权第三方使用；第二种方式是联合成立研发机构，股份制或者合伙制，企业出钱、出设备，科技人员出知识、出成果，这些成果要优先给企业使用，并允许第三方购买，作为合作机构的收入与利润进行分配；第三种，就是聘请技术顾问，在知识产权界定清楚的前提下，企业搞研发，技术顾问来指导，为顾问提供劳动报酬，成果出来之后，成果归企业；第四种方式是购买专利技术，如果资金实力允许，可以购买现成的专利技术，并约定专利持有人帮助企业实现成果转化。

（2）以我为主，逐步走向自主研发。如果"买鸡蛋"的成本长期来看非常高，那么在条件允许的情况下，可以"养鸡"，形成自主研发体系和能力，把命运牢牢控制在自己手中。在上述四种合作方式的实施过程中，企业要成立研发部，组建研发团队，在联合开发过程中学到真本领，最后就变成自己的持续开发能力。在这个过程中，我们要严格遵守知识产权保护的有关法律、法规，在合同中明确约定知识产权的归属，如果企业出现知识产权的侵权行为，虽然会一时获利，但是会引起法律诉讼，对企业信誉与长远利益形成损害。

为知识付费，为技术付费，这个时代已经到来，企业在合作过程中要尊重知识，尊重人才，同时也要保护好自身的利益，让投资产生预期的回报，利用好社会技术资源，同时也要学会互利共赢，我们的技术与人才的短板才会得到补充，企业才会获得自主发展的能力。

14. 上市公司要收购我们，应该答应还是不答应呢？

【案例】我们是一家交通建设施工企业，主要是承揽公路、桥梁、涵洞等大型工程，具有建筑二级资质，正在申请一级资质，公司技术能力强，施工设备先进，员工队伍都是从老家来务工的。这些年随着各地基础设施建设加大投入，我们企业快速成长，与央企合作，承建了许多知名的工程，在行业内小有名气。最近一家上市公司找到我们，他们是做基础设施海外项目融投资的公司，参与了许多"一带一路"沿线国家的建设项目，他们希望找到一家产权清晰、专业性强、业绩较好的民营建设企业进行投资。不过他们的要求是必须他们控股，还要获得管理权，当然他们会给我一笔非常丰厚的转让金，并且还让我当总经理，但是我舍不得卖掉付出多年心血的公司，更舍不得那些跟我创业的老员工，我该怎么办呢？

【解答】上市公司想收购你的企业，说明你的企业有投资价值，也是对你多年奋斗的市场认可。如果你不想干了，那么就被收购吧，兄弟们把钱一分就散伙，有愿意留下的你就极力推荐，也做到仁至义尽，然后去享受生活吧。不要指望大股东答应让你当总经理的承诺，这是一个不靠谱的承诺，除非他们在股东章程中写上你是终身总经理，任何人任何情况都不可以罢免，还是不要轻信为好。如果你不想被收购，那就自己滚动发展。能不能做到让上市公司入股，又不失去控制权呢？我认为能够做到，因为股权与表决权不是一回事，小股东如果有多数表决权的话，也可以实际控制公司，要达到这个目的，就要看合作双方在合作理念和权利义务约定上能否达成一致。

（1）谁能赚钱，控制权就给谁。给投资方讲清合作的目的是什么。一句话，让企业能够持续赚钱。如果这个观念达成一致了，我们再谈具体的细节。如果投资方不是这个行业内的专业公司，你就要告诉他，我是专业的，我能够赚到钱。你是外行，如果你控制了公司，产生经营风险的可能性更大，让专业的人去做专业的事，成功概率最高，所以我要么控股，要么具有多数表决权，总之我要实际控制公司。我要权不是为了感受好，而是我能够很好地为大家赚钱，即便我是小股东，你多得我少得，但是我会把蛋糕做大，我们是双赢。

（2）转让金可以分期支付。如果大股东不掌握控制权，他有可能不会给你那么多股权转让金，这时候你的心态必须要好，有了控制权，赚钱的主动权仍掌握在你的手中。你可以与投资人商定，先给一部分现金以表诚意，比如30%，那么剩下的70%，在股份公司成立之后的利润中，优先支付给我，可以分期分批支付，每年支付30%，这样既保持了公司正常发展，也减轻了投资人的负担，自己又可以得到利益保障。

（3）投资人的选择要正确。不要上市公司一找到我们，我们就惊喜若狂，然后什么条件都答应，摆出一副"跪求"收购的媚态。上市公司收购我们一定是有战略目的的，一是合并报表之后增加他的资产规模，更容易融资；二是控制经营成本，把项目给自己的股东去做，成本低，有利润，也更加放心；三是产业生态构思，通过收购健全产业生态链，自我良性循环，同时屏蔽竞争对手。如果仅仅是第一种目的的上市公司，你要小心，这是资本操盘手，不是产业操盘手，可能会今天收购你，明天把你包装之后再出售给别人，而不是要把这个产业做大做强。如果是第二、第三种，可以考虑合作。同时你要向上市公司提出要求，要对合并后的新公司在资金、业务、对外关系和管理培训上给予支持，把共同的新公司提高到一个新阶段。

15. 我们把上市当成公司的战略目标，对不对呢？

【案例】我们是一家做移动电源的科技型生产企业，具有自主研发能力与专利产品，为一些大型电子品牌生产商提供电源配套，公司产值不大，但是利润很好。从我开始做企业那天，许多朋友都说好好干吧，将来一定要上市。我参加了许多课程，特别是资本运作或者股权激励的课程，老师们也鼓励我上市，好像只有做成上市公司才叫成功。当地政府也鼓励我上市，说当地要是有更多的上市公司，也是为家乡争光。3年前，我们上了新三板，但是3年过去了，没有交易的活跃度，更没有融资情况出现。我准备退市了，但是朋友们、老师们、领导们又来劝说，不要退，要进创业板、主板，至少进入科创板，还有一些人劝我去加拿大和美国上市。我觉得都没有精力搞业务了，满脑子都是上市，难道经营公司的战略目标就是上市吗？

【解答】这种说法不对，上市从来就不应当成为公司的战略目标，而只是一个手段，做一家持续赢利的好公司才是战略目标。上市有可能帮助你实现这个目标，也可能耽误你实现这个目标。

（1）把为什么上市搞清楚。为什么要上市呢？如果上市的目的搞不清楚，或者理解错了，那么上市之路是不会成功的。以你为例子，你为什么要上新三板呢？主要还是为了融资吧，其实这个目的很难达到。首先新三板挂牌的公司叫公众公司，不是上市公司。一个公司为什么要挂牌新三板呢？主要是为了在新三板上规范治理结构，公开经营信息，获得社会投资人的认可并给予投资，或者将我们手中的股份转让出去。事实上新三板的交易很不活跃，融资或转让股份的目标很难实现，在新三板市场上干等着，公司还要支付额外费用，我想这也是你要退出的原因。

许多挂牌新三板的企业实际上就是一个项目，有的企业挂牌之后没有战略发展的空间，没有新的赢利模式，公司可持续赢利的前景不被资本市场看好，挂牌就是一个好听的说辞，知名度会扩大一些，实际利益没有多少。因此，上市目的性不强或者出现偏差，从开始就是一个"美丽的错误"。

我们上市的目的不是虚荣，不是圈钱，而是有效地利用社会资金，为具有远大前途的项目进行融资，为股东和自己创造满意的回报，同时缩短实现这一目标的时间。

（2）企业持续赢利能力才是你的"硬核"。有资本的支持企业会实现跨跃式发展，这当然是好事，但是吸引资本不一定非要通过上市，你的业绩报表漂亮，你的商业模式新颖，你的历史干净，自然会受到社会投资人的青睐，种好草地马儿自然来，总比你拼命地追马儿要好得多。如果你有创新能力，有核心竞争力，现金流充裕，增长势头很好，不上市又怎么样呢？

上市之后财务信息要求披露公开，主管部门有许多限制，搞不好在二级市场容易被收购，还有失去控制权的风险。华为为什么不上市，因为他们担心会受到资本的影响，不能够安心走既定的道路。所以上市有利有弊，这需要我们企业先把为什么上市搞清楚，再做决策。

很多企业不上市，不能说他们就不优秀。这些企业不图虚名，求真务实，集中精力做好经营管理，专注企业技术与产品创新、模式创新，做好运营管理，提高团队能力与员工福利，做一家客户很满意、股东有回报、员工很幸福、行业很尊敬的公司，不是也很好吗？

如果哪天条件成熟了，战略目标与上市手段吻合了，那么有"硬核"的公司，有核心竞争力的公司，上市就成了水到渠成的事情。当然上市也要上主板，至少要上创业板，这是我的个人建议。

人才篇

1. 我们这个地方比较偏僻，招不来人该怎么办？

【案例】我们是一个县城的企业，由于工厂地方较偏，现在用工很紧张，加上我们公司的工资水平又比较低，所以招不到人，该怎么办？

【解答】能不能把当地最好的人招到公司？能不能训练现有的员工提升生产能力？如果当地确实无人可用，你的工厂是不是要换个地方？天无绝人之路，方法总比困难多。

（1）最好的企业吸引最好的人才。追马，马儿跑；种草，马儿来。与其抱怨人不好招，还不如把自己的企业办好，我的薪酬待遇好、生活生产环境好、企业文化氛围好、团队合作心情好、政府社会评价好，那么不用你去招，许多优秀的人也会来争抢你的岗位。

我们在河北有一个学员，工厂就在农村，由于技术领先、工艺先进，他们生产的精细化工产品，不仅国内畅销，也远销国外，效益在当地是最好的，员工收入在当地也是最好的。当地人都非常希望到这家企业工作，可以说十里八村有知识、有见识、有能力的人，都以加盟他们企业而感到荣幸。他们公司人力资源的管理理念是：能力要求高，但是福利待遇好；肩负责任重，但是员工收入高；工作压力大，但是业绩提成高。那些愿意挑战高薪水的人，尽管放马过来，这里有你的舞台，就看你是不是人才！

（2）去掉完美思想，培养有潜质的人。对于小企业而言，招到完全胜任岗位要求的人才比较难，一是"用不起"，企业付不起这么高的工资；二是"不合适"，高人来了不一定能够适应咱们这样的小公司。要树立"合适的才是最好的"这样一种人才观，把招聘的重点放到有培养潜质的人才身上。只要应聘的员工基本素质可以，有培养的潜力，就可以招进来。但是招进来以后，就看我们有没有行之有效的试用期管理体系与员工培训机制。员工来了，要给他《组织架构图》《部门职能说明书》《岗位职责说明书》《薪酬绩效考核规则》，以及他所应用的《工作业务流程》。不能要求完美，只能就地取材，当地缺乏人才，我们就培养人才，这样的人才培养起来以后，他们的忠诚度高、能力强，是公司的骨干力量，比从外边招进来的人更好用！

（3）注意吸收返乡人才，或者关键部门进入大城市。随着新农村建设与城乡一体化的推进，大批农民工，甚至中高层管理者，开始返乡就业和创业，他们在大城市受过良好的业务技能与管理知识培训，具有比较开阔的眼光和较高的职业素质，如果能够吸收这样的员工加入公司，会减少许多培训成本，当然要给予他们更高的薪水。如果能够与回乡创业的中高层管理者联手，合伙干企业，相信也会让你的企业更上一层楼。

如果当地确实人才外流严重，根本就没有合格的劳动力，更谈不上什么技术人才、营销人才，那么你就要下决心将企业搬到产业集中地或者大城市去。产业集中地用工市场活跃，容易招到员工，同时物流与配套条件都比较有优势，现在许多地方政府和开发运营商联手，建设配套非常好的工业园、产业园、科技园，通过资源共享、信息共享、服务共享，给企业解决了不少问题，土地与建设成本比在家乡高，但是运营成本会大大降低，企业整体效益会提高。对于一些以技术创新为主或者营销为主的公司，建议工厂可以放在家乡，研发中心与营销中心可以放到大城市，那里人才多、信息多、品牌形象也好于乡下。目前许多中心城市的总部经济非常火，就是这种需求产生的现象级事件。

（4）加强人才资源体系建设，留下并用好人才。无论是偏僻的地方，还是大城市，企业都需要具有专业的人力资源管理能力。首先，小企业的老板必须要学会人力资源管理的知识与方法，知道招聘、录用、培训、薪酬设计、绩效考核、员工晋级、股权激励、企业文化建设等方法。其次，企业发展到一定规模之后，就要成立人力资源部，不要与行政部混在一起，要有专门的人力资源部长或者专员，专业的人做专业的事，效率高、收效好，老板要有正确的人才观。最后，企业文化建设放到人力资源部归口管理，用企业文化培养员工的职业精神，用文化凝聚团队人心，用文化提升公司的软实力。

2. 招人很困难，留人更困难，小微企业没有吸引力，该怎么办？

【案例】我们是一家小型贸易公司，老公跑外做采购，我负责做销售，公司利润薄、规模小，招不到合适的人才，即便是招到了，培养成熟了，也可能自己单干去了，或者被高薪挖走了，公司一直只有十几个员工，做不起来，怎么办呢？

【解答】大企业都是小企业长大的，都有这样一个困难期，这时候最关键的是你的态度，你要想做大，想要更好的业绩，就必须广招人才，要培养人，还要不在乎员工走。态度有了，方法才有用。

麻雀虽小，五脏俱全，小微企业在人力资源管理功能上，一个都不能少。招、留、育、用是人力资源管理的四件大事，互相关联，缺一不可。能不能招到，关键看招人的渠道多不多，负责招聘的人是不是专业；能不能留得住，关键看薪酬待遇和员工晋级方面有没有吸引力；能不能育得好，关键看公司有没有人才培训与深造机制，有没有教化员工的文化力量；能不能用得好，关键是能不能职责明确，授权充分，提供支持。

所谓留住人，也是相对而言的，大多数员工不可能跟老板干一辈子，员工离职是早晚的事，但是企业还要生存和发展，所以我们做好人力资源的终极目标，是建立一家不依赖于任何能人的公司。招来能培养，成熟可以使用，辞职了可复制，这才是把招聘与留人问题彻底解决的根本之道。

（1）广开招聘渠道。因为企业不同，所处区域不同，招聘渠道也不同。选择和建立的招聘渠道越多越好，可以广泛地选择人才，主要的招聘方式包括网上招聘、劳务市场招聘、劳务输出公司、政府组织的劳务输出、校园招聘、公司门口告示、人力资源经理微信群、行业人才网、猎头公司、员工转介绍等，这需要老板或者人力资源经理去寻找和开拓，先解决人才招聘的入口问题。

总要有人知道我们的招聘信息才能来面试，人是等不来的，这需要我们不断开拓招聘信息渠道，让更多的人知道我们的招聘信息，而且在招聘信息中，对于岗位描述、经历学历能力要求和薪资待遇等要说得非常清晰，说得有感染力，在茫茫人海的就业市场才更有竞争力。如果是网络招聘，还要花点钱，争取置顶排名，因为一般人只搜索前30家企业，如果你排在后边，跟没有发布信息是一样的效果。

（2）做好招聘细节。渠道打开了，就必须在招聘标准、简历筛选、面试通知、初试与复试等招聘环节上下功夫。重点解决两个问题，一是我们通知的人会来面试，提高面试到场率，二是初试与复试的考核方式要科学合理，能够最大限度地招到合适的人。比如，给应聘人员发公司地图导航，偏僻的和不好找的地方有公司车辆接送，面试现场有公司历史展示，面试人员要和蔼专业等。有些岗位招聘还要增加员工参观公司的环节，让员工感受公司生活与工作的环境。

招聘是应聘人员对公司的第一印象，如果处理得不好，招聘成功的概率就会很低，许多公司不太重视招聘的细节设计，导致员工对公司没有什么感觉，继续面试和洽谈的机会就丧失了。我们公司的一位同事，在初试流程中公司规定必须出示学历证，否则不能面试，入职一年多后，他说当初能够决定来公司，就是因为我们看学历证，而其他公司其实条件比我们好，但是他们不看学历证，他第一感觉是公司很尊重他的学历，也非常严谨。

招聘没那么简单，做好细节就需要专业，要么总经理，要么人力资源部经理，要么招聘专员，必须要受过专业的人力资源招聘训练。

（3）做好员工训练。员工流失最大的原因是没有挣到钱，虽然入职时谈得都挺好，但是入职之后他会感到工作是有难度的，钱不好挣。这时候就要看公司的培训能力了，如果培训体系健全，培训方法有效，员工的能力就会得到提高，能力提高了业绩自然会好，再加上人文关怀和内心成长帮助，员工自然会留下来，用得住。

我不经常用"培训""培养"这样的词，而是用"训练"，为什么？培训是一对多的讲解，能让个体员工有个性化感受吗？很难的。培训完了之后，他就一定会做吗？不一定，能懂就不错了。培养也是一个模糊的概念，需要明确具体的培养目标、培养对象、培养方式、培养结果。训练就很好，员工来到公司，人力资源部制定新员工自学与人力资源部辅导相结合的学习方案，自学与主管领导教练相结合的简单实用的训练计划。比如，员工入职之后，至少要给员工《组织架构图》《部门职能说明书》《岗位职责说明书》《薪酬管理制度》《绩效考核方案》《工作计划与报告模板》《业务流程与工具》，这样员工就知道自己干什么、怎么干、干好干坏会怎么样，有问题可以查找流程和文件，再有问题可以随时问身边的人。在试用期间许多疑虑就会消除，适应过程就会缩短，融入团队的速度会加快，员工就会相对稳定。

（4）提升人才复制力。俗话说得好，"铁打的营盘，流水的兵"，员工不可能一辈子留在公司，如果一个人的离职会使公司业务受到影响，说明我们的复制力不行。企业有两条生产线，一条是有形的产品生产线，一条是无形的人才生产线。有形的生产线好理解，无形的生产线就是我们的人力资源体系和运营管理体系。人力资源管理体系确定员工培养计划，运营管理体系提供员工学习的流程和实践的过程。从招聘到转正，从上岗到胜任，各个人力资源管理环节构成了人才培养的生产线，那就可以不断复制人才，同时也可以建立不依赖于任何能人的体系，这是人力资源管理的最高境界。

小微企业不像大企业那样有完整的新员工培训系统，甚至有自己的企业大学，但是必须要有简单实用的员工训练与成长方案，让员工在试用期间不会因为我们的工作懈怠、失误而造成不必要的流失。只要员工留下了，我们就有机会继续训练，这是一项长期的工作，学习无止境，训练不停息，成长无期限，复制到永远！

3. 小公司需要设立那么多部门吗？是否会增加人力成本？

【案例】我们是一家小型企业，一共才 30 多个人，有销售主管、生产厂长，财务部由我太太当会计，我是总经理，分管技术、品质、采购和行政人事。上课的时候，老师说部门设立要齐全，生产企业要包括行政部、人事部、财务部、技术部、生产部、品质部、采购部、销售部，如果细分的话，还有工艺部、设备部、市场策划部、客户服务部等，像我这样的小公司有必要成立那么多部门吗？如果人员都配备齐了，不会增加我的人力成本吗？

【解答】我认为职能大于部门。部门可以少，职能不能少，只不过几个职能合并到一个部门，一个人兼几个职位而已。人多人少，不是问题的本质，创造价值的人会增加利润，不创造价值的人才会增加成本，关键看我们招聘到了什么人。

随着公司的发展，专业化程度要求越来越高，一个人兼职太多，工作量超负荷，或者不同专业集于一身，能力跟不上去，就出现了部门，所以"专业化"是部门设立的依据，专业的人去做专业的事，这样才会效率高。比如有的企业，生产部负责生产、品管、设备、采购，甚至负责库房和食堂，这对生产部长的能力要求太高了。如果公司再大一些，业务要求再高一些，生产不仅仅是生产，还要做过程监督改进；设备也不是简单维护，还要做升级改造；品质检查也不是抽样统计，还要制定标准体系和处理客户质量投诉；采购不只是现买现用，还要做供应商管理……那么这些工作就要由专门的部门和人来做，哪有"超人"懂得这么多专业？

另外，增加人一定增加成本吗？不一定，如果增加的人能够给公司创造价值，这样的人越多越好，如果增加的人只给公司增加了成本，创造不了价值，则越少越好。

（1）兼职很正常，但不是长久之策。小企业出现兼职有三种情况，一是业务没有那么多，一个人干三个人的活能够干得过来，兼职能够节省一些用人成本；二是人才没有培养起来，没有可用之人来分担兼管职责，暂时先一人多职；三是老板不放心，有的担心员工做不好，有的担心员工掌握公司核心资源，有的担心员工随便干，控制不住，所以就不招人，也不授权，什么事都自己把着。因此，兼职很正常，是小企业成长过程中的一种正常状态。

兼职的意思，就是你兼几个职位，手里就有几份《岗位职责说明书》，然后在不同的场合扮演不同的角色。比如生产厂长在生产管理中是厂长，从事采购的时候是采购部长，从事设备维修时是设备部长，做工艺流程时是工艺部长。生产厂长不能做品管，因为品管与生产是制约关系，一个人不能既当运动员，又当裁判员，这是组织风险控制的要求，即便生产厂长人品好，不会损害公司利益，也不能生产、品管一人兼，因为人是会变的，特别是权利不受控制时。

兼职是长久之策吗？不是，除非你不想做大，或者不想解脱自己，否则必须要招人、培养人、成立部门，让他们各司其职。一切财富都是人创造的，没有人或者少数人创造不了更多的财富。有人说几个人搞了个 App，一年就赚了几千万元，我们搞实业的，成百上千人，一年也赚不了这么多，谁说人少创造不了更多的财富？自媒体、自由职业者、平台、创客……这些都是劳动个体化，的确有一些公司形态的组织会慢慢消失掉，但这不是主流，大量的产品和服务，还是需要公司化组织去实现。即便是一个网红，她的背后一定有运营团队来支撑，即便是一个大明星，也需要经纪公司来包装和经营。况且，有些行业不做大不行，否则抗风险能力太差，容易夭折，所以不成立部门或者一人多职，不是长久之策。

成立部门，招聘人才，分解自己，最主要的目的包括：一是人多力量大，公司效益会增加；二是工作专业化，工作效率会提高；三是人员可替换，不行的可以随时拿下，有一个缓冲期；四是对外交往规范，对外交往时容易让对方识别，比如你拿出的名片上面写"综合部经理"，对方就不知道你是干什么的，专业化才好交往，也会给对方留下良好印象。

（2）设立部门不等于增加成本。设立部门会花钱吗？不花钱，小企业也应当按照专业化分工把部门设计出来，表现形式是组织架构图，一个部门一个专业，当然有些职能是可以合并的，比如设备维修量不大，零星采购不多，售后服务也不多，那么设备、采购、售后服务就不用成立部门，可以统一归口到生产部。

没有部门经理，上级会自然兼职，或者下级有培养的对象，可以代理部门经理，主管代经理一般还是主管级的薪酬待遇，或者升半格。这是一个锻炼和观察的机会，如果能够胜任，就可以转正、涨岗位工资。

公司业务发展起来了，部门设立齐全了，人员增多了，人员成本确实上涨了，这个问题怎么看呢？第一，人员增多了，效益增加了没有？如果增加的效益远远大于增加的人工成本，证明我们做对了。第二，人员增加了，效益没有增加，可能是增加的人没有创造价值，这个人我们招错了，那要立即调整或者劝退；还有可能是没有到人力资源的效益产出期，人才培养时间不够或者方法不对，这需要用运营体系去解决。

其实人多人少是个"伪命题"，招人培养人一定是有成本的，如果这个人创造的价值高于公司付给他的成本，他就是有价值的，这样的人越多越好；如果这个人创造的价值少于公司给他付出的成本，这个人就是一个成本，这样的人越少越好。

要学会算账，比如我招聘10位业务员，两个月试用期后，就留下了3个合格的，又过了3个月，这3个人为公司创造出了销售业绩，那么我就要算：如果这3个人6个月后创造的价值，远远高于7个离职人员的成本，那么这笔账就划算了。如果这3个人持续创造良好的业绩，这笔人力资源的投资就更划算了。当老板的不能心急，人才投资不是马上有回报的，即便招来的是高手，也要有试用期，一般两三个月你才能判定他到底是不是我们要的人。

（3）老板能分身，团队才能成长。如果一个老板白手起家，那么他一个人就是一个公司，如果他做不过来，就会请人加盟公司，通过培养与外招，让那些能够胜任的人分担自己的职责，然后授权给他们，与他们谈好利益分配机制，这就是建立在契约基础上的合作，也是老板分身的开始。比如说，老板原来兼10个职，手里边有10份《岗位职责说明书》，然后培养一个，就送出一份《岗位职责说明书》，直到有一天，只剩下总经理的职务了，那么他的团队就打造成功了。如果有一天他把总经理的职务也交出去了，甚至董事长的职务也交出去了，只当股东和顾问了，那么这个老板的一生就成功了。

当然，对于担心分权、放手之后控制不住的人来说，要明白一点，分权不等于放纵，更不能失控，人是看不住人的，特别是一个老板看住大家，这是绝对看不住的，还得靠机制。比如，我让你对质量有一票否决权，但是我会安排客服了解质量反馈情况；我给了你灵活的价格政策，但是我会安排财务监察你是不是按章办事；我安排你去做采购，但是供应商名单必须经过公司招标小组审议，必要时我们要到现场核实……信任不能代替检查，授权不能代替监管，分身不能放任不管。

因此，老板一边分身授权，一边要建立管控体系，让人在体系中不犯错误，还不影响积极性。如果明白这个道理，还是不愿意招人、培养人，不愿意让部门专业化、正规化，只能说明这样的老板格局不够，胸怀太小，对于他而言，做好了是偶然，做不好是必然。

4. 一放就乱，一收就死，集团公司应该用什么管控模式？

【案例】我们是一家集团公司，公司有总部，下边有四家全资子公司，业务之间有一定关联度，都是独立核算的实体。最开始我们采取集权式管理，人事、采购、营销都集中在集团总部，下边不给独立经营的权力，但是我们发现这种模式决策效率低，子公司放不开手脚，集团管理负担也非常重。然后我们就放权了，让下属子公司大胆干，结果这些年又出现了一些问题，子公司经营决策失误造成经济损失的，还有任人唯亲形成一些小团伙的，暗中抵抗集团总部命令的，花钱没有节制铺张浪费的……如果集团总部过多干预，他们就说集团对他们不放心，又缩手缩脚不作为了。一放就乱，一收就死，这个问题怎么解决？哪种集团管控模式最好？

【解答】没有所谓最好的集团管控模式，只有适合公司当前发展阶段的模式。企业做大之后必然出现集团化现象，如果在管控模式上设计不好，就会出现"一放就乱，一收就死"的现象，这对企业无疑是一种折腾和伤害。一般情况下，所谓集团化就是公司直接管理的企业超过3家以上，而且都是独立核算，在行业中具备一定竞争力和影响力的企业，无论是否注册为集团公司，实际上它已经是一家集团化公司了。集团化公司与单体公司最大的区别在于管理幅度和管理跨度更大了，管理层级更多了，管理难度也就更大了。一艘军舰好管，一个航母战斗群就不好管，集团就是一个航母战斗群，只是规模有大有小而已。这不是一个简单的组织架构就可以搞定的，需要集团管控模式的设计与运营，才能保持企业又大、又稳、又快的发展。

（1）集团管控模式的三个阶段与三种模式。第一种是集权管控模式，适合集团化初级阶段，也就是刚刚开始集团化的阶段。这时候，集团的特点是人、财、事高度集中，集中在集团总部，子公司只是一个生产或者服务中心，是一个成本中心或者质量中心，不是一个经营中心和利润中心，集团主要考核他们的销售收入、产值和毛利润。即便有授权也是非常有限的，重大战略决策、采购管理、财务管理、营销管理、人事管理等决策权都收在集团公司总部，利润核算也在总部，下属子公司把活干好，把产品与服务做好就行了。

即便有的下属公司是独立核算，但是对利润多少是无法把控的，因为采购和营销两头都不归你管，表面上看是独立核算，其实也就是算算毛利润。

第二种是战略管控模式，适合集中发展阶段。这个阶段的标志：一是以子公司总经理为首的管理团队成熟了，具有独立经营决策能力，具有较强的综合管理能力，具备良好的职业道德素养；二是现有的集权管控模式束缚了下属公司的手脚，公司管理制度化规范化程度达到要求了，但是执行起来效率太低，比如让集团批个文件，下属公司要等六七天，等上边决策了，市场机会都丢失了；三是集团部门统计与监控功能齐全了，可以随时掌握下属公司真实全面的经营管理数据，集团总部随时都可以了解并把控下属公司的运营过程，这时候我们就可以采用战略管控模式了。

战略管控模式中集团的角色是制定战略，除了战略、人事、财务、企业文化之外，日常经营权交给下属公司，下属公司成为了利润中心，集团成为了决策、支持、服务、指导和监督的中心，下属公司会以更快的速度应对市场变化，从而让整个集团更加灵活自如。

第三种模式是投资管控模式，适用于集团高级发展阶段。在这个阶段，集团除了战略发展与投资管控之外，不再过多参与下属公司的决策，集团与下属公司之间是投资与经营的关系。集团成为投资中心，要的是投资回报，下属公司是经营中心，利用集团的资本自主经营，并按照与集团约定的回报率和资产保值增值指标从事独立的经营活动，包括人事与财务权都下放到下属公司。集团层面只保留战略发展部、运营审计部和投资管理部，以及一些必要的办事部门，下属公司成为完全自主经营的主体，这是集团管控最高的境界。

（2）集团化管控模式升级的关键是干部培养。集团化升级的时机，有诸多因素，但是最关键的因素是干部的培养质量与速度。下属公司以总经理为首的经营管理班子，在不同的阶段需要培养与考核他们不同的能力。在集权式管控模式下，主要考核下属公司班子的执行能力；升级到战略管控模式，主要考核下属班子的经营能力；升级到投资管控模式，主要考核他们的决策能力。因此，集团公司从一开始就要把下属公司的领导班子建设放到首位，集团董事会和人力资源部要组建高级人才培养机构，比如总经理培养办公室，制定领导班子长期培养与选拔计划，从集团范围内培养与选拔总经理的后备人才，同时要充当"猎头"，从公司之外物色适合公司的高级人才，长期跟踪，关注动态，把握时机，适时引进。

在总经理选拔的人才类型上，要与公司不同阶段的战略相适应，比如下属公司是科技型企业，那么初创期的总经理最好是技术领军人才，如果下属公司进入到资本运作期，总经理最好是财务或者金融出身，如果是进入发展期最好是运营管理专家出身。这个人才战略非常有难度，但是未来中国企业在集团化进程中，会有越来越多的集团董事会采取这种战略与人才匹配的方案，也是集团化模式走向成熟的标志之一。

（3）建立强大的运营管控系统。集团化的三个管控模式，核心思想就是逐步放权，但是放权不等于放纵，授权不等于不管，相反授权有多大，监控就有多严，这种平衡与制衡发展理论，才会让集团化的进程少走弯路。

在集权模式下，集团总部对下属公司实行集中管理，下属公司重大决策必须上报集团审批，这有利于防止集团化初期失控的风险。在战略管控模式下，决策方式从审批制逐步过渡到备案制，可以"先斩后奏"，下属公司决定之后报集团备案。集团总部要本着一个原则，就是"违规必究，合规不说"，就像足球裁判一样，不犯规不吹哨，保证比赛的流畅性与观赏性，但是一旦发现犯规立即吹哨叫停，不严重的口头警告，严重的黄牌警告，特别严重的红牌罚下。在投资管控模式下，决策权完全下放到下属公司，总部的核心职能是监督与风险管控，突出的表现是监察与审计功能强大，总部人员最多的部门就是运营监察部与审计部。

总之，不同的时期，不同的情况，集团管控的模式是不一样的。了解了集团管控模式发展的三种形式和三个阶段，我们就会超前准备，从容应对，集团化的进程就会又快又稳。

5. 我不想直接管理员工，想招聘一个总经理，但现在还没招到，该怎么办？

【案例】我是一家销售公司的老板，公司就几十个人，已经发展十几年了，我是干销售出身的，现在特别不愿意做业务，也不愿意带团队，一直想招聘一个好的总经理接替我，但是一直没招到总经理，我该怎么办呢？

【解答】老板的职业生涯也是有规律的，一般分为三个阶段。第一阶段干自己喜欢干的事情，第二阶段干自己不喜欢但必须干的事情，第三阶段回归自己喜欢干的事情。你现在处于第二个阶段，不愿意带团队，不愿意做业务，这是职业疲劳症的表现，就是干得太久了，心烦了，大多数老板都有这个阶段。

只做决策不管员工，找一个总经理代替自己管理业务与团队，是每个老板心中的渴望，如果能够打造"自运营"的管理体系，把干部队伍建设好，这个心愿是完全可以实现的，但是如果条件不成熟就想"退居二线"，往往会事与愿违。

（1）学会放松。不要把自己每天绷得太紧，要学会放松自己，多给自己留一些休闲的时间。其实公司业务正常了，创业期过去了，不需要把自己搞得那么紧张，你不在公司，天也塌不下来，去陪陪家人，去旅行或者运动，或者做一些能够让自己放松快乐的事情。赚钱不是人生的终极目的，享受美好生活才是人生目的，要自己想明白，赚钱的目的是为了生活，而不是为赚钱而赚钱。

（2）解脱需要"自运营"。把精力放在"自运营"体系的打造上，推动公司"自运营"体系的导入，建立自发、自动、自觉的执行体系。多参加学习，回到公司多实践、多训练，从计划到流程，从流程到检查，从检查到自我考核，从自我考核到改进复制，也就是我们讲的5i模式。这是一段不愿意做但是必须要做的阶段，总经理要带头建立体系，培养员工在体系中执行的好习惯，把自己从具体的事务中解脱出来，让体系自己去运行，让团队在体系驱动中执行，你才可以解脱。

（3）求贤但不若渴。选人才难，选择一位合格的总经理更难。这个人水平太低了肯定不行，对市场与客户需求判断不准，就不能做出正确的市场竞争战略与有效的营销策略；在招聘、录用、培训、职责划分、薪酬绩效考核方面不擅长，就做不好人力资源管理；在营销计划审核、流程设计与训练、做好过程检查考核和改进方面缺乏手段，就驾驭不了销售团队。当然个人能力强，不代表能够通过运营体系的导入与训练把团队能力也做强，价值观和工作态度如果与老板不合拍，将是最大的硬伤，总经理是团队的精神领袖，是团队的灵魂，对于营销团队而言，文化建设起着决定性作用。

这个人水平太高也可能不行，我们的基础太弱，选个高人来，用他过去的经验管理公司，与我们的实际情况可能不相适应。新官上任三把火，也许把公司炼成了钢，也可能把公司烧成了灰，突出的表现是公司原有的好做法没有了，新的做法又没有产生效果，企业重新陷入混乱，甚至出现老板无奈、员工离职、业务下滑，老板与新任总经理的矛盾迟早会爆发，最终的结局多半是不欢而散，然后老板还要重新收拾烂摊子，这是我们最不愿意看到的结果。

最好的方法是从老员工中选拔，如果没有，再从外边招聘。尽量不要招聘熟人，熟人的好处是知根知底，坏处是会有情感上的纠结，拉不下面子，况且人会因为环境和关系不同而变化，过去是朋友，在工作关系中就会面对权力与利益冲突，好朋友因为合作最后成了仇人，这种事情也常发生。如果从外边招聘，要有一段时间试用期，便于双方试探和磨合，你要给新来的总经理讲清你的战略，看他能不能在战略层面上与你对话并认同你的观点，看看他有什么高见。然后讲责、权、利，双方达到满意，最好白纸黑字写下来。在试用期期间，最稳妥的方式是先让他当副职，先分管一部分工作，如果能够兼任下属一个分区的经理是最好的，不要上来就把总经理的岗位一交了之。

当然要给人家讲清楚，这段时间先介入工作，了解公司情况，发现公司问题，想想改进的对策，看看自己能否适应，最好做成功几个项目，让员工刮目相看，树立自己的威信。试用期结束前，要再做一次答辩，包括发现了什么问题、解决方法是什么、如果上任能够承诺什么结果、需要什么支持。如果双方满意就正式签约合作，不满意就友好分手。

6. 老员工忠诚度高，但是能力差，还不愿意接受新事物，应该怎么管理？

【案例】我们公司是一家物流企业，已经十几年了，老员工占了40%以上，都是跟我至少10年了。现在公司发展了，从散货物流转到专业化物流，主要是高端电子产品运输，从物流行业转到电子元件贸易，从以人工为主的劳动方式转到智能化仓储物流。原来一大批老员工包括中层干部跟不上公司发展需要，能力提升空间有限，还不想学习，甚至出现了排挤新员工的现象。辞掉吧，情感上过不去，不辞掉吧，发挥不了作用，还担心把团队带坏了，该怎么办呢？

【解答】不能"一刀切"，区分不同情况，采取不同方式，还要选对时机。

目前，很多中国企业到了团队迭代的时候，老员工作为公司创业元老为公司立下了汗马功劳，但是他们今天跟不上时代和公司的发展了，走留问题让许多老板陷入了困惑。辞掉会被员工认为"卸磨杀驴"，在人情化的社会中会遭到道义上的谴责；留下这些人，老经验与思维方式又适应不了新的要求，新员工也没有成长的机会，公司发展受阻，这是一道两难选择题。这个问题比较复杂，需要我们本着对老员工负责的态度，细分人群类别，根据不同情况，采取不同的处理方式，从能力与价值观两个维度分析。

老员工一般分四类：第一类能力强，价值观好，愿意学习，不断追求卓越，这类老员工是公司的核心骨干，必须重用；第二类是能力不强，也不想学习，但是价值观很好，可以培养使用；第三类能力不强，价值观不合，也不愿意自我改进，先边缘化，再不行的要淘汰；第四类能力强，但是价值观相反，起阻碍和破坏作用，要立即劝退。

（1）能力不强，也不想学习，但是价值观很好的，可以培养使用。对这类老员工，还是要以鼓励为主，不抛弃不放弃，提供各种机会让他们学会新知识和技能。他们之所以不愿意学习，是因为他们有自卑感，觉得自己年龄大了，学不会了，就这样吧，你们不要逼我，我没有学习能力。老板要懂得，今天老员工跟不上了，学习没有信心了，我们要负一半的责任，是我们过去只重使用没有培养，没有给他们充电，时间长了，他们过去的经验与知识陈旧了，没有及时更新才造就了今天的局面。要讲清不学习的职业风险，要逼他们学习，要想方设法让他们树立信心。上策是学习、提升，再派到重要的岗位上去。当然还有一种情况是这个人真的没有成长空间了，到"天花板"了，这也是事实，因为不是所有人都一直可以提升。可能是因为当时招聘时没有考虑他们的成长性，急于用人，抓来就用，一用就是很多年，想让他成长太困难了，这该怎么办？要找他们谈话，公司要调换工作岗位，如果心态好，愿意接受就好好合作，如果不接受就友好分手，分手时不要亏待这些老员工。

（2）能力不强，价值观不合，也不愿意自我改进的。这类人如果教育不过来，就先边缘化，不要占着关键岗位。公司不养"闲人"，不创造价值，就是人力成本。这类老员工是变化的一批人，他们最初不是这样，当初他们也是敬业、勤奋、自觉，那为什么会变成这样呢？当然有公司的问题，但主要还是自己的问题，人是会变化的，他们把自己目前的境遇归结为公司对他们不好，归结为别人对他们不好。心气很高，能力又不行，时间长了，心态就扭曲了，抱怨、愤怒、自弃、无奈……一身的负能量，这类人很难帮助他们改变。对待这类人，要先边缘化，不给他们重要的岗位，让他们有自知之明，自己走最好，如果长时间不走，也不反省，公司就要跟他摊牌，当然还是要好说好散，合情、合理、合法地分手。

（3）能力强，但是价值观相反，起阻碍和破坏作用的，要立即劝退。什么叫价值观相反？就是人品不好，损人利己，拉帮结派，带头破坏制度，在公司里横行霸道，有的人甚至背着公司，利用公司的技术和客户资源自己在外边做生意，还有的人利用职权虚报冒领，贪污公司的钱财，侵害股东和他人的合法权益，这已经不是道德问题了，已经是涉嫌违法了。这种人必须要辞退，即使公司遭受一定的损失也要辞退，因为这种人能力越强破坏力越大，如果不早些清除，后患无穷，企业要付出惨重的代价。他们存在一天，对其他员工就伤害一天，因为大家对他们敢怒不敢言，你会发现他们欺上瞒下，打压异己，架空老板，这种有才无德之人就是公司的"定时炸弹"。

你有什么样的人才观，你的身边就会聚集什么样的人，根本问题在我们老板身上，反省自己在用人问题上的失误，一切还都来得及。在对待老员工的问题上切忌"一刀切"，要分清不同情况，采取不同的方法。但是有一点，公司总是要前进的，任何力量也不能够阻挡公司前进的步伐，你迁就少数阻碍公司发展的人，就是对大多数进步的员工不负责任，所以只要你想对大多数员工负责，你的内心就会变得非常强大。

最后要强调，解聘也好，开除也罢，必须严格遵守《劳动合同法》。

7. 我是一名"空降兵"，来公司半年了，与老板矛盾越来越深，该怎么办？

【案例】我原来在国内一家知名国企当副总，同行业的一家民营企业老板通过猎头公司找到我，希望我去当总经理，他非常诚恳，求贤若渴，承诺的工资与福利也很高，还有一些期权，我决定接受这位老板的邀请，走马上任。但是半年过去了，我感到非常无奈，老板承诺的授权一事兑现不了，他当初说只要我一来，他就不管公司了，全权交给我管理，其实他什么权利都不放，我连决定一个人事任命都不行。同时我们俩"三观不合"，与他交流总是不在一个层面上，我在谈战略，他在谈权谋；我在谈制度，他在谈人情；我在谈市场，他在谈关系，我在谈正规化，他在谈土办法……干也不是，不干也不是，真想一走了之，我该怎么办？

【解答】能够改变老板最好，如果改变不了，可以走人。其实，我特别能够理解你的心情，从国企到民企，从副职到正职，从大公司到小企业，这个跨度和落差是非常大的。"空降兵"成功着陆的概率本来就不高，什么叫成功，就是高管到任至少一年后，工作和业绩得到老板和团队认可，合作非常愉快，这就是成功了。"空降兵"失败的原因有自己的，也有老板的，作为职业经理人，我们首先要做好自己，甚至要改变自己，只有遵循"先适应，再变革"的原则，"空降兵"才会融入企业，施展抱负，最后成就公司、成就自己。如果你努力了，还是改变不了，你就走人。

（1）从内心中尊重这家公司。"空降兵"通常是"下嫁"企业，原来公司的知名度和管理水平，可能远远高于新公司，但是在新公司的收入和职位可能要高于原来的公司，施展才华的舞台可能要比原来的公司更宽阔，这也是职业经理人愿意"下嫁"这家公司的原因。因为自己水平高，所以内心中难免就有一种"居高临下"的心态，看到新公司的人和事都不那么满意，战略不清晰，管理不规范，制度不健全，老板没有水平，团队表现更差，看这不顺眼，看那也不顺眼，然后不自觉中就会表露对这家公司的藐视。这种高傲的神态可能自己察觉不出来，但是老板和团队会非常敏感，在心理上就会与你产生一些隔阂，这不利于你开展工作。

作为"空降兵"我们要清楚一点，正是因为这家公司"军中无人"，管理混乱，才请你来帮忙，如果一切都非常好，请我们来干嘛呢？我曾经见过一个新来的财务总监，她来了之后一看账册大吃一惊，账目混乱，违规操作太多，就对老板说："这活我干不了，账目太乱，太吓人了。"老板一脸的无奈，最后说了一句："我们公司财务管理混乱，这个情况我知道，正是因为我摆平不了，才请你来的。"我对这位财务总监说："你的价值就在'拨乱反正，正本清源'，让财务规范起来。如果你嫌工作量太大，或者风险太高，这样的风险与你的收入不相符，老板又不支持你的工作，你可以找老板谈，谈不好你可以走人。如果工资没有问题，你认为自己有责任、有能力理顺这家公司的财务，你就再找老板谈一次。"她找老板谈了一次，工作谈得很好，老板也承诺无论是谁，查出一个处理一个，绝不姑息。他们相互支持，克服了许多困难，财务管理做得很好。他们公司现在已经上市了，财务总监也成了股东。我再去的时候，她对我说，当初真想辞职了，给多少钱也不愿意冒那个风险，但是我们谈话之后，她认为那时候公司真的需要她，自己一开始确实有些"嫌弃心"，现在看来是不对的。作为"空降兵"我们要想想，这家公司的确有许多毛病，但是他们能够走到今天，一定有过人之处，老板独到的眼光、坚韧的性格、成功的志向，还有勤奋的团队、朴实的员工、公司日益发展壮大的势头与美好的前景，管理基础也不是一无是处，只是不懂管理方法，缺少管理意识。通过我的努力，能够让这家公司管理上一个新台阶，是完全有可能做到的。

要从内心中尊重这家公司的历史和传统，要以极大的耐心去倾听员工的心声和老板的心愿，沉下心去，一步一步把工作做实，让大家深切感受到你是团队中共同奋斗的战友，而不是评论家，不是传道者。

（2）全面深入地了解公司。进入公司初期，要与老板讲好，我要快速全面地了解公司的经营管理情况，要与各部门经理打好招呼，为我了解情况提供便利条件，从管理文件到现场操作，我都要了解。在了解过程中少说话，多询问，少训话，多倾听，少坐着，多走动，少一些"点式思维"，多做一些"系统思考"。要多问问自己，公司的问题在哪里，根本原因是什么，采取什么样的改进措施最有效，我能够承诺什么结果，需要老板的什么支持，然后在内心中逐步形成适合企业实际的工作计划与解决方案。同时，眼下能解决什么，就先解决什么，做出一些成绩来证明自己，也树立威信。在转正期到来之前，把你的思路与方案向老板讲解一次，看看老板是否认可，或者有什么更好的建议。如果与老板达成一致就全力投入工作，如果不能达成一致，或者感觉不能实现自己的初衷，也不需要勉强自己，好说好散。

（3）拿出自己的绝活来让大家信服。"空降兵"失败的原因之一就是与管理团队产生矛盾，最严重的会闹到有我没你、有你没我的地步，最后让老板裁决，老板当然会留下老员工，而不会留下"空降兵"。为什么会与管理团队闹矛盾呢？因为你看不惯他们的许多做法，对他们的工作要求高、指责多，比如连个计划都不会写，开会做个汇报都不会说，什么叫 KPI 也不知道，什么叫 SOWT 分析也不懂……你又不去教，或者教的时候可能态度又不好，管理团队会想，你有什么资格来教育我们？他们会认为，我们跟随老板多年了，没有我们这些老员工，哪里会有公司的今天，你一个新人来了就指手画脚，你会些什么？有本事露两手给我们看看。

在了解公司情况的过程中，发现与本职工作有关的事情，原来管理团队长时间解决不了的难题，你如果有把握就应当出手解决，让大家对你刮目相看，解决一个难题，比老板为你说一百次好话都要强。比如，提出一个非常有难度的技术解决方案，客户高度认同；帮助公司追回了一笔长期拖欠的货款，销售团队非常惊喜；采取了一项新的工艺让生产效率得到很大提高，生产员工纷纷点赞；拓宽了招聘渠道，招到了公司需要的人才；做了一个财务分析和建议，各部门成本费用非常清楚……根据你的岗位，拿出你的绝活，千万别做什么大规划，搞什么大系统，做什么大讲座，发表什么大言论，实实在在解决几个问题，哪怕一个问题，都会在团队中树立起自己的威信，那时你再说什么，大家都会信服。我们有一位人力资源总监，到公司没有几天，就提出一个建立企业大学的计划，老板看了之后未置可否，但是希望这位人力资源总监先把店长招聘做起来，因为公司要扩张；希望把店员的薪酬绩效制度做出来，因为流失率太高；希望把入职培训做起来，因为员工能力跟不上……但是这位人力资源总监说，这些工作都要等企业大学建立起来，放到企业大学去做。一家 200 多人的服装连锁企业建什么企业大学？这个计划太大了，时间太长了，见效太慢了，老板一般都非常着急，希望解决具体问题，而这位人力资源总监总是在想完美的计划，然后还认为老板没有眼光、没有格局，这样的矛盾会导致最后合作失败。也许未来会建立企业大学，但现在不是时候，现在需要解决老板的燃眉之急，拿出你的本事来，给大家看看。

（4）循序渐进地推动变革。新官上任三把火，做出点成绩给大家看看，亮出一点绝活给大家，这都是对的，但是不能够过于着急。把想法讲给老板，把当前做什么，未来做什么，怎么做才能达到最终目的讲给老板，得到他的支持，然后一步一步去实现。千万不要到处点火，甚至想一夜之间把问题都"烧光"，把不好的习惯都"烧光"，千万不要草率地喊出"颠覆过去"之类口号，老板想颠覆，你也不要跟着喊，你是职业经理人，你要知道任何企业变革都是循序渐进的。如果不打麻药就开刀手术，你说这病人怎么受得了？过渡与准备是改革的必要前提。

特别是人事问题要更加谨慎，一是不要急于裁人，二是不要把自己的熟人安插进来，这是大忌，搞不好公司会出现混乱，老板会起疑心，严重时会影响正常业务的开展。智慧的"空降兵"会积极稳妥地推进变革，多改良，少革命。比如你是人力资源总监，发现管理团队问题严重，老人不干活，新人上不来，工作不作为，工资不少拿，表面哄老板，背后搞团伙，你上去就辞掉他们，这会产生一连串的问题。你通过设计《岗位职责书》，让老板与他们商定职责，让他们知道自己到底是否胜任；通过实施绩效考核方案，让分数说话，你还帮助他们改进，也给了改进的时间，要表现出极大的耐心，同时要建立第二梯队，随时替换下来的人，先淘汰能力差的，接着淘汰不作为的，再淘汰起坏作用的，扫除外围，孤立中间，最后让他们自己提出离职或者调岗，团队结构优化顺利过渡成功。当然这其中老板是关键，老板必须认同你的方案，认同你的策略，如果老板不认同，你要让事实说话，让事实教育老板，因为你不是决策人。如果老板当着大家的面授权给你，给你撑腰打气，那么你也要先礼后兵，因为老板的决心也要通过渐进的方案才能实现。当然，如果老板不守信用，或者借刀杀人，习惯性地招人、裁人，或者你发现这家企业根本改变不了，那么你还是要与老板友好地分手。你要告诉老板，我不是你的工具，我是你的伙伴，如果你从内心中就想利用我一下，那么你永远留不住优秀的人才，你这一辈子也不会有一支共同奋斗的核心团队。

总之，职业经理人入职一家新公司，会面临许多挑战，这是一场人生考验，也是一次人生修炼，要初心不改，智慧应对，方得始终。

8. 行政与人事放在一个部门行不行？什么样的人可以当人力资源经理？

【案例】我们是一家生产电子元器件的生产型企业，有200多人，过去我们一直是行政部兼做人事工作，主要做一些招聘培训，制定薪酬绩效和员工福利，丰富员工业余文化生活，这些工作，一个部长、一个专员，两个人就能完成好。上课时，老师说行政、人事是两个专业，最好放在两个部门，我不知道是否应当分开？当然，如果将来发展壮大了，我肯定会把行政与人事分开，现在临时合并，行吗？

【解答】行。企业小的时候，行政人事可以放在一个部门，这样的部门职能设计，是适合当前企业发展情况的，行政人事部能够处理好行政与人事的日常管理工作，能够满足公司行政人事管理的需要。正如你所说，公司未来发展壮大或者有这样一个发展战略，那么两个职能分开最好，提高专业化程度。至于什么样的人可以担任人力资源经理，我认为人力资源管理的专业知识与业务能力很重要，价值观更重要。

（1）部门可以合并，但是职能划分必须清楚。现阶段行政人事可以放在一个部门，既可以满足管理需求，也可以减少人员开支，建议叫"行政人事部"，不要只叫"行政部"或者"综合部"。因为在管理三大系统中，人是首要因素，如果一定要在行政与人事两大职能价值上论高低，人事管理的职能价值一定比行政管理要高，不单独设立人力资源部可以，但是不能在部门称呼上只讲行政，不讲人事。另外，不提倡"综合部"这样的称呼，因为对外交往时信息不准确，对方搞不懂综合部是干什么的，小企业职能可以合并，但是要尽量规范。

（2）提高对行政人事职能价值的认识。为什么行政人事放在一个部门，我们也不会觉得不正常呢？因为我们对行政和人事管理职能价值的理解还比较浅。

行政分"小行政"与"大行政"，小行政就是后勤管理，包括文件收发、会议准备、考勤、食堂、办公车辆、办公设备、卫生、公共安全、物业维修保养、员工业余文化生活等。除了后勤管理之外，大行政还包括行政监察、法务、网络安全、公司季度及年度会议的资料汇总与数据分析、公司信息化建设等，这样的行政管理，有些像运营监察部和企业管理部了，其职能是协助总经理做好企业经营管理，而不仅仅是一个后勤服务部门。

人力资源管理不仅仅是人事管理。人事管理通常是一些经办性事务，招聘、培训、签定劳动合同、给员工上保险、办理手续、统计和发放工资及奖金福利等。人力资源管理的工作要重要得多，主要包括人才战略、组织架构设计与调整、部门职能与岗位职责确定，也包括招聘、培训、录用、薪酬、绩效、福利、员工晋级、员工关系管理和企业文化建设等，重点要放在骨干团队的选拔、调配、升降上，要不断优化年龄、知识和专业结构，人力资源管理岗位的核心价值是为公司战略提供强大的人力资源保证。通俗地讲，人力资源部长相当于老板的组织部长，这样的职能设置与岗位要求就比一般的人事管理要高。

如果我们对行政和人力资源管理的职能认识更全面、更深刻，我想许多公司还是愿意在部门设计时，将行政与人力资源管理分开。

（3）人力资源经理的职业素质要求很高。人力资源经理不但要有人力资源管理的专业知识和技能，还必须是职业化的标杆与榜样，在人品和价值观方面，必须为人正直，坚持原则，遇到违反规章制度和损害公司利益的行为时绝不让步，同时又要善解人意，擅长沟通，甚至要会做心理辅导，要有一颗爱心和耐心，要充满智慧。特别是在公司与员工产生矛盾冲突的时候，既不当老板的"打手"，也不当员工的"带头大哥"，而是站在遵守国家法律法规，站在公平正义的立场上处理问题，既要捍卫公司的正当利益，也要保护员工的合法权益，营造和谐的劳动关系。

举一个例子，一家企业的营销副总要离职，原因是老板没有兑现给他的年度奖金。事情的起因是这样的，他们合作多年第一次签定责任状，双方说的也比较简单。老板答应完成销售业绩就给保底工资以及业绩提成，但是没有商定其他绩效考核的指标，比如新客户开发、新产品占比、老客户持续购买，以及团队建设等，只是一个销售额。到了年底，营销副总完成了业绩指标，但是老板认为他的工作不全面，一些基础性管理工作没有做，即使销售业绩完成了，老板也认为主要是自己与客户谈成的。营销副总则认为那是老板应当做的，我完成了业绩目标你就应当兑现。

如果双方闹到劳动仲裁，营销副总会胜诉，因为他们之间签了责任状。如果这样，两个人的友情就彻底破裂了，企业失去了一员干将，营销副总再找这样一个平台也不那么容易。老板与营销副总是共同创业的伙伴，共同开拓了公司的市场，而且前景广阔，如果能够深入合作，共同做大事业，互利共赢是最圆满的结局。

这位新来的人力资源经理很有智慧，她把双方的分歧点、各自的得失、当时约定的漏洞、未来合作的远景列了一张表，认真详细地讲解给两位领导，最后他们意见统一了，没有兑现的部分，老板给了一半，并承诺下一年如果都做到就兑现另一半。从今年开始，不再实行保底工资制，年薪的一半做底薪，一半做综合管理指标的KPI考核，每月兑现，双方商定了阶梯式提成的激励机制，双方最后握手言和，愉快地签定了新一年的责任状。

9. 为什么员工不愿意参加公司的培训？有什么好的解决办法？

【案例】我们公司是一家销售型企业，业务在扩张，员工在增加，培训成为我们必须要做好的一件大事。但是几年下来，培训的效果并不尽如人意，我们的人力资源部有培训专员，讲师是内部的干部和骨干员工，刚开始大家热情很高，可做着做着，参加的人就少了，来上课的也打不起精神，甚至有人睡觉。请外边的讲师培训，效果比我们内部好，但是这样一是花钱多，二是有些课程不适合我们，三是培训完了也不能帮助我们落地。现在真不知道怎样在企业内部开展培训，请老师给几个好建议。

【解答】坚持内部培训为主，外部培训为辅，企业内部培训体系建设是一家公司人力资源工作的重点。培训的目的是提高员工的职业素养，掌握业务与管理技能，营造良好的企业文化，吸引更好的人才加盟，是帮助员工成长的重要手段，也是公司给员工的最大福利。那么如何做好内部培训呢？特别是一些中小企业，不能像大公司那样有自己的企业大学或者培训基地，也没有那么多高水平的专业培训讲师，更谈不上课程研发与训练方法，脱产学习更不现实，怎么办呢？我有几个建议供大家参考。

（1）谁来培训。既然把人放在企业最重要的位置上，那么企业的"一把手"肯定是培训业务的第一领导，老板和总经理应当是公司的首席培训师。当然人事专员、人力资源部是培训的归口管理部门，他们是组织、安排、实施培训的专业职能部门，我们各部门经理、高管团队，还有一些标杆员工，都应该是企业内部培训讲师的主力，高层、中层、标杆员工三个层面构成内部培训的师资体系。

内部师资团队怎么去打造呢？培训师也需要训练，不能说你是部门经理你就可以讲课，你是老板就可以当好讲师，这里边有一些原则。首先，根据你的负责业务准备培训内容，也就是课程研发，比如老板主要讲公司的战略、文化和员工的成长规划，销售经理重在产品卖点、销售技巧、销售心态，技术经理重在技术、工艺、新品特点与竞品比较，生产经理重在生产计划、操作技能和班组管理，财务经理重在财务制度、成本分析、报表操作等，人力资源经理重在公司的人才培养计划、岗位职责、薪酬绩效制度、员工福利制度、职业道德规范等。各部门的经理都有自己的专业归口，按照专业归口准备课题和课程，包括课程大纲、课件、教材、案例、视频、游戏、授课方法、考试题与评分表等。

基本程序是设计课程、课程研讨、课程准备、试讲评分、修改完善，然后再试讲通过。课程设计要素与标准包括题目是否吸引人，内容是否能够让员工马上受益，案例与视频是否符合主题和工作实际，现场问答互动与游戏、训练是否喜闻乐见，讲师表情、表达、动作是否自然、清新、生动、有趣，重要课程的考试题是否设计合理，评分标准是否难易适度等。还有一点，企业内部培训时间不宜过长，一个课程45分钟最好，最长不要超过两个小时，因为内训讲师不是职业讲师，在吸引力、感染力方面毕竟没有受过专业训练，时间太长了，员工就会精力不集中。外请讲师来一次不容易，公司就要集中人员和时间进行培训，培训时间比较长，一般要1天或者2天，企业内训不需要这么长时间，可以随时随地，短小精悍，灵活机动。

（2）培训什么。第一大类就是企业的战略与员工成长，主要内容包括公司战略规划、商业模式、产品特点、营销方式，以及公司需要什么样的员工，企业战略与员工成长如何结合。目的是让员工自问一个问题，我的个人成长能不能在公司当中得以发挥？我的自身价值能不能体现？我的差距在哪里？怎么与公司共同成长？通过公司战略讲解，最后让员工明确自己的个人目标，这个效果是最好的。

第二大类就是公司业务培训，主要内容包括我们的业务知识、业务技能、业务流程。这部分内容比较多，也比较专业。当我们做专业培训的时候，其他部门的人最好也都能来听，一是培训成本低、效率高，二是实现知识共享，三是有利于部门之间相互理解，相互配合，四是有助于员工实现职业方面的转型。销售经理给销售员讲产品、销售，生产部、技术部也要来听，理解客户需求与销售难点，有利于生产部与技术部主动配合销售部；生产部讲产品生产工艺，销售部也要参加，有助于销售人员向客户介绍产品时更加专业。也许将来生产部的人可能转行做销售，销售部的人将来转行做生产计划管理，所以参加培训的面越广越好。

第三大类就是基本的规章制度和职业规范。最基本的制度，特别是关系到员工切身利益的制度要作为培训的重点，比如薪酬管理制度、绩效考核方案、作息考勤制度、安全管理制度等，这些制度最好汇总在《员工手册》里。职业素养培训包括执行力、领导力、职业化、员工礼仪与行为规范。执行力培训重点讲解结果导向、客户价值、独立人格、团队激励、开放分享的执行文化；领导力培训主要讲解如何带好团队完成组织目标，坚持员工的问题都是领导的问题，担负起团队建设的责任，具备安排、训练、检查、奖罚和改进的管理能力；职业化培训主要讲解专业、商业和敬业的基本职业素养，核心是平等尊重、互利共赢、契约精神，还有职业化方面的制度，比如《员工礼仪规范》《职业道德规范》等。

第四大类是职业心态与心理素质。近年来，随着员工队伍新老交替、知识更新、经验迭代，随着竞争加剧、压力增加，以及社会浮躁情绪和急功近利思想的影响，老板和员工的心态都发生了变化，老板情绪化管理，中层逃避责任，老员工怕失去位置，新员工想一夜成功，这些现象说明我们在职业心态与心理素质方面存在非常严重的问题。

职业心态教育的主要目的是正视职业特点，正视岗位压力，你换一个岗位，时间长了也会出现职业疲劳期，有的岗位就是守着设备做简单、重复、枯燥的操作，有的岗位就是要守着电脑做创意、文案、程序和反复修改的动作，有的岗位就是要看顾客户的脸色，小心翼翼、马虎不得，有的岗位就是要天天出差，黑白颠倒，照顾不了家人和孩子……这个社会诱惑太多，传言也太多，一些心灵鸡汤让许多人误入歧途，离开了拥挤不堪的写字楼，去山水间经营一间民宿，就真的不需要辛勤劳动和忍受寂寞？离开了大城市回到小县城，从事着安逸的工作，就真的不需要应付复杂的人际关系和文化的荒漠？每个职业都有它的快乐，每个职业也都有它的痛苦，接受和习惯以后就会苦中取乐。

关注员工的心理健康是这个时代企业管理的重要要求。社会心理教育的缺失，原生家庭留下的创伤，自我疗愈能力的不足，一些病态教育的误导，让人们的心理问题越发严重，自闭症、抑郁症、暴躁症不同程度地出现在我们的团队中间。老板和人力资源经理要掌握一些心理学知识，要结合团队中出现的心理问题，有针对性地进行职业心理教育，必要时要请专业的心理咨询师来企业给大家辅导。

（3）怎么培训。培训的内容不同，方法也不同，但是简单化、案例化、视觉化、游戏化是企业内训的一般性原则。

简单化有两个层面的意思，一是课题要简单、专注，不要什么都讲，什么都没讲明白，讲营销技巧，就把营销技巧讲透，不要加入营销心态和产品知识；讲薪酬福利制度，就专门讲薪酬福利制度，不要讲考勤作息制度；讲某个产品的工艺流程，就讲某个产品的工艺流程，不要讲怎么领料怎么入库……因为每一节课时间有限，要聚焦，要专题化，要讲就讲清楚一个专题。同时，形式上也要简单，如果用PPT讲解，颜色上最好不要超过三种，太花哨容易让员工眼花缭乱，每页文字也不要多，100字以内最好。二是不要太深奥，不要像学术课那样，又是理论逻辑，又是模型公式，大道理满天飞，大系统难落地，看上去高大上，其实没有多少实用价值。真正的培训高手是复杂的道理简单讲，深奥的内容通俗讲，枯燥的课程生动讲，浅显易懂才最好。

案例化就是以我们自己企业的案例为主，以同行的案例为辅，通过案例理解理论与方法。只有讲自己身边的事情，员工才会感同身受，才会感兴趣。案例要靠平时的积累，要有六个要素——时间、地点、人物、情节、启示和讨论题。

视觉化就是用图表、图片、视频来讲课。人们愿意看形象，不愿意看文字，视觉感知比语言和文字都要好。有的企业内训课件，全部都是文字，看上去不生动。如果需要讲解复杂的图表，可以在电脑中用单独文件展示。图片与视频是特别好的手段，比如讲解店面迎宾员接待流程，可以拍摄一个短视频，用三种接待语言与语气说话，看看客户的三种反映；比如讲解设备操作流程，可以拍摄一个视频，做分解动作讲解，就比用嘴说和用文字写要生动。

游戏化就是在内训中穿插一些游戏让大家参与进来，从游戏中体会培训的内容，效果非常好。游戏一般有三种，第一种是活跃课堂气氛的，比如做个按摩操，让大家上课前精神一下；第二种是教学游戏，比如发个字条上面写上一句话：猴子骑在驴身上，最后驴掉到水里了，猴子大笑说驴太笨，还是马好骑。然后让第一排的员工看一眼，再把纸条收回来，让他向后边的人耳语传达，经过 10 个人之后，最后那个人起立重复一下刚才传来的话，你会发现驴唇不对马嘴。最后做一个管理原理的小结，为什么要信息公开，为什么大家做完事情要在群里边公示？因为口头传达最容易出现信息失真。第三种是比赛活动，要发小礼物，在整个培训过程中或结束时，最好设计一些发奖环节，也可以让大家抽奖，公司准备一些小礼物，让大家在快乐中学习。

10. 总经理直接管理众多部门和子公司，扁平化管理是效率提高了，还是降低了？

【案例】我们是一家互联网公司，公司总部有 7 个部门，下属 4 个事业部，都是以产品为中心的独立核算部门，现在我们有 4 个副总，分别负责行政、研发、营销和运营。我觉得公司目前运营效率太低，就是层级太多，我看到许多互联网企业实行扁平化管理，我也想把职能部门减少，不设立副总职务，我直接面向业务部门，让组织扁平化，是不是可以提升效率？

【解答】可以，但是需要前提条件。层级过多会影响效率，这是事实，但是为什么要有多层级的设定？因为我们的组织体系在快速膨胀的时候，老板精力与能力有限，需要副总来分担自己的工作，需要职能部门进行专业化管理，专业的人去做专业的事，效率才能高，同时为了掌控风险，派兵分头把守，以避免速度太快企业管理失控。这个阶段层级过多属于正常，随着组织体系健全，内控能力增加，干部领导力提升，层级越少越好，这需要一个过渡，而不是今天"扁平"明天又"层级"，企业不能瞎折腾，会把自己折腾死。什么情况下可以实现扁平化呢？

（1）科技创新型企业最适合扁平化，关键是建立共赢机制。公司搭平台，员工去唱戏，这是平台化企业的基本原则。具体来说，公司出资，员工也出资，公司提供研发、生产、品牌、客户资源等支持，员工提供智力和劳动，围绕一个创新型产品或者项目，公司与员工共创、共享、共担，成为命运共同体。公司变成了一个平台，变成了一个"主机"，创业员工变成了"插件"，利用平台资源创新创业，这比他们自己创业风险少、成本低，成功的概率就非常高。这种方式的关注点有三个，一是创业员工的选择不要出错，创业员工要有新创意，有技术研发能力，有自己的创新产品或者项目，这要求公司判断精准，全面评估创业项目和人才是否符合公司的长远战略。二是公司的资源是否充足，能否为创业团队提供良好的创业氛围、研发条件、服务支持和市场推广。三是合作机制的完美设计，要与创业团队达成契约，明确合作双方的权利义务，明确商业计划实施过程中分阶段目标的达成标准与各自的投入兑现，明确风险与利益共担的细则，要么公司设计好平台合作的制度，创业团队认同并合作，要么签定合作协议，双方一事一议、共同遵守，不能简单口头承诺，到时说了不算。同时公司与创业团队在具体合作过程中，要随时随地沟通，双方只有在管控风险的前提下，才能确保项目的最后成功。如果有这样良好的机制，公司管理职能可以缩减，管理层级可以减少，公司变成创业"孵化器"，把创业团队从"丑小鸭"孵化成"白天鹅"。

（2）传统型企业也可以扁平化，关键是建立自运营体系。从绝对的理论上讲，公司没有人"管"就是最好的管理，人都在机制中运营，纵向上看分工明确，横向上看按流程操作，上游为下游服务，全体员工为客户服务；下游检查上游的结果，出现不合格后，自我改进与调整，出现风险可以自动警示和纠偏。公司就像一台智能设备，只要输入程序就会自动运行，最后输出客户满意的结果。

能不能做到这个境界呢？可以的，需要两个条件：一是自运营机制的设计与运营良好，二是员工职业化素养很高。这不是一般企业能够马上达到的境界，需要我们从现在开始一步一步地建立、训练、完善与提高。当然，人不可能像机器那样完全实现自动化，人都是有情感、有思想、有性格、有信仰的，机制也是人设计出来的，良好的机制能够极大地遏制人性的弱点，极大地发扬人性的优点，用机制的力量减少人为的干预，也就减少了管理层级。

我们曾经也做过咨询实践，一个总经理直接领导几个部门和几个子公司，没有副总，没有总监，部门内部层级也很少，部门经理与员工两级设置，也没有出现什么大问题，为什么呢？就是良好的机制发挥了作用，关键点是计划清晰、目标明确、授权充分、分工清楚，要谈好分配，统计及时，确保流程有效、信息畅通、内控严密，实现自我改进，模式复制。很少有人出来协调各部门的工作，也没有过多的会议，除了周质询会、月质询会、季度经营分析会、年度战略会，公司很少开会，每天的经营情况在信息系统上实时在线反映，各部门和岗位协同作战，可以随时随地传递信息、沟通决策。公司经营不出现大问题或者异常情况，总经理也不对下属部门和公司发出指令，市场如果没有出现重大危机和变化，公司就会正常运营，一些小问题可以自主决策，自行处理，最后总经理会知道他们处理的结果，这是"自运营"的境界。人和机制都要不断互动，互相促进，企业就可以实现扁平化管理，效率大大提高。当然，还有一个看不见的东西，就是企业文化在起作用，团队注重内在的职业化修炼，以结果为导向，以客户为中心，提倡制度约束下的自由，弘扬为合作伙伴着想的善良，注重内外兼修，这样的企业将会越来越多，我们一起向着这个目标努力。

11. 绩效考核是选择扣分，还是激励？

【案例】我们公司实行绩效考核已经两年了，当时请一家咨询公司给做的方案，我们实行的也是 KPI 考核，但是效果一直不好，最大的问题是考核下来扣分的多，得分的少，很少有人能达到满分 100 分。这样考核员工积极性不高，想给员工发奖也发不了，是不是我们的方案出了问题？

考核项目	考核指标说明	评分办法	分值	数据来源
保证原料供应，全部原料厂无断货（我方原因）	0次	每断货1次扣4分，出现严重断货得0分	15	PMC
保证产品品质，全部产品无质量客诉（我方问题）	0次	每投诉1次扣3分，出现严重投诉得0分	15	品管部
原料无异常损耗，全部原料无重大盘亏（指一次性盘亏超过10吨）	0次	少1吨不扣分，1吨以上每吨扣2分，超过10吨得0分	10	财务部
无重大安全事故，无重大环境污染事件（重大事故、事件以通报为准）	0次	出现1次事故、事件扣2分，出现重大事故得0分	5	安环部

【解答】是的，这种考核方式已经落后了，本质上也不是KPI考核法，主要问题采取的是绝对值考核方法，这种方法不科学，只有扣分，没有加分和超分，不利于提高大家的积极性。还有一个问题，权重分值是固定的，也是不对的，每个月部门经理的工作重点是不一样的，权重应当根据当月重点工作进行分配。当然有考核总比没有考核好，我们具备了一些实践基础，下一步做好完善就行了。

（1）绩效考核的目的是公平、激励、改进和提高。什么是绩效考核呢？是对某个员工在某个特定阶段的工作业绩进行客观评价的一种方式。比如月度绩效考核，就是通过最后打分，让员工看到上个月自己的业绩表现如何，这个分数与员工的绩效奖金挂钩，完成或者超额完成有较高的奖金，未完成可能要扣奖金，连续超额完成的，会有卓越专项奖，这对员工具有激励作用。所谓公平就是按照公司与员工共同商定的绩效考核方案，按时按量兑现，让员工感受到自己的付出与所得是合理的，公司的绩效考核制度对所有人都是公平的，公司与员工是共赢的结果。当然这个世界上没有绝对的公平，如果一味地在不同岗位收入之间攀比，而不是与社会公平回报相比较，一个人的内心永远平衡不了。打分不是目的，公平只是前提，重在激励员工为业绩而战，即便是这个月绩效得分不高，也不能说明这个人全年业绩不好，谁都会有业绩不好的月份，应该及时改进，找原因，定措施，继续努力，下个月把失去的奖金挣回来。全体员工都鼓励这种精神，在绩效考核过程中，能够不断改进和提高，说明这个绩效考核的方向是正确的。

（2）怎样才能做到公平与激励。如果每月考核下来，只有扣分，没有加分和超分，这个考核方案一定出了问题。从你的案例来看，一是考核项目都是负项指标，负项指标就是未完成情况下的设定，评分办法只有减分没有加分，从心理上就感觉不好。奖罚不对等就是不公平，只罚不奖更不会激发团队的积极性。另外，考核项目的说明比较含糊，什么叫重大断货？什么叫重大事故？什么叫重大客户质量投诉……如果公司在《绩效考核方案》或者其他规章制度中有详细说明，这是没有任何歧义的，如果没有这方面的规章制度和详细说明，仅凭领导主观臆断，就会产生冲突和矛盾。

另外，这样的扣分是没有止境的，假如某个员工月度绩效标准工资是2000元，每分代表10元钱，这个月被扣了200分，当月绩效工资就没有了，如果超过200分，难道还要赔偿公司钱吗？

（2）KPI考核不要做绝对值加减分，而是要做相对比率。企业的情况是不断变化的，今天我们出现断货扣1分，对小规模企业来说是合适的，明天企业做大了，出现断货还是扣1分就不合理了。为了合理，我们就要不断修改评分办法，这无疑增加了管理成本。如果用公式来计算，无论企业情况发生什么变化，只要还是这个指标，只要公式不变，计算出来的结果一定是合理的。

职　责	KPI	KPI 公式	标准绩效	数据来源
采购管理	及时率	及时采购批次 / 计划采购批次	100%	PMC
品质管理	直通率	一次性产品数量 / 生产总量	100%	品管部
成本控制	控制率	预算成本 / 实际成本	100%	财务部
安环管理	无事故事件率	1- 事故、事件次数 / 月生产吨数	100%	安环部

这样用公式来计算，分子和分母是变量，以事实与数据来填写，最后就可

以得出实际的结果，而不用考虑这项有没有完成，到底要扣多少分。除非这个岗位职责重新设计，或者公司业务发生了根本性变化，否则这个公式就是"永恒"的。

（3）每月重点不同，权重分配应当每月都不一样。权重不放在绩效考核方案或者表格中，应当放在月度计划模板里边，因为每月工作重点是不一样的，所以权重分值不宜做固定化规定，比如上个月质量出问题多，下个月质量管理权重增大；再下个月质量没有问题了，成本又增加了，那么下下个月重点是成本控制；再比如现在是七月份，是销售旺季，销售收入完成率可能占到40%的权重，到了年底，销售不重要了，回款很重要，那么及时回款率可能占到40%。动态权重的好处，就是月度计划可以聚焦公司的重点，也有利于锻炼中层经理战略思维能力。

总之，我们的绩效考核无论采取什么方式，目的都是一个，公平地评价大家的业绩，激励团队奋勇前进，出现问题及时改进，不断提升团队能力和企业管理水平，最后实现员工与企业的双赢。

12. 如何在试用期留住合格的员工？

【案例】我们是一家纺织外贸企业，处在城乡结合部的工业区，招工还比较好招，但是招聘之后留不住，主要是普工，有的没过试用期就走了。2018年下半年，试用期流失率高达30%，我们也调查过流失的员工，原因有许多，有的是因为对生产环境不满意，感觉噪音太大；有的是因为对面工厂工资比我们多；有的是因为工作太枯燥，还不让看手机……更可笑的是没有什么原因，干了一个月，领了工资是为了出去旅游，这个愿望实现了，就不在你这干了，把在工厂工作当成了打零工，这些问题如何解决？

【解答】这是一个普遍现象，特别是劳动密集型企业，普工岗位本来就不好招，然后试用期流失又严重，还没有来得及培训，员工就走了，订单受影响，品质也保证不了，公司正常经营管理都维持不了。这是为什么呢？因为时代变了，员工的需求变了，我们的人力资源管理没有跟上时代的要求，也没有跟上员工的需求，改善我们的人力资源工作是摆在我们面前的重要课题。

（1）招聘时要让员工感受真实。有些企业招聘的时候，为了吸引员工加盟，做了许多夸张的宣传，没有把岗位辛苦的一面说出来，结果员工来了一体验不是那么回事，感觉落差太大就马上辞职了。比如，我们一线操作岗位的招聘，在流程中必须有一项是带着员工到车间岗位亲自感受一下，到食堂宿舍亲自感受一下，如果老员工中有同乡，也请他们之间相互交流一下在公司工作的切身感受。不能坐在会议室里简单面谈一下，谈好工资福利，了解一下经历和技能，然后签个合同就匆匆上岗了。

要让应聘员工看到公司好的一面，我们的薪资、福利、待遇、培训、公休假日规定、娱乐设施和食宿条件等，也要帮助应聘员工了解我们的工作条件和要求，比如环境噪音大，劳动强度高，有时还会加班，操作比较枯燥，工作时间不能看手机，必须戴口罩等。要倾听他们的需求，能够满足的一定要答应，不能满足的不要承诺，未来会改善的方面要告诉应聘员工。真诚沟通，实事求是，一定要懂得"强扭的瓜不甜"，一时把人家忽悠来了，最后结果不会好到哪里去。

（2）薪资福利要算好账。有的公司底薪不高，但是绩效奖金和提成很高，如果工作能够完成目标，正常情况下会比同行业平均收入高，要向员工讲解清楚基本工资、岗位工资、绩效工资，特别是业务岗位的递增式提成制度，最好把公司已有员工的实际收入情况向应聘者介绍一下，让应聘人员入职后有信心提高自己，获取更多的收入。

员工通常要算到手的现金，而企业往往要给员工缴纳社保等未来收益，还有公司额外给员工的休假、补贴，或者高于国家规定的待遇，这些当然都是公司对员工的付出，可以给员工算算总账，看看我们公司是不是更有吸引力。比如，伙食补贴，10元钱一顿午餐，公司补贴7元，员工自己出3元，这是不是公司给员工的福利？住宿每月200元，在外边同样的房间可能要900元，这是不是给员工的福利呢？每位员工结婚、生小孩或者子女上大学，公司都给一个大红包，这是不是对员工的福利呢？男女职工在国家规定的产假基础上我们增加15天，这是不是给员工的福利呢？其他公司没有周日休息我们有，而且还有工龄年假，是不是与别人不一样呢？有形的收入与福利，还有无形的收入与福利，可以列一张表，把我们公司与其他公司做一个比较，让应聘的员工自己做出选择。

（3）新员工培训要注重能力提升。新员工流失的一大原因就是工作能力与岗位要求不匹配，做不出业绩来，出错又怕领导批评，更怕被罚款，自信心受打击，怕挣不到钱而快速离职。最好的方法是把岗位需要的《操作指南》《作业规范》《工艺图表》等教会员工操作，并指派专人在试用期间专门负责解答和指导，如果没有很好的培训和辅导体系，员工会感到孤独和无助。

我们要相信，员工来应聘就是来赚钱的，但是现实的能力与他们的理想是有差距的，如何缩小这个差距，只有高效的培训体系才能实现。如果招聘没有问题，也就说明这个员工具备这方面的潜在素质，如果培训做得好，就能够挖掘出他的潜质，达到岗位要求。只要应聘员工有学习的渴望和基本素质，通过培训、训练和辅导，员工就可以胜任岗位，能力上来了，做出业绩了，赚到钱了，他就不会轻易离职。

（4）对员工要给予人文关怀。由于员工刚刚入职，人生地不熟，试用期间难免会有一些孤独感，这段时间人的内心比较敏感，需要我们的关爱、尊重、包容。如果我们的老员工，特别是新员工的直接领导说话不注意，对员工表现出冷漠、不屑一顾，过分开玩笑，甚至不分场合、不讲方式地训斥，就会导致员工迅速辞职，而且连个招呼都不打，那么我们辛苦招聘的员工就这样流失了。

公司老板和人力资源经理，要对老员工和管理者进行新员工试用期工作方法教育，并对试用期管理作出一些规定。比如，在试用期内，不涉及职业道德的问题，只警告和提醒，不要处罚；员工入职当天必须有专人为员工详细安排工作、生活和学习，交给他一周内学习的计划和需要学习的制度文件，他的办公台必须是干净的，最好有一封欢迎信；报到之后最好带着他去有工作关系的部门与大家见面认识，或者开一个简单的欢迎会；每周、每月的最后一天，有人力资源部、主管领导主动找他谈话，问一问工作是否适应，生活中有什么困难，需要公司给解决什么问题……这些好的做法要逐步进入《新员工试用期管理制度》中，虽然一开始会感觉麻烦，但是时间长了，我们的干部在对新员工的关爱中，也能够体会到帮助别人的成就感。从新员工的角度讲，他会感受到温暖，看似一些小事，但是正是这些小事，才能让员工感受到公司对他们细致入微的照顾，时代不同了，人文关怀比以前更加重要。

（5）做好临时用工的管理。临时用工有可能成为未来一种常规的用工机制，现在的年轻人不愿意在一个岗位上干一辈子，他们喜欢换来换去，一些地方已经出现了这种趋势，临时工比长期工还多，临时劳务合同比长期劳动合同还多，这为我们人力资源管理提出了新的课题。我们也要转变观念，顺势而为，建立临时用工机制、快速培训机制、感情留人机制、临时工薪酬与晋升机制，努力让更多的临时工成为正式工。

总之，试用期间员工流失有许多原因，我们要静下心来，好好分析员工为什么流失，然后采取有效措施，一个问题一个问题去解决，在这个过程中，逐步总结试用期管理的新模式与新方法，流失问题才能逐步得到缓解。

13. 一位股东自己分管的工作做不好，还总是对总经理指手画脚，该怎么办？

【案例】我们公司有两个股东，我是大股东，还有一个创始人是小股东，创业的时候确实是双方押上了全部家底。由于年龄大了，我让他分管财务，能干点什么就干点什么，可是他有个毛病，就是爱管闲事。总经理是职业经理人，思想超前，非常能干，这位股东就看他不顺眼，对总经理的工作经常指手画脚，总经理鉴于他是股东就不好意思反驳。这位股东对其他中层经理也一样，自己分管的财务工作做得一塌糊涂，还总是告诉人家这样不对、那样不对，中层对他也反感，我说谁都不合适，给我搞的很尴尬，这事该怎么办？

【解答】这个问题的根本原因是这位小股东对在不同场合扮演的不同角色认识不清，职业素养太差，你作为老板必须解决这个问题，你要告诉他以下几点。

（1）经营权与所有权是不同的，要做好角色切换。股东总是干涉总经理和其他部门领导的工作，是自己没有把自己的角色定位搞清楚，解决的方法是你画一张组织架构图给他看，股东会、董事会、董事长是公司所有权体系，总经理和下属各部门经理是公司的经营权体系，你既是股东又是管理者。在有所有权体系中，你是股东，如果你对总经理和某些部门经理不满意，甚至想撤换他们，你可以在股东会或者董事会上提出，我们按照《公司章程》《股东协议》的表决权去决策。在经营权体系中，你就是财务经理兼会计，你受总经理领导，或者受董事长领导，你在级别上比总经理还低，你不可以指挥总经理的工作。你可以提出建议，但是如果你的建议与总经理相矛盾，你也必须服从于总经理，因为经营体系的"一把手"是总经理。同样，你作为财务经理，除了岗位职责说明书上规定的应当履行的职责外，不能以股东身份去干预别的部门经理的工作，如果部门经理的做法不符合公司的财务规定，你可以否决，但是没有权利去告诉技术部长研究方向错了，告诉销售部长你的下属不行，告诉生产部长你的质量要好好抓……这不是你的事，这样下去公司会乱套的。

（2）做不好自己，还去干涉别人，这是心理的问题。为什么自己工作做不好的人，却总愿意干涉别人的工作呢？为什么不懂行的人，总是愿意给内行人提出意见呢？其实，这是一种不健康的心理，当一个人能力不行，还想要自尊的时候，就会表现出一种强迫症，也就是我们常说的内心越脆弱，表现就越张狂。强迫症就是建立在妄想症的基础上，毫无理由、毫无理性的强加于人，妄想他就是他们的领导，妄想他已经很懂各项工作了，然后对别人强行提出要求或者教训别人。

其实大家都知道他水平很差，他自己也知道，但是他控制不住自己，还一味地想控制别人的思想与行为，天天给别人"上课"，天天要求别人按照他的意志做事。每个人都有独特的生存策略，自身能力不行，本职工作做不好，别人嘲笑，内心自卑，他就必然要在其他方面找到"突破口"，给自己寻找内心平衡。这种平衡的方式，就是利用自己仅有的一点优势去训斥别人，打压别人，来证明自己的"存在感"。从这个原理来看，这位股东心理上有些轻微的疾病，作为董事长要与他当面谈谈心，真诚地、柔和地、清楚地、直接地告诉他，你已经有心理问题了，如果自己不能够意识到，并加以自我调整，以后会影响自己的正常生活，更不用说正常的工作了。

（3）他这样做会把公司搞乱，他的投资也会受损失。没有规矩不成方圆，公司是一个组织，有自己的一套管理体系与程序，作为董事长你有责任告诉他，不按照制度和规矩做事，公司就会乱套。一家混乱的公司，经营业绩做不好，员工收入会受到影响，股东的投资回报也一样受到影响。虽然你是小股东，我是大股东，但是你的损失也会发生，公司亏 100 万元，我失去 80 万元，你就失去 20 万元，这是我们投资公司的目的吗？你这样把公司搞散了，这不是砸自己的饭碗吗？回归到正常的心态，扮演好自己的角色，不同场合说不同的话、做不同的事，将自己纳入公司的管理规则中去，我们不是什么特殊的人物，大家只是分工不同而已。

（4）如果不改正，回去当股东，不要在公司上班了。这种人有的能够自省改正，有的改正不了，因为习性太重，劣根太深，如果年龄再大一些就更加难以改正了。我们每个人都要懂得一个道理，不是所有的人都能改变，况且我们是做企业的，不是专门改造人的。对这位股东也一样，把话说到位，把规则定好，如果还是恶习不改，你当董事长的就要下决断了。

有董事会的召开董事会，没有董事会的董事长做决定，让这位股东离开管理层，只当股东不要管事，年底等着分红就行了。

有人可能会说，哪能有这么不讲理的人？我告诉大家这种人还真的不少，因为我们讨论的是一类问题，就是越权管理、干涉他人、制造混乱的现象。有的人认为自己是老板的哥哥就可以越权指挥别人，有的人认为自己是老板的亲信就可以越权指挥别人，有的人认为自己是公司的老员工就可以越权指挥别人……问题的性质都是一样的，都是认不清岗位角色，做出了错误的行为。

14. 把固定工资变成浮动工资，推行绩效考核，大家不愿意该怎么办？

【案例】我们是一家生产企业，公司从来没有做过绩效考核，除了销售岗位有提成、生产岗位有计件工资之外，其他岗位都是"死工资"，也就是同岗同酬。固定工资的好处是没有攀比，也比较好计算，但是执行了若干年，我们发现了问题。干好干坏一个样，优秀的人在努力，平庸的人可以混日子，人才不愿意进公司，所以公司必须进行薪酬改革。我把工资分成固定和浮动两部分，把浮动工资拿出来，做绩效考核，但是在实施过程中，受到了巨大的阻力，甚至有些员工因此而离职，我到底该不该继续推进这个改革呢？

【解答】肯定要改革，关键是方式方法要正确。打破"大锅饭"，实行"固定＋浮动"的薪酬体系无疑是对的，把浮动部分拿出来考核，也是对的。如果考核了之后出现人跑了，你要看跑的是什么人，如果是平庸的人，说明你的考核考对了，如果是优秀的人，说明你的考核考错了。从招聘的角色上讲，如果你的考核规则吸引来的都是一些要求不高、能力一般的人，说明你的考核制度错了；如果你的考核能够吸引的都是愿意依靠自己奋斗多成长的人，那么你的考核就对了。工资改革是有难度的，因为发"死工资"的企业，员工的思维大多是"宁要固定的少，不要浮动的多"，"可以自己少，别人不能比我多"，存在平均主义"大锅饭"的思想观念，所以必须要先做思想沟通，讲清道理，为改革做好铺垫。新的工资改革方案出台之后，必须要有一个试行期，检验和完善方案，同时也让大家有一个适应的过程，让工资改革能够以最小的风险达到最后的目的，实现员工与公司的共赢。

（1）降低固定工资，增加浮动工资，业务岗位做提成。因为以前固定的多，浮动的少，或者根本就没有浮动，那么我们通常的做法是减少固定工资，增加绩效工资。比如，生产部经理原来月薪是固定的 8000 元，这次改革后变成了：基本工资 4000 元 + 岗位工资 2000 元（部门二级）+ 绩效考核 4000 元，其中基本工资和岗位工资是相对固定的，4000 元绩效工资是浮动的，总额 10000 元，比过去的 8000 元多出 2000 元。如果月度绩效分是 50 分就与原来工资持平；如果超过 50 分，会比过去挣得多；如果月度考核分数达不到 50 分，会比过去挣得少。从实际情况看，生产部经理每月超过 50 分的绩效分数是很容易的，除非出现重大安全生产事故或者重大质量事故，如果真的出现了这些事故，就不是绩效工资多少的问题了，不但要扣除全月的绩效，可能还要给予更严重的处罚。

从中我们可以看出，工资改革不是扣员工的钱，也不是给员工盲目涨工资，而是建立一个动态的考核机制，让员工与公司同命运、共沉浮，一荣俱荣，一损俱损。打破小富即安的思想，提倡追求卓越的精神。员工赚的越多，公司挣的也越多，每个人既有压力，又有动力，这才是我们薪酬改革的目的。

业务岗位的绩效考核，也不要"一刀切"，销售岗位的提成，可以采取不同产品有不同提成比例的方法。一种方式是附加值越高的，提成比例越高，比如 5% 纯利的产品，业务员可以提成 1%，那么 30% 纯利的产品，业务员可以提成 10%；另一种方式是根据业绩多少，做阶梯递增式提成，比如 A 产品销售达到 1000 万元，提成 1%；再增加 1000 万元，增加部份提成 1.2%；再增加 1000 万元，增加部份提成 1.5%……总之，要千方百计调动大家的积极性，共同创造，共同分享。

（2）做好测算，搞好试行，谨慎地推进工资改革。我刚才提出的只是一种示范和参照，不是一个通用标准，全世界的公司薪酬绩效制度没有一模一样的。工资改革要有三个步骤，一步都不能少。第一步，测算数据和设计制度。这个步骤由老板和人力资源部、财务部来负责，测算的目的就是要回答，在公司正常销售收入的情况下，人工成本费用与公司合理利润之间的平衡点是什么？先算固定的部分，就是基本工资、岗位工资和国家规定的"五险一金"，公司完成多少销售收入才能支付这部分工资和福利。如果发放全部绩效工资，销售收入要增加多少才能持平。这两个销售收入之和就是公司人工成本的底线，那么再增加的部分，就是公司与员工的分利，这部分就是业绩提成，销售越多，员工提成越多。

当然每家企业在测算时要结合自己的实际情况，比如销售收入增加，可能某些行业运输成本与仓储成本也会增加，这些变量在测算时要考虑进去。算账的目的就是要让公司与员工共享创造的果实，激励员工为业绩而战。如果是企业文化比较好的公司，我建议你们把测算的结果公开发布，让大家知道自己的收入与公司的命运连接在一起。股东公开自己的利润所得，员工也知道自己能收入多少，股东投资要回报，天经地义，员工劳动有收入，理所应当，双方把账摊开算，找一个平衡点，我觉得这是最好的薪酬绩效制度出台的过程。

因为关系到员工的切身利益，我们必须要坚持审慎的原则，一般要求企业在新制度正式公布前有3个月的试行期，就是只打分，不兑现。积累一些数据之后，我们再比较分析，看看有没有不合理的地方。需要注意的是，新制度每月实施的结果都要统计，就是模拟发钱，可以做一个对比表，让员工看到，新制度施行后优秀的员工得到更多了，大多数员工略有增长，平庸的员工挣的更少了，如果是这样一个结果，这个制度的设计就对了。

值得注意的是，如果是一家业务已经正常稳定的公司，一旦正式实施了新的薪酬制度，就不要轻易更改了，微调可以，大动不可以，至少稳定两年以上。一个经常变动薪酬制度的公司，是一家让员工心中没有底的公司，也是让外来应聘的人不能放心的公司。

（3）调整战略与策略，增加我们的附加值才是解决问题的根本。有的企业会说，我们的利润太低，增加了这些工资，公司就不赚钱了，如果是这样的话，这就不是人力资源管理的问题，是战略问题，就是你的创新能力太差了，产品和服务的附加值太低了，需要把工作重点放到战略创新上，放到提高公司利润率上，先不要做什么薪酬改革了。

有人才能够创造高利润，高利润可以招到好人才，这好像是一个循环往复的过程，打破这个循环要依靠创新，这个创新的发起人是老板。我们一方面要做好招聘，训练好员工，复制好团队，把现有的员工激励好，把我们现有的业务最大化，把现有的薪酬制度设计好，应对眼前的挑战，让公司能够生存下来；另一方面我们要腾出手来，抓我们的投资、研发和创新，把利润率做上去，这是解决一切问题的根本。

有了高利润，才有利益分配的空间，如果没有高利润，我们怎么分配都不对。蛋糕做大了，同样的分割比例，也比过去得到的多，你多我也多，大家共赢；蛋糕做不大，天天争谁多谁少，你多我就少，你少我就多，只会越争越少。

15. 管理指标能量化吗？什么才是真正的 KPI？

【案例】我们最近也在做 KPI（关键绩效指标）绩效考核，业务部门的考核指标容易量化，但是管理部门的考核指标非常难以量化，请问管理部门是否需要考核？如果考核的话，是否也要量化？怎么才能量化管理部门的指标呢？

【解答】管理部门需要绩效考核，而且他们的业绩指标都能够量化。KPI 不是想出来的，也不是照抄别人的，而是建立在岗位职责明确的基础上，结合公司的实际情况提炼出来的，当然如果自己搞不清楚，可以请专业的咨询师到企业中去调研、商讨和设计。

（1）考核指标量化的关键是写好《岗位职责说明书》。KPI 考核指标提炼的前提是做好《岗位职责说明书》，因为职责定义的范围不同，考核指标是不一样的，同时职责定义的价值不同，考核指标的难度也是不一样的。比如人力资源部经理的职责，包括招聘、培训、录用、薪酬绩效、员工晋级、企业文化、员工关系管理等，首先这些职责不能缺失，然后在清晰描述职责的前提下，我们再去提炼 KPI。对于招聘的职责，《岗位职责说明书》可以这样描述：负责按照公司招聘计划，完成初试与组织复试，并留住合格的员工，试用期考核通过率100%，考核通过后与员工签定正式劳动合同，试用期考核通过率 = 试用期考核通过人数 / 试用期员工总数。

行政办公室主任的职责包括会议管理、文件管理、行政检查、后勤管理、公共安全管理、对外关系等，然后每一项职责在《岗位职责说明书》当中都应当有详尽的描述，描述得越具体、越清晰，KPI就越容易提炼。比如"公司管理"这个职责，可以这样描述：负责公司总经理主持的各级会议的筹备与后勤管理，具体包括会议通知的下发、会场设备的准备、与会人员的签到及后勤服务，以及会议的对外宣传，会议完成率100%。会议完成率 = 会议合格总项数 / 会议计划总项数。

我举这些例子，只是想说明，管理岗位的考核指标是可以量化的，具体怎么才能做全、做准，还需要到企业中去解决，书本中做不出KPI，因为全世界也没有一个KPI标准是各企业可以通用的。

（2）真正的KPI符合三个标准。《岗位职责说明书》是KPI提炼的前提，如果《岗位职责说明书》不全面、不结果化、不量化，绝对提炼不出来KPI，或者提炼出来的"KPI"不是真正的KPI。真正的KPI必须同时具备"是关键、可考核、能统计"这样三个标准。

比如合格率不是KPI，一次性合格率才是KPI；满意率不是KPI，复购率才是KPI；点击率不是KPI，下单率才是KPI；拜访率不是KPI，转化率才是KPI……由此可见，我们许多企业做了多年业绩考核，但是那些考核指标真的是KPI吗？需要我们重新审视一遍。

在KPI使用的理解上，也有许多偏差：一是认为KPI过时了，应当用OKR考核。OKR即目标与关键成果法，是一套明确和跟踪目标及其完成情况的管理工具和方法，由英特尔公司发明。其实OKR就是关键指标 + 关键结果，与我们5i管理模式中用KPI定义月度结果的原理是一样的，只不过我们不叫OKR而已。二是认为KPI只考核业绩，忽略了客户的感受。如果一个KPI方案不能体现客户价值的话，还叫KPI吗？我们所说的"Key"，这个"关键"

到底指的是什么呢？不就是指客户要求的指标吗？如果一家公司为了追求业绩，最后反而伤及客户，那么这个KPI方案设计一定是有问题的。三是认为KPI以"能不能"完成来确定，而不是以"该不该"完成来确定。比如，销售收入完成率，有的企业定了90%，因为平时只能达到这样一个目标。如果以这样的原则定义KPI，那么我们还有什么竞争力？销售收入完成率必须定为100%，否则我们就退出竞争。为什么一到月底，我们的考核分数都特别高呢？因为KPI指标定得太低了。

所有岗位的职责都可以用量化的KPI进行考核，所有的KPI都必须"是关键、可量化、能考核"，前提是要制定好《岗位职责说明书》。

16. 全员绩效考核与公司总收入挂钩，这是否合理？

【案例】我是一家生产型企业，有80多人，做了几年绩效考核，感觉有一定效果，但是并没有激发全员的积极性，大家也没有太大的压力。我看到一些企业搞全员绩效考核，把公司的整体销售收入与每个员工收入挂钩，让每个员工都关心企业命运，这种方法是否合理？

【解答】不合理，因为有的岗位是与销售收入直接关连的，有的岗位与销售收入不是直接关连的，比如生产抓得好，但产品没有卖出去，你却扣生产部长的绩效奖金，这显然是不合理的。绩效考核制度设计要合理，目的要明确，要因岗而异，不能"一刀切"，管理需要简单，但是前提必须是合理和有效。当然有一种特殊情况，小微销售型、贸易型、服务型公司有可能全员与公司收入挂钩，当然我们这里说的绩效奖金是月度发放的，不是年终奖。

（1）小微销售型公司可以全员绩效挂钩。这是一种特殊情况，指的是一些小微企业全员都是做销售的，或者是做市场的，或者是做客户服务的，从老板到员工都与公司销售收入直接相关，那么全员绩效可以与公司收入挂钩。比如有一家化妆品专业销售公司，一共就7个人，财务外包，行政兼出纳并负责销售内勤，人事专员做员工业务培训和市场督导，老板兼采购，还有 4 个业务员跑销售，他们本身就是纯销售型的公司。他们规定当月销售额在 100 万元以内，员工发基本工资，如果超过 100 万元以上，公司会拿出销售收入的 10% 给大家发绩效奖金。这样的考核方法比较直观，对员工具有强烈的激励作用，适合于小微销售型企业，比如小型超市、小型饭店、小型保健按摩店等，都可以全员绩效挂钩。但是每个公司都要做好绩效奖金的分配细则规定，让每个员工都觉得非常合理。

（2）大多数公司不宜采取全员绩效挂钩的方式。大多数企业的岗位不全是纯销售、纯业务型的，他们分工比较专业和详细，哪怕是贸易型公司，除了销售团队之外，还有采购、财务、行政、人事、物流配送等。生产企业就更不用说了，他的内部供应链条更长，岗位更多，对于这样的公司而言，全员绩效奖金与收入挂钩显然是不合理的。

假如，公司这个月的销售额整体下降非常严重，销售部门都没有得到月度奖金，但是我们生产部的产品质量、数量、交期等所有的工作都达到了公司的要求，你说该不该给他们发月度绩效奖金呢？行政人事部把本月行政和人事各项指标都达成了，但是这个月公司销售收入下降，扣行政人事部的奖金是否合理呢？设计部给客户出具的所有设计方案得到了客户的认可，但是这个月销售收入降低了，也要扣技术部门的月度奖金吗？

其实这是大家对绩效考核整体方案的设计思想、内在逻辑，以及合理性不了解所造成的。公司最终的经营结果一定是纯利润，但是除了独立核算的部门之外，其他部门不做销售收入与利润的考核，也就是说销售和利润的指标不可能让公司的某个部门去承担，而是各个部门通过完成各自的 KPI 指标，而最终达成的一个结果。如果每个部门、每个岗位都完成了设定的考核指标，那么公司就能达到"增加收入，降低成本，获取利润"的目标，我们预计的销售收入和利润指标就可以达成。这需要我们在对公司各部门、各岗位进行绩效考核指标设计的时候，追求指标相互的支持性、系统的完整性、内在的逻辑性。

（3）不与销售收入挂钩，但是必须与岗位的考核指标挂钩。员工的收入不一定与公司的销售收入进行挂钩，但是肯定要与岗位的 KPI 考核指标完成情况挂钩。比如，生产部按时交付了合格产品，并没有影响公司的销售，但是这个合格率是质检部发现质量问题后，要求生产部改进后才达标的，我们照样会扣除生产经理或相关岗位的质量考核分。比如采购经理按质按量采购，保证了生产的正常进行以及销售订单的达成，但是在采购过程中成本增加了许多，公司照样会扣除采购经理成本考核的分数。再比如人力资源部没有完成公司销售团队增补人员的招聘工作，虽然这个月公司销售收入完成得很好，但是我们还要扣除人力资源部经理或招聘专员在招聘方面的绩效得分。说到这里大家可能会更加清楚了，公司销售收入与全体员工绩效考核不挂钩，不能说公司销售收入好，员工岗位绩效考核就一定能得满分，也不能说公司销售收入不好，员工岗位绩效考核就一定扣分。当然如果每个月、每个岗位、每个员工绩效考核都能够得满分或更高的分数，那么公司的销售额一定会高，公司的利润一定会好。

17. 绩效考核是考核干部，还是考核基层员工，全员考核有必要吗？

【案例】我们是一家物流公司，我们的绩效考核主要是考核业务员、司机等基层岗位员工，干部不考核，请问干部该不该考核？只考核员工就可以吗？全员考核有必要吗？

【解答】不考核员工可以，不考核干部不可以。绩效考核的原则包括：从体系建设的顺序看，先做干部考核，再做员工考核；从考核的重要性来看，干部考核比员工考核更重要。全员考核最好，但是要分具体情况，有些岗位必须考核，有些岗位可以不考核。

（1）先做干部考核，再做员工考核。对于在管理初期建立绩效考核制度的企业来说，最佳的顺序是先对干部进行考核，因为只有把干部的考核先做起来，干部才会把自己的考核指标分解给员工，并监督、训练和帮助员工完成绩效，绩效考核才会立即出成效。如果只考核员工，不考核干部，就会出现员工在干活，干部在评价，干部会站在第三方的角度来评判员工做得好坏，这样的结果是干活的人少，动嘴的人多，不利于公司建立良好的执行文化，具体的执行效率和工作业绩都会很低。

（2）干部考核比员工考核更重要。干部的业绩是以下属员工业绩为基础的，员工完成得好，干部的业绩就完成得好。如何让基层员工完成好业绩呢？总经理不可能"一杆子插到底"，通常会依靠中层人员带领下属去完成。只有部门经理有了压力，他才能够带好团队。在绩效考核过程中，考核干部比考核员工更重要，只有把干部的绩效考核做好了，干部才能在部门中分解工作、训练团队、做好检查，并对下属进行奖惩，我们的管理才能自上而下顺利地开展起来。

（3）有些岗位可以不做绩效考核。有些岗位比较特殊，比如管理部门的一些普通岗位，员工的工资不是特别高，如果做绩效考核，员工的收入会受到很大影响。比如办公室的前台、策划部的文案、开办公车的司机，这些岗位的员工不是关键岗位员工，也不是独立负责某个项目，一般情况下不做月度考核。他们工作的好坏，可以用公司其他的规章制度去做奖惩，通常是在年底，根据一年工作的好坏，多发一个月的工资或者给一些年终奖。

关键岗位的员工必须要做绩效考核，比如财务部的出纳、仓库的保管员、网络安全人员等，他们虽然是普通岗位的，但是他们的工作具有独立性，也非常重要，需要做月度绩效考核。

18. 岗位职责说明书和绩效考核方案发下去了，为什么员工不执行呢？

【案例】我和人力资源部经理上了一堂人力资源课，回去后作了各部门经理和员工的《岗位职责说明书》《绩效考核方案》。我们开会征求了中层经理与部分员工的意见，他们都没有意见，然后就正式下发执行了。现在已经快3

个月了，但是我们发现，员工好像对《岗位职责说明书》没什么感觉，该做什么还做什么，好像从来就没有那回事儿。对于《绩效考核方案》，你加分可以，扣分就不行，大家好像忘记了当初是怎么同意的。请问为什么会执行不下去呢？

【解答】通常人们不会做你安排的，只会做他所承诺的。《岗位说明书》和《绩效考核方案》做得好不好另当别论，你们在讨论、下发和执行的工作程序上就出现了问题。因为之前没有做任何思想铺垫，大家认识上不统一，没有真正理解《岗位职责说明书》和《绩效考核方案》的意义。虽然讨论会开了，但是大家碍于情面，或者根本就不了解《岗位职责说明书》的意义，只能在表面上同意，实际上大家对《岗位职责说明书》和《绩效考核方案》的重要性，以及与自己利益的关系没有深刻的理解。在这种情况下，下发的《岗位职责说明书》和《绩效考核方案》，只能说是员工被动的接受，起不到自我承诺、自觉执行的目的。

（1）出台涉及员工切身利益制度的时候，先要统一大家的思想。任何管理变革都有风险，若想降低风险，前期的思想铺垫必不可少，特别是在建立或者完善责、权、利方面的制度时，要更加注重分析风险，做好事前的思想统一。在适当的时候和场合，董事长或者总经理要亲自做改革或者调整的思想动员。

第一，不想挣钱的员工不是好员工，不与员工谈钱的老板不是好老板。公司不喜欢小富即安的员工，因为不创造价值就是制造亏损，不创造价值就会带坏风气，公司是市场主体，逆水行舟，不进则退，所以每个员工必须多创造、多赚钱，企业才能兴旺发达。在公司不想谈钱、不想赚钱的员工，不是好员工，同样不想与大家谈钱的老板，也不是好老板。员工就是来公司赚钱的，不谈钱谈什么，特别是公司的文化建设还没有达到一定境界的时候，员工的精神还没有达到敬业层次的时候，我们能够把钱谈好，谈到明处，谈到大家都愿意接受，就是一个非常好的合作文化了。跟员工只谈情怀不谈钱的老板不是好老板，把钱谈好，然后带领团队为情怀去奋斗，才是好老板！

第二，公司与员工必须互利共赢，任何一方输都不会有最好的结果。没有股东的投资和资源的支持，员工就没有赚钱的机会和施展才华的舞台；没有员工的创造与奋斗，靠几个股东或者老板个人，赚不到什么大钱，更别说干出什么大事业来。老板与员工，不是兄弟关系，也不是利用关系，而是契约关系、合作关系、伙伴关系。投资人要有投资回报，打工的人要有劳动回报，双方各取所需，互相成就，对待自己的所得，自己满意即可，不用攀比他人。因为人格都是平等的，岗位价值是不一样的，技术部经理的工资可能会比行政办公室主任的工资高，高级技工的工资可能会比生产主管高，这都是正常的。攀比只会带来妒嫉和痛苦，理智才会带来开心和快乐，工资高低本质上不是公司决定的，而是社会供求关系决定的，就是"物以稀为贵"的道理。

第三，世界上没有绝对的公平，但是金子总会发光。这个世界上没有绝对的公平，社会如此，公司也一样，即使是已经建立和完善制度上百年的公司，也不可能所有制度都是绝对公平的。况且我们都是正在成长过程中的中国民营企业，各项规章制度没有那么健全，我们对管理和合作的理解还没有达到很高的层次，许多统计数据不那么完备和精准，我们还是在探索中不断地完善责、权、利的体系，所以必然会出现一些暂时不公平的现象。从时间来看，一时可以不公平，但不等于永远不公平，如果你一生都觉得不公平，那么一定不是别人的问题，是你自己的问题；从空间来看，你在这家企业感觉不公平，不等于你去其他公司也不公平，如果在所有公司你都觉得不公平，那么一定不是公司的问题，是你自己的问题。

是金子总会发光的，你可以选择这家公司，也可以选择另一家公司，只要你有良好的职业道德和精湛的技能，总会得到股东或者老板的赏识，得到团队的尊重。

第四，可以合作，也可以不合作，但必须要保持愉快工作的心情。我们要打破陈规陋习，不能认为打工就是低人一等，就是弱势群体。除了国家政策规定的需要照顾和扶持的特殊群体之外，这个社会没有强势群体与弱势群体之分，老板与员工没有地位高低之说，老板可以雇你，也可以解雇你，员工可以来上班，也可以辞职。当然辞职也好，辞退也好，都要基于法律法规，按照《劳动合同法》办事，还有道德与个人信誉的问题。一个老板总是辞退员工，总是"大换血"，请问谁敢来你们公司？如果一个人在一家公司总是干不长，总是"跳来跳去"，请问谁敢聘用这样的人？因此，谈条件时好好谈，谈好条件好好干，我们最反对的是谈了没有谈好，干了也没有干好，不明不白，别别扭扭。

公司是商业组织，是以盈利为目的的商业组织。员工与公司的关系是契约关系，是平等合作关系，团队合作的目的是为客户创造价值，从而成就自己的人生价值和财富理想。合作或者不合作都是基于自愿的选择，可以合作，也可以不合作，但是没有必要抱怨、猜疑、嫉妒和愤怒，工作生活都应该是愉快的，如果不愉快就失去了工作和生活的目的。在薪酬绩效方面也是一样的，谈好了大家就快乐地合作，谈不好就愉快地分手，不要结仇，也不要结怨，同事做不成还可以做朋友，但不要成为仇人。

（2）《岗位职责说明书》是企业的第二份用工合同，需要一对一商定。第一份用工合同是国家规定的《劳动用工合同》，我把《岗位职责说明书》视为第二份用工合同。既然是合同，就必须谈判，就必须要有正确的制定程序。

基本程序分三步：第一步，先由公司人力资源部或者总经理给员工进行培训，然后把模板发给员工，让员工自己先写第一版；第二步，人力资源部审核，直接上级审核，提出修改意见，还要互相交换意见，再修改完善，员工提交第二版；第三步，人力资源部组织讨论，由直接上级和员工参加，最后讨论商定，如果是中层经理以上重要岗位，总经理要参加审定，最后员工在《岗位职责说明书》上签字，作为正式版公布执行。

在讨论的时候通常要问三个问题。第一，是不是应该做的？第二，能不能做到？第三，是否愿意去做？如果有争议，必须讨论清楚，比如是不是该做的，有些岗位职责你不做就需要别人去做，但是必须明确哪些是你应该做的，如果你该做的不承诺去做，这个协议就不能达成。哪些职责能做到，哪些做不到，对于做不到的，要么通过学习达到胜任要求，要么不学习不提高，工资也不会那么高。应该做也能做，但是不愿意做，这就是大问题了，不愿意做我们就不能达成契约。当然我们也要谈权利和工资，权利在《岗位职责说明书》中有记载，薪酬绩效问题我们在《薪酬管理制度》《绩效考核方案》中谈，这样对于责、权、利的规定双方自愿，最后达成一致，这样签下来的《岗位职责说明书》才会让员工深有感触，铭记在心，自愿执行。《绩效考核方案》是《薪酬管理制度》的一个子制度，是《岗位职责说明书》的附件之一，也需要按照上述的程序一对一商定。

19. 能用定性指标考核员工吗？该怎么评价员工的思想表现？

【案例】绩效考核都是定量指标，但是仅仅依靠定量指标就能对一个人进行全面评价吗？比如说这个人的思想道德和职业素养是否需要评价呢？这种指标又如何确定呢？

【解答】绩效指标法只是对员工的绩效进行考核的一种方式，比如 KPI 考核法。绩效考核指标一定是定量的，但是不要把 KPI 当成筐，什么都要往里装，一些指标是不能用 KPI 考核的，比如您说到的定性类指标，包括对人的文化素养的评价。那么人的内在素质方面怎么打分呢？其实这个打不了分，也不能用定性指标去考核，只能通过一些突出的案例和事迹，按照公司的文化管理制度，来表彰和弘扬这种文化和精神。

（1）如果用 KPI 考核就必须是量化指标。考核的方法有多种多样，如果用 KPI 考核，考核指标一定是量化的，如果用 360 度考核，其中就有很多定性的指标，包括学习、思想、文化、贡献，以及工作态度和协调能力等。这种考核方式对大部分管理基础薄弱的民营企业来说并不适合，这需要大量的数据案例和相对明确的奖惩规则，否则就变成了领导主观评价、员工主观打分，最后出现不公平的现象。比如说态度 5 分，请问这 5 分是怎么打出来的？如果没有具体的标准和定量分析，很难判定你的态度是 5 分，还是 3 分。所以我们一般不采取 360 度这样比较复杂的考核方式，而是采用 KPI 这种简单实用的考核方式，因为 KPI 强调的是量化指标，就不会出现主观判断和定性指标。

（2）设立"文化专项奖"来表彰员工的优秀品质和职业精神。业绩好的员工文化素养不一定好，文化素养非常好的员工业绩不一定强。比如说一位员工上班迟到，下班早退，不参加团队活动，也不融入到团队之中，但他是一位业绩很优秀的销售员，业绩完成好，回款及时，客户服务好，各项业务指标都是一流的，请问这样的员工怎样去考核呢？迟到早退，不参加活动，可以按照公司的规章制度进行警告或者罚款，但是他完成了销售目标就应该得到他的薪酬、提成和奖励，一码归一码。再比如有一个员工节假日没有休息，到客户那里进行售后服务，客户非常感动，专门给公司老板打电话并发来感谢信，也希望继续跟公司合作，那么老板就应该在节后全体员工大会上，为这个员工颁发"敬业精神奖"和奖金，号召大家学习这种敬业精神，但是如果这个员工上个月没有完成销售业绩，照样要按照公司的薪酬绩效制度执行，这也是一码归一码。

总之，绩效考核方案仅仅是我们整个制度体系中的一项制度，考勤管理制度、安全管理制度、6S管理制度、财务报销制度，以及我们的文化管理制度，这些制度综合构成了对员工行为的约束、激励与评价体系。不同的制度规范不同的行为，达到不同的目的，也就是我们常说的"一把钥匙开一把锁"，这也是有效管理的一个基本原则。

20. 为什么绩效评分时大家都很高？公司有那么好的业绩吗？由谁打分最合适？

【案例】我们公司已经开展了5年的绩效考核了，当然比不考核的时候要好很多，但是这些年我们发现绩效考核一般分打得都非常高，以中层经理为例，很少有低于90分的。我觉得这与公司业绩的整体表现并不吻合，如果真是这么高的分数，公司的利润和业绩应当非常好，这是不是与我们的打分方式有关。

我们现在的打分是先自评，占 40% 权重；再由部门之间互评，占 40% 权重；再由上级主管领导评分，占 30% 的权重；最后由人力资源部门进行审核。这种打分方式对不对呢？

【解答】不对，在多数企业中，只要涉及到人与人之间打分，就难免打出人情分，我们的企业文化中，职业文化少，江湖文化多，原则文化少，人情文化多，担当文化少，推诿文化多，帮助文化少，讨好文化多。在这样的文化下，采取人与人之间打分，必然会出现人情分，所以我们要尽量采取量化考核指标，明确考核公式，由自己打分，在月报会上展示出来，用机制屏蔽人性的弱点。这样可以树立我们的独立人格，去掉依赖人格，减少人情分带来的相互讨好，树立自我改进、自我提高的自省精神。

（1）指标设立过低，打分就会过高。如果发现每个月中层经理得分都非常高，但是公司的业绩并没有预期的那么好，这就说明我们的考核指标设计的难度太低了，如果是 KPI 考核，我们一定要坚持"是关键"这个基本标准。

比如说网销完成点击率不是关键，完成下单率才是关键；生产产品质量合格率不是关键，直通率才是关键；销售部客户服务满意率不是关键，复购率才是关键。同时要注意的是绩效标准必须要高，要符合市场竞争的最高标准，符合客户的最高要求，符合公司内部标准的最高要求。比如行业一般及时回款率只能达到 70%，我们是行业中优秀的公司，所以公司要求及时回款率 85%；比如行业产品直通率是 94%，我们是行业中生产管理一流的公司，所以我们的产品直通率应当是 99%；比如别的企业考核的是及时上岗率 90%，我们用的是试用期通过率达到 90% 以上……还是要强调一下，KPI 的设计原则不是"能不能"，而是"该不该"，"能不能"是我们先定了"该不该"之后，通过运营体系和团队训练最终要回答的问题。

在考核方案试行的磨合期之后，如果出现你所说的分数都很高的现象，公司业绩却没有达到预期目标，则需要重新调整我们的岗位职责、KPI、KPI 公式和标准绩效。重新设计之后的绩效指标和体系，能够体现公司业绩的真实性，也就是说当这些岗位的 KPI 都能达到标准绩效的时候，公司的业绩就一定是我们预期的最佳状态。

（2）自己给自己打分是最好的评分方式。我们还身处于缺少独立人格的社会中，出现问题后习惯去找别人的原因或者客观理由，同时这也是一个内心比较脆弱的社会，特别希望别人表扬自己，还达不到"少外求，多内观，对事不对人"的思想境界。如果是上级打分，容易出现下级讨好上级的问题；平级之间打分，容易出现部门之间的恩怨问题；最不好的方式是下级给上级打分，那样干部就不敢坚持原则，对员工的管理就会形同虚设。既然改变不了人性当中的弱点，我们就用机制去屏蔽它，自我打分，公开亮相，这是屏蔽人性弱点的最好评分机制。

当然，自我评分要想达到客观、公正、自觉的效果，就必须打好管理基础，包括《岗位职责说明书》《KPI考核方案》，以及结果定义精准的月计划等。这些年我们在许多企业进行5i运营模式的导入与训练，其中月报就是绩效考核的工具，其特点之一就是自我评分，我们发现相互之间的讨好或者埋怨的现象没有了，而员工自我承诺、自我担当、自我反省、自我改进的精神得到了提升，公司考核的成本大大降低，人与人之间的关系变得非常简单而坦诚。

21. 对总经理要不要做绩效考核，如果要做，该怎么考核？

【案例】我是一家生产型企业的总经理，目前正在进行全员绩效考核，请问总经理是否需要考核？如果考核的话，应该考核哪些内容？如果不考核自己，能否说服我们的干部？

【解答】单体公司的总经理一般不需要考核，除非你上边有董事长、董事会或者股东会，而且一般考核周期是半年和一年，而不是月考。集团公司下属的子公司总经理，或者总公司下属的事业部总经理，都需要考核，一般是月考或者季考，当然也需要年度考核。

（1）哪种总经理需要考核。如果是单体公司的董事长兼总经理就不需要考核，这种总经理只考核别人，不考核自己；如果单体公司的总经理上面有董事长或者董事会、股东会，可以进行半年考和年考，由董事长或者董事会在半年或者年终的时候，对他的业绩进行述职与评价；如果是集团公司或者总公司下边各分（子）公司的总经理，或者事业部总经理，就需要月度考核或者季度考核，当然更少不了年终讲评。

有的单体公司的董事长兼总经理认为，对自己进行考核可以给干部们起到模范带头作用，同时也可以评价和监督自己的行为，这是没有必要的，总经理的权威不是表现在对自己考核上，而是体现在能给公司做出正确的战略决策上，做好团队的利益分配，培养优秀管理骨干，用文化推动团队的进步，就可以得到大家的尊重。

（2）总经理的考核指标怎么定。总经理的考核指标因行业和企业的不同而不同，一般分为经营性指标和管理性指标。经营性指标包括营业收入完成率、产值完成率、利润完成率、项目投资回报率、新品占比率、产量完成率、质量直通率、成本控制率、新客户开发完成率、老客户重复购买率等。管理性指标包括关键岗位胜任率、制度执行率、公共关系良好率等。

不同的公司，不同的行业，总经理的职责是不同的，所以确定总经理考核指标的前提依然是他的《岗位职责说明书》，要先把总经理《岗位职责说明书》做得全面、细致、个性化，才能选择适当的考核方法，才能提炼出准确的考核指标。董事会或者董事长应当与总经理面对面地商定《岗位职责说明书》《薪酬制度》和《绩效考核方案》，详细明确总经理的责、权、利，以便他在经营管理过程中既能发挥创造力，又能受到公司的制约，确保公司在他的管理下健康稳定的发展。

（3）怎么考核总经理。如果是中小企业，总经理最好做月度绩效考核，如果是大中型企业，总经理可以做季度绩效考核，但是"年中"和"年终"这两个讲评是必须要有的。考核的方式通常是年初由董事会或者董事长与总经理商定全年的战略计划目标，并确定总经理应当承担的关键业绩指标，双方签订《年度经营责任状》，同时将年度目标分解到月份或者季度进行考核。到年中或年终时总经理要做述职报告，接受董事长或董事会的质询，用事实和数据来说明自己业绩完成的情况，并兑现当初的奖罚承诺。如果做月度或者季度考核，需要总经理在月度质询会或者季度经营分析会上，向董事长、董事会汇报月报或者季报，接受大家的质询，最后由董事长决定是否通过。

总经理的薪酬体系一般是"年薪制 + 协议分红"。年薪制是董事会与总经理商定一个年度总收入，其中一部分在 12 个月当中固定发放，包括基本工资、岗位工资和绩效考核工资，另一部分根据全年绩效得分进行发放。比如某位总经理年薪 40 万元，其中 20 万元在 12 个月中平均发放，剩余的 20 万元根据全年绩效情况在年底发放，主要以销售额、利润额，或者产值作为主要考核指标，完成 100%，发 20 万元，超过 100%，就会超过 20 万元，如果不足 100%，可能就要少于 20 万元。如果超出很多可能要进行递增式奖励，比如超过 1000 万元增加 10 万元，超过 1500 万元增加 15 万元等。协议分红是按照当初与董事会商定的分红规则，在其他综合性指标完成的前提下，按照完成的销售收入或者利润额，或者按照综合 KPI 评分，获得相应的年度分红。通常情况下，有了年度分红，就不享受平时的业绩提成，不能重复计算。

22. 技术人才培养时间都比较长，一旦离开公司损失很大，怎样才能留住他们？

【案例】我们是一家研究防腐材料的高科技公司，公司已经成立 6 年多了，产品接近国际一流水平，目前行业竞争非常激烈，这类科技人才非常稀缺，我们曾经下了很大的功夫培养了一些技术人才，但是时间不长就被别的公司挖走了，请问如何才能留住高科技人才？

【解答】留住高科技人才是人力资源管理中非常有挑战性的大课题，这个大课题又分成了许多小问题，有薪酬待遇问题，还有研发战略与思路的问题，有研发预算、设备、工作环境问题，有弹性工作、允许失败等问题。当然对于某些中小企业而言，要想留住高科技人才不太容易，所以我们可以换另一种方式，通过对外合作来获取科技资源，同样也能为公司提供研发支持。

（1）要认真研究高科技人才的特点。同其他人才一样，高科技人才同样在乎工作待遇、工作环境和考核指标，但是他们又与其他人才不同，更加在乎公司高层在研发战略、策略上是否与自己一致，更加在乎研发经费是否充足，更加在乎研发设备是否先进，研发工作环境是否更加人性化，研发团队是否在时间安排上更加自由，更加在乎公司对他们的失败是否有包容的胸怀。对于公司高层来讲，要想留住高层次研发人才，必须在合作之初对研发战略和研发策略进行充分讨论，达成高度一致，这是双方能够长久合作的思想基础。同时要保质保量提供研发经费、研发设备、研发合作资源等一些客观条件，允许研发人员根据研发计划自行调整工作时间，尽量给他们以自由。

比如，新能源汽车到底是采用磷酸铁锂电池、三元锂电池，还是锂离子电池？这就是技术路线问题，是战略和策略问题，是研发大方向问题。通常情况下，导致投资者与技术人员分手的最重要原因就是技术思想的分歧，所以从合作开始就要制定清晰的技术路线，以及产品和市场策略。科技人才不能像坐班的员工一样按时上下班，在研发过程中可以采取弹性工作制，也就是每天以项目进度为考评的依据，并在网络上进行公示，而不是在考勤表上记录他是否迟到早退……

当然，尊重技术人员的技术思想，为他们的研发提供很好的空间、环境及待遇，不等于什么都不管，不能采取放任的态度，特别是要防止一些技术人员的恶意出走，将公司的技术秘密全部掌握之后，为了谋求个人更大的私利而离职，到竞争对手的公司谋职，对公司产生巨大的损害。要防止这种情况的发生，一方面要与科技人员签订《技术保密协议》或《同业禁止协议》，遇到违反协议者必须一追到底，绝不姑息，尽量挽回公司的损失。另一方面在运营过程中做好研发的分工和流程，注意技术资料的分类保管，不让任何一个人掌握全部的技术资料，这样即便有个别人外流，也不足以影响整个公司的研发进程，而且外流人员也很难融入竞争对手的研发体系。

最后，对科研人员的人文关怀非常重要，要赋予他们极大的信任、支持和情感投入，他们都是受过高等教育的，有理想、有抱负、有情怀，更看重的是志同道合，只要与他们心灵相通，携手奋斗，即便是竞争对手来挖人，即便是我们的条件差一点，他们也不会轻易离开公司。

（2）采用内培和外包的方式。如果公司实力强，可以收购技术成果、技术公司，也包括技术人员。如果公司尚小，还不能在待遇、设备、工作环境等方面满足更高层次人才的需求，那么可以采取请专家过来培养企业内部科技人员的办法，在没有知识产权纠纷的前提下，把我们的技术人员培养出来。另一种方式，也可以采取技术合作的方式，通过联合开发、技术服务外包等方式获取技术资源，完成公司的技术研发工作。

23. 做技术出身的老板，能不能当好总经理？

【案例】我是一名"理工男"，我们公司有3个合伙人，我是创始人。当初公司十几个人的时候，我觉得这个总经理当得还是比较顺手的，但是现在已经有40多人了，有业务员、售前工程师、编程员、架构师、客服人员、行政人员、财务人员等，我感到管理有些力不从心了。对内，要解决许多人的问题，要沟通留住人才，要管理项目提高效率，要激励新员工创新，要照顾老员工的情绪；对外，要解决外部关系问题，不但要与客户讨论技术方案，还要与他们讨价还价谈合同，既要维护好客户关系，还要把欠款追回来，还希望他们能给我们介绍客户。每天做内部管理和对外关系处理的事情，就已经把时间全部占满了，再也不能像从前一样专心搞研发了，我喜欢与技术打交道，不喜欢与人打交道，我突然觉得自己很不胜任总经理的职务，请问技术出身的创业者能不能当好总经理呢？

【解答】如果有合适的人接替你，你可以不当，如果没有，你就必须当，而且还要当好。搞技术的人擅长与事打交道，不善于与人打交道，而搞管理的人，正好相反。从技术思维转向管理思维是一个比较难的过程，但是只要你有信念、有智慧、有毅力和学习能力，通过一定的自我修炼都能当好总经理。总经理不仅是一个职务，更是一个职业，需要一些基本素养，主要包括战略决策、人才培养、运营推动、文化感召等方面的知识与能力，以及背后更深层次的价值观、思维方式和心胸格局。

（1）技术人才与管理人才的最大不同。对于技术人才而言，你交给他一个科研难题，他会千方百计地做好，但是你要交给他一群人，他就不知道怎么和他们打交道，搞不清这些人的需求、心理活动和情感，在交流沟通方面经常出现一些障碍和困难，甚至有社交恐惧症。管理人才则不同，他们对人性有深刻的理解，能够通过观察人的言行，判断他们的思想情感和心理活动，并采取有效的管理手段和沟通方式激发他们的积极性，促使他们自觉地完成组织目标。技术人才与管理人才在思维结构上具有本质的不同，技术人才要想当好总经理，必须在思维结构上进行改变，就是要学会通过某些手段去影响和改变人的思想行为，也就是学好管理，通过"管人"把事做好。

（2）技术人才如何才能当好总经理。技术出身的老板首先要在4个方面学会公司的管理：第一个方面是战略管理，要学会判断未来市场发展趋势，通过制定战略规划、设计商业模式，给自己的产品和服务做好市场细分和精准定位，用创新的手段为公司获取核心竞争优势，为员工指出未来3~5年的企业发展道路。第二个方面是人力资源管理，要知道公司各个岗位的职责、考核指标、胜任要求，能够与员工商定合理的薪酬与绩效方案，明确双方的责、权、利，与团队建立良好的合作关系，并为他们提供成长的空间与学习的机会。第三个方面是运营管理，要学会建立和推动运营管理系统，这是一套从计划到结果的过程管理机制，通过计划、流程、检查、奖惩和改进，把团队纳入一个管理体系中自我运营，解脱自己，成就他人，提高管理效率，复制优秀人才和成功模式，保证战略目标的实现。第四个方面是文化管理，要通过确立公司的远景、使命、价值观，从而凝聚人心，最重要的是带头修炼自己的内心，不断反省自我，用自己的言行和正能量教育和感染身边的员工，提高他们的思想认识，打造一支高度职业化的执行团队，打造一个以事业为核心的命运共同体。

技术人员与管理人员其实有许多相近之处，比如他们都有较强的结构思维和逻辑思维，做事情有条理、讲方式，他们都属于理性思考者，所以比较容易转化。只要技术人员不断修炼自己对人性的洞察力，掌握管理的基础知识，知人善任，就能做好总经理。

（3）学会用别人之长补自己之短。知道如何当好一位总经理，不一定自己亲自去当总经理。有的人既能做管理，又能干技术，那么他就是天生的总经理；有的人知道总经理做什么，但是自己做不到，那么不妨去选择一位胜任的总经理，你做好董事长和技术总监，把公司的战略制定好，与总经理把责、权、利商定好，把公司的日常管理交给总经理，然后全力以赴地投入到科技研发当中去，这样的"黄金组合"比一个人会更强。

在具体操作方法方面，一种方法是自己当董事长兼研发总监或者首席工程师，外请一位总经理来帮助自己做好日常的运营管理。另一种方法是自己当总经理并兼研发总监，请一位首席运营官，帮助自己做好内部的第三方监督，监督各部门执行计划，提高公司运营效率。

总之，如果技术出身的人能够成功转型，变成了技术兼管理型人才，那么这个人就是非常了不起的；如果转不过来，就用他人之长补自己之短，也不失为一种聪明的做法。

24. 我是一个很随性也很有情怀的人，为什么觉得当老板比较难呢？

【案例】我们是一家自主品牌的服装公司，业务包括设计、生产、自售及加盟连锁，在行业当中有一定的知名度。我也是一个非常随性的人，经常周游世界，外出采风，寻找设计灵感，交往各界朋友，感受美好生活。在员工心目中我就是一个有魅力的人，大家都非常愿意追随我，我对公司的事情几乎不闻不问，那些年企业也没有让我过多费心，发展得也挺好。但是近年来服装市场产能过剩，很多实体店的生意下滑，客户的需求更加多元化，自主品牌设计也受到了国外品牌的降价冲击，员工也不像以前那样有情怀了……我突然感到管理好难呀，现在只要一开会，一看到不好的结果，我就控制不住自己的情绪，要么向大家发一通火，要么自己转身就走，我知道这不理性，但是真的控制不住自己，我是不是不合适当总经理了？

【解答】原来你就不适合当总经理，只是公司发展比较好，没有感觉出来，现在感觉出来也不晚，只要改变自己的思维方式，就能够成为优秀的总经理。

人的思维方式主要分两类，一类是感性思维，一类是理性思维。以感性思维为主的老板是做文化的高手，他们情感丰富，充满激情和正能量，追求美好，非常容易感染员工，凝聚人心，这样的老板特别适合创业期的领导岗位，也非常容易成功。以理性思维为主的老板是做管理的高手，他们遇事冷静，善于分析，喜欢数据，尊重事实，注重措施，追求结果，看上去有些"高冷"，其实解决问题的能力让员工肃然起敬。这两种思维方式无所谓优劣好坏，各有所长，当然，最好是通过学习和修炼，把自己修炼成"合一思维"，那是最好的结果。可以看出你是一位感性思维比较发达的老板，所以过去你靠文化和创造力，借助市场机会取得了成功，今天遇到了市场变化和管理难题，需要你运用理性思维去解决问题了，为了企业你必须从感性思维转向理性思维。在这个过程中，我们的内心也要转变，从随性转向自律，从追求个人魅力转向追求共同信奉的真理，从外部动力转向内在富足，你会成为更加优秀的总经理。

（1）学会结构思维。一个问题的出现肯定会有许多原因，结构思维就是把纷繁复杂的原因进行结构化，把复杂的原因变成简单的原因列出来，这样便于逐个分析、逐个解决，而不至于让自己陷入一团乱麻之中，然后导致自己情绪化。发脾气解决不了任何问题，只有把原因列出来，我们才能制定措施，制定解决方案，安排责任人，明确最后期限，监督整个过程并持续改进。最后要把结果做好，结果好了，大家的心情才会好。

比如一个店面的业绩下滑了，我们就要分析业绩下滑的原因，包括店面选址、款式配比、新品上架时机、促销活动、物流配送、形象陈列、店员服务、橱窗展示、价格政策、购物环境等。

（2）学会逻辑思维。我们常说有果必有因，因果不虚，每一个问题背后都有一个或几个原因，但这个原因不一定是真原因，逻辑思维是透过表面找本质，去找原因背后的原因，一直找到根本的原因。感性认知容易让我们停留在表面上，甚至停留在情绪当中，而对事物的本质视而不见，这不利于解决问题，弄不好团队之间会产生茫然、误解和冲突。

比如，我们陈列出了问题，产品不吸引客户，或者有些产品客户拿取不方便，我们就要多问几个为什么。为什么陈列不合理？可能是设计出了问题，为什么设计出了问题？可能是设计人员不合格，为什么不合格的设计人员进入了公司？可能人力资源没有掌握用人标准？为什么没有搞清用人标准？可能形象设计部门也不知道自己要什么人。因此，根本问题在于形象设计部门的经理对陈列方面的专业知识掌握不够，要么让他去学习并通过考核，胜任这个岗位，要么重新换人。

（3）先定量，再定性。感性思维比较发达的人在修炼理性思维的时候，注意先做定量分析再做定性结论。比如在总结某次促销活动的时候，某位老板这样总结：大家说说我们这次活动成功吗？我认为很不成功，难道你们一点感受都没有吗？我们的预约客户到哪里去了？我们的现场成交为什么这么低呀？我看大家没有把心思用在工作上，我们花费了这么大的力量，最后只得到了这么一点结果，大家不感到惭愧吗？这就是感性思维，是定性思维，容易产生情绪化。

掌握"合一思维"的人会先定量，再定性，他会这样总结：我们最后的结果是这样的，约请意向客户1000人，计划到场800人，结果意向客户到场900人，到场率90%，超了10%。计划成交转化率为30%，实际转化率只能20%，800人中只有160人成交，没有达到计划要求。因此，我们这次活动的策划方案是成功的，媒体宣传是精准的，邀约做得很出色，唯一的缺陷就是现场成交不够有效，最后一公里没有跑好，我们这次要重点研究现场成交的责任分工、流程方法、奖励政策，下次把现场转化率提高到 30% 以上，我相信我们会做得更好！

美有两种，一种是移情的美，就是人们把主观的情感附加在某个毫不相干的事物上，让普通的事物拥有特殊的美学意义，比如月是故乡明，月亮代表着思乡之情；在天愿作比翼鸟，比翼鸟就代表着爱情。这是思想之美、情感之美、艺术之美，是人类伟大的创意。另一种是数据与事实的美，就是拿出一组令人惊叹的数据和值得赞美的事实，让我们从中感受创造之美。比如我们今年的新品占有率达到了 76%，高于计划的 60%，我们的新客户占比达到了 40%，超过了计划的 30%，我们的老客户重复购买率达到了 70%，超过了预估的 65%，我们今年的销售业绩完成了计划的 103%，利润率提高了 6.7 个百分点，我们的团队人数增加了 35%，高于计划的 20%，员工实际收入比去年增长了 14.7%，远远高于行业平均的 8%，全年客户满意率 100%，我们创造了公司 10 年来最辉煌的业绩，标志着公司的转型升级取得了战略性成功。这是不是一种美呢？这是一种理性的美、数据的美、事实的美、管理的美、创造的美，如果哪一天你能通过数据看到创造之美，先讲定量，后讲定性，那么就说明你已经从感性思维走向了合一思维。

（4）从"外求"向"内求"修炼。能够持续成功的老板，都有一些常人不具备的特质。一是非常自律，要求员工做到的自己首先做到，自律是从思想到行为按照做企业的价值观和规则行事。比如今天要开月度质询会，审核月报月计划，就不能随意改变主题，去研究下周我们到哪里旅游；刚刚发出的指令，如果没有什么重要情况的发生，就不能够随意改变，否则会让下属无所适从。二是淡化个人魅力，与其让员工崇拜你，不如让员工崇拜我们共同信奉的真理。我们的真理就是以客户为中心，平等尊重，结果导向，价值交换，互利共赢。三是向内在富足，不追求依靠别人的赞美而产生个人的动力，而是内观自我，自省不足，看破虚荣的假象，找到支撑生命的内在动力，自我觉察，自我觉悟，自我改变，自我丰盈，自我精进。只有这样，你才会完善人格，成为更加优秀的总经理。

25. 给中层增加了一些任务，他就要求涨工资，这合理吗？

【案例】我们公司是做有机农业产品生产与销售的，过去主要是通过经销商进行销售，随着时代的发展，电商渠道成为农产品销售的主渠道之一，我们也在研究在营销部的职能中增加一个电商销售。同时，我们公司越做越大，市场调研和营销策划也应当是营销部的工作，但是营销总监认为增加职能可以，是不是也要考虑增加工资，我认为这是应当做而没有做的工作，现在是补充上去，不应当加工资，而且你的渠道多了，策划做好了，也有利于提高业绩，业绩提高了，你的提成不也多吗？为什么要盯着涨工资呢？

【解答】通常情况下，应该做而没有做，属于补充类的职能或者职责，工资是不涨的，如果是新增加的业务，或者是一个完全不关联的业务，可以考虑增加工资。员工要求增加工资，我们要分清情况，讲清道理。

（1）增加应该做的工作不涨工资。什么叫应该做的工作呢？就是在传统的岗位职责划分当中，应该属于这个岗位所承担的职责和工作。从营销的职能上看，应当包括市场策划和客户服务，营销总监不是销售总监，应当承担这两项职责，这种情况下属于应该做而没有做的，补上去的职责和工作谈不上涨工资。再举一个例子，比如说财务部经理平时没有做预算，也没有做财务分析，但这两项职责却是财务经理的常规职责，如果我们发现了没有做，需要补上去，这不需要涨工资。再举一个例子，人力资源部经理如果没有做员工关系管理和企业文化建设，也应当将这两个职责补充上去，也不应该涨工资。因为这些职责都是这个岗位应当做的，只是以前没有做，我们现在发现了，补上去了而已。

随着我们不断的学习和实践，我们会发现过去的岗位职责设定是不全面的，有许多的漏洞，那么我们就要不断补充和完善，这时候我们要跟干部讲清楚，应该做的没有做，现在补上去了，不需要给大家涨工资，如果增加了新的工作，我们会考虑涨工资。

（2）新增加的工作可以涨工资。什么叫新增加的工作呢？就是在传统的岗位职责当中是没有定义的，因为公司的战略调整或者商业模式创新，产生了一些全新的职能。从你们公司的情况看，传统的销售模式是经销模式，公司现在增加了电商销售渠道，那么这就属于新增加的工作职能，应当给营销总监适当增加工资，不然就单独成立一个电商部，另选一名电商总监。如果营销总监不能胜任电商业务的要求，可以给他一个尝试和锻炼的机会，在这个过程中不应当增加工资，如果他以后完全胜任了这个新职责的要求，达到了公司预定的电商销售业绩和运营体系保证，那就一定要给他涨工资。

是否涨工资也与公司大小和专业化分工有密切关系。比如公司小的时候，技术和品质可以放在一个部门，这时候技术部经理只拿一份工资，但是如果公司变大了，技术部经理的工作已经非常饱和，同时公司品质部没有经理，品质部的工作量也非常大，公司把品质部交由技术部经理管理，那么技术部经理的工资就要适当增加。再比如行政人事部经理还兼管公司的安全环保工作，如果安环工作量不大，行政人事总监可以不加工资，如果有一天安全环保工作量非常大，行政人事部经理负担过重，又无人能够接替这项职责，那么就需要给人力资源部经理增加工资，或者单独成立安全环境管理部，另设部门经理。

这其中还要有一个具体问题，就是两个毫不相关的工作是长期兼职做，还是临时代理做？如果是三个月以内的临时性代理，就要跟我们的干部讲清楚，给一些工作补贴就可以了；如果是长期的，那就要在工资上适当增加。同时也要跟人家讲清楚，如果这个职能变成独立部门负责了，那么可能就要从他的工作中再划分出去，他的工资可能会相应减少。我们在和员工商量薪酬的时候，要告诉他主要的工作职责对应什么样的工资，兼职的工作职责对应什么样的工资，临时性工作对应什么补贴，这样在增加与减少工资和补贴的时候，不会造成员工心理上的不适应。

无论是增加还是减少工资，无论是临时代理还是长久兼职，作为老板都必须与干部和员工讲得清清楚楚、明明白白，不能装糊涂、不理睬和逃避现实。讲通了，同意了，大家按照规则来；讲不通，不同意，也不要强行去做。收入和贡献总是平等的，付出与回报总是相应的，员工好，公司也会好，双赢是最好的结果。坚持好这个原则，我相信一切都可以沟通，可以达成共识。

26. 新来的大学生工资比老员工高，老员工们心理不平衡怎么办?

【案例】我们是一家生产铸铁管的企业，产品全部出口欧盟，过去依靠机械化和手工操作，但是工艺要求达不到标准，生产成本也非常高，所以我们引进了全自动化数控智能设备。不过问题又出来了，原来的老员工不会使用电脑和操作设备，我们只能招聘自动化和机械专业的大学生。大学生招来了，但是矛盾却出现了，因为在我们当地大学毕业生要包吃包住，提供"六险一金"，还要给5000~6000元的工资，而那些与我一起奋斗了十几年的老员工也差不多拿这些钱，有些老员工心理就不平衡了，怎么处理这种事情?

【解答】一个人的工资水平或者是收入水平，不是取决于他在公司的工龄有多长，也不取决于他的级别有多高，更不取决于他与老板的关系有多好，而是由社会供需关系决定的。如果某个岗位的人在社会上很容易招到，那么这个岗位的工资和收入就会偏低，如果这个岗位的人在社会上很难招到，那么这个岗位的工资和收入就会很高，也就是我们常说的物以稀为贵。人性的弱点是容易嫉妒、喜欢攀比，论资排辈的思想在一些人心目中根深蒂固，解决这个问题，既要做思想工作，也要用事实和教训唤醒他们。

（1）讲清道理。要讲清人的价值是社会供需关系决定的，又是由他的知识和经验投资所决定的，一个人的收入是对他过去知识与经验投资的社会回报。老员工过去的经验非常值钱，所以他们在手工和机械加工时代创造了非常高的商业价值，收入也非常高。但是现在进入了数字化、智能化时代，手工操作已经创造不出更高的商业价值了，所以他们的收入也就显得不高了。由于大学生在学校学习了自动化和机械专业知识，对智能化设备非常了解，可以马上产生效益，给他们的工资是大学期间家庭投资的公平回报。同时我们要跟老员工讲清楚，我们将来退休了，所拿的养老金当中有一部分就是公司给交付的，那么公司用什么交付呢？一定是从公司的收入中支付的，年轻人正在为我们创造持续不断的经营所得，在为我们缴纳养老金，我们为什么要嫉妒那些将来给我们养老的人呢？这在情理上讲不通。

（2）摆出事实。如果跟老员工讲道理讲不清楚，我们可以做一个事实推理，如果5个老员工用手工和机械进行生产，那么每年创造的产值和利润可以计算出来；如果5个大学生用智能化设备进行生产，那么每年创造的产值和利润也可以算出来。当然老员工没有更多的固定资产投资或者设备折旧已经完成，利润马上可以显现出来，但是长期看产值和利润会非常少；由于智能化设备投资很大，折旧期比较长，但是一旦过了投资盈亏平衡点就会产生巨大的利润。

（3）指明出路。我们在做员工思想工作的时候，不能采取简单的做法，我们要告诉老员工，如果没有他们当年的艰苦创业、流血流汗，就不可能有今天的公司。今天的公司又发生了新的变化，如果我们能跟上这个变化，通过学习提高能力，我们依然可以获得更高的收入；如果跟不上这个变化，就安心去做适合自己的工作，而不要跟别人攀比，否则当前的岗位也会难保，因为抱怨会损害一个团队的上进心和凝聚力。

一方面我们要尊重老员工，合理安排老员工的工作，并给予老员工更好的工资和报酬，包括工龄工资，让他们工作得有尊严。但是公司是商业组织，需要不断创新，需要招更高水平的人才并付出更多的工资，从而产生更多的效益。另一方面，我们也会增加人才引进，特别是有知识的年轻人，这不是对老员工的威胁，而是一种必然，是新陈代谢的社会发展规律，谁也阻挡不了公司发展的脚步。

27. 有人说"财散人聚，财聚人散"，而为什么我们财散了，人却没有聚？

【案例】我们是一家餐饮企业，有十几家直营店，员工也有300多人，大部分都来自农村，文化水平都不高，但是他们勤奋努力，积极进取，为公司创造了很多业绩，我从内心中非常感激他们。有一次，我上课的时候听到老师讲，老板要有大格局，财散人聚，财聚人散，我回去与股东商量，我们一致认为大家都是穷苦出身，发了财应该与员工共享。于是我们增加了员工工资，从30%到50%不等，也增加了店面的销售提成，从3%增加到7%和10%，我们还改善了员工的住宿条件，基本上是两个人一间房，有空调、有电视、有独立卫生间，无形当中我们的管理成本增加了许多。去年由于成本增加，市场下滑，有几家店没有实现盈利，公司也整体上没有挣钱，年终奖有所减少，结果春节过后有30%的员工没有回来上班，我们几个股东很寒心，也非常迷茫，为什么财散了人却没有聚呢？

【解答】道理对了，方法不对，最后的结果也不会好。这个案例很像发生在某个物流企业的事情，这家物流企业的老板也是穷苦出身，也希望等到发财之后要对那些快递小哥好一点。创业的时候他曾经发过誓："我永远不会开除任何一个兄弟。"他们工资很高，福利很好，大家都是兄弟，过了几年好日子，但是这些年竞争对手增加了，收费价格下降了，公司的成本也增加了，销售的增长赶不上成本的增长，由于公司不盈利，所以这位老板开始降薪裁员。

投资都要有回报，公司不是福利机构，是盈利组织，没有利润怎么给员工发工资和奖金呢？对员工的爱要体现为不断提高员工的能力，进而提升员工的收入，增强员工的幸福感。

刚才讲的那家物流企业降低了员工的基本工资，提高了浮动工资，把奖金从送件提成，变成收件和送件同时提成，收件提成比例加大，力求增加公司的营业收入。你们公司问题的性质与这家物流企业一样，道理都对，但是涉及具体的做法，你就不一定对了。

（1）道、术、器三者并用才有效。要想成功有三个宝，道、术、器，一个都不能少。道理、大道、规律，是我们的人生指南，是我们的思想境界，没有道理的指引，人是成功不了的，"财散人聚，财聚人散"，就是一种大道，提示了"舍得才能成功"的秘笈。但是"道"如果不能配合"术"，就会出麻烦。拿企业来说，我们把更多的钱分给员工，员工会有一定的积极性，但是如果分配不当，造成公司亏损，或者无力再持续经营，或者股东没有得到满意的回报，不再投资和支持公司发展了，那么公司就会衰落，公司衰落以后，员工就没有了依靠，最后只能"树倒猢狲散"。

这个"术"是什么呢？就是我们的《薪酬管理制度》《绩效考核方案》《年终分配制度》《协议分红方案》等规章制度，这些规章制度都经过严格测算、认真论证、谨慎试运行，最后才定下来的。这个"术"是具体的操作方案与方法，其中一些文件和管理表格就是我们所说的"器"，有术，有器，道才能够落地。

所谓测算，就是要测算销售收入与人工成本费用之前的平衡关系，回答销售收入增长与人工费用增加的关系，不仅仅包括薪酬、奖金和福利，还包括宿舍食堂等生活设施的投入，这个测算的目的是为了客观地、动态地控制销售收入与人工成本的平衡，防止出现员工收入涨了，最后企业亏了，或者企业发展了，员工却流失了。

（2）员工利益与股东利益在冲突中求平衡。在公司中，劳与资是一对矛盾，员工想多得，资方想多挣，但是劳与资又必须要和谐统一，因为谁也离不开谁。双方是在矛盾中寻找平衡，在平衡中寻找共赢。如果员工的薪资与福利太高，股东没有回报，公司就没有后续的投入与经营动力；如果员工薪资与福利太低，员工留不住，或者吸引不了优秀的人才，就不会创造更大的利益。员工与股东是一种利益的平衡，从员工个体来讲，是劳动付出与所得的平衡，从股东个体来讲，是投资与回报的平衡，这个世界就是在矛盾中求平衡，平衡中求发展。

员工的薪资与福利增长，是一个长期均衡递增的过程，不能暴涨暴跌。员工薪资与福利定多少，有许多参考指标，包括公司的利润、当地的物价、行业的薪资水平、社会通胀率、股东的预期回报率等。在制定薪酬体系的时候，既要考虑到公司初创期吸引人才，也要考虑到公司发展期稳定团队，既要考虑高峰期分享利益，还要考虑低谷期共渡难关。所谓"财聚人散，财散人聚"只是一个道理，在具体的操作过程中，需要科学的依据和审时度势的决策，制定具体有效的执行方案，在保证公司持续发展的前提下，保证员工收入持续稳定增长，这才是一家企业和谐发展的状态。

28. 我是一个常务副总经理，这个职务到底是干什么的？

【案例】我们是一家生产型企业，我原来是主管生产的副总经理，去年公司把我提升为常务副总经理。总经理说："常务副总经理就是代表我工作，帮我处理日常事务。"但实际上我说了也不算，凡事还要请示总经理，同时又不分管其他部门的工作，下属又不听我的，我觉得自己好像飘在空中，两头不靠，成了摆设，请问常务副总经理到底是干什么的？

【解答】要么相当于总经理，要么是COO（首席运营官），要么是分管副总经理，要么是公关副总经理。如果岗位定位不精准，常务副总经理就是一个非常尴尬的职务，总经理在的时候，总经理说了算，总经理不在的时候，其实还是总经理说了算，常务副总经理容易成为一个摆设、一个替身，我想这就是你现在面临的窘状。一般企业中，我们不建议设立常务副总经理，因为常务副总经理会出现你说的这种情况，既然已经设了，我们就要搞清楚常务副总经理属于哪一类副总经理，然后真正把职责定清楚、权利给充分。下面我说一说通常有几种副总经理，以便你们对应判断，重新定义岗位职责。

（1）相当于总经理的副总经理。相当于总经理的副总经理，是经过总经理或者董事会授权的，代替总经理行使职权的一个职位，也就是主持工作的常务副总经理。授权，有"全部授权"和"部分授权"之分，全部授权就是这位常务副总经理全面行使总经理的权利，履行总经理的责任。部分授权是在人、财、事三个方面做出详细的规定，什么样的事情可以决策，什么样的事情必须上报申请。

设立全权代表总经理的常务副总经理的公司，通常是规模比较大，部门比较多，而且总经理对外工作量比较大，没有更多精力处理内部具体事务，需要找一个人帮他主持公司的全面工作，但这个人又不完全符合总经理的要求，所以在公司设立一个常务副总经理来代替总经理工作。一般情况下，这位总经理还兼任公司的董事长，所以他的精力有限，他的工作主要是对外的，对公司的经营管理无暇顾及，需要有人来代替他行使总经理的责权，让他有更多的时间去做董事长的工作。

需要强调的是，作为公司董事长和总经理，既然授权常务副总经理代行总经理的责权，就必须充分授权，要相信和支持他履行总经理的权利和义务，不要轻易干涉常务副总经理的工作，基本的原则是"只看不说，只提醒不回答"，否则他总会觉得自己做不了主，遇到问题还是要找你，那么这个授权就没有意义了。当然如果出现越权决策，他的行为超出了授权范围，那么必须要坚决制止。这需要建立信息反馈机制，包括会议通报、报表上报、重大事项报告、信息平台公告等信息管理方法，保持公司重大经营管理信息透明，不能屏蔽董事长和总经理的知情权、监管权。

（2）相当于COO的副总经理。COO就是首席运营官，也叫运营总监，是总经理领导下的公司内部第三方独立监督人员，他的岗位核心价值是通过内部第三方独立监督检查，提高公司整体运营执行效率。他要帮助总经理监督各部门、各级人员的执行情况，发现问题及时纠正，具有检查、监督、奖惩、改进的权利，但是对总经理下达的计划没有修改的权利。COO通常是副总经理级别，但不是分管副总经理，除了运营监察部之外，他不领导任何部门，也不分管任何业务，更不兼任公司的任何职务。有的常务副总经理实际上就是总经理领导下的公司内部第三方监督机构，那么其实他就是COO，而不是通常意义上的"常务副总经理"。

（3）分管工作的副总经理。一般情况下，由于总经理工作负担过重，或者专业能力有限，公司会设立分管副总来帮助总经理管理一些部门或者子公司，这样的副总就是分管副总经理。比如营销副总分管市场部、销售部和客户服务部，总工程师（副总级）分管公司研发部、技术部和质量检查部。也有一些分管副总并不是按专业归口分管工作，而是根据公司的实际情况与总经理进行明确的分工，比如总经理分管财务部、采购部，以及广州办事处，一位副总分管研发部、生产部、品管部，以及贵州分公司，另一位副总分管销售中心、行政部、人事部和售后服务部，这两位副总就是分管副总。

相当于总经理的常务副总经理也可以分管若干部门，那么他实际上是总经理兼分管副总经理。

（4）负责对外公关的副总经理。这是一种特殊情况下的岗位设置，通常是一些大型集团公司的总裁，由于经常要参加各类会议和应酬，而无暇顾及自己的本职工作。如果不去参加，又担心别人说他架子大，或者地位不对等，所以设立一个常务副总裁代表他出席，这类常务副总裁实际上没有什么实权，就是总经理的公关代表。这种情况过去在大型外资企业较多，现在民营企业也有，这样的常务副总经理主要是由退休的政府官员担任，帮助公司处理一些对外公关事务。

需要指出的是，公关类型的副总经理，要知道自己的工作就是负责对外应酬，而无内部管理的实权，即便具有协调公司与政府关系的职责，也仅限于此，通常不会过多干涉公司的内部管理。公关副总经理可以参加公司的日常会议，了解公司的经营情况，虽无表决权，但有建议权，这样有助于在对外公关事务中准确地表达公司的意图，掌握公关的尺度，为公司发展创造良好的外部社会环境。

29. 仓库管理放到财务部好，还是放在生产部好？

【案例】我们是一家生产企业，公司的仓库既是成品库，也是原料库，从一开始就放在财务部进行管理。随着业务量的增加，出入库的频率加快，放在财务部总感觉效率有些低下，如果放到生产部可以提高入库和出库的效率，但是又不利于监管。请问仓库到底放到财务部下边好，还是放在生产部下边好？

【解答】不同的管理目标是职能分配的重要依据，公司在不同的发展阶段，管理目标是不一样的，所以仓库到底划归哪个部门进行管理，要具体情况具体分析。

（1）如果以监管为主要目的，仓库应设在财务部。仓库在公司管理当中具有重要的职能作用，是原料、半成品和成品的中转站，具有收发、存储、防护、调配的功能，其中账物相符是仓库管理的重要指标，所以通常以监管为主要目的公司，仓库一般设在财务部下边管理比较好。

（2）若以提高生产效率为目的，仓库应设在生产部下边。如果公司是以生产为主，原料采购量非常大，生产品种非常多，同时每天入库、领料业务非常繁忙，则可以考虑将仓库设立在生产部下边管理，这样有利于提高生产效率。

（3）若以提高仓储物流的专业化水平为目标，则应当单独设立物流仓储部。如果公司采购量非常大，仓库成为公司货品运转的中心，同时又具有物流配送的业务，那么建议单独成立物流仓储部，既要负责仓库管理，也要负责物流配送。通常情况下销售类、贸易类、物流类公司或者大型生产企业，应当单独成立物流仓储部，作为公司一个独立运作的部门，其专业化程度将得到极大提高。

值得注意的是，仓库不宜设在采购部或者销售部下边，收支两条线，要防止出现徇私舞弊和跑冒滴漏等现象，同时无论仓库设在哪个部门下边，都应当由财务部进行内部监管。

30. 如何防止职业骗子？

【案例】由于公司发展迅猛，人力资源管理已经跟不上形势需要，所以我打算高薪招聘一名优秀的人力资源经理，来帮我做好人力资源管理工作。在网上约到几个人选，面试之后都不满意，我就委托当地一家猎头公司帮我寻找这样的人才。人招来了，可是工作一段时间之后并没有干出什么成绩，总是喊空话，不做实事，我就开始调查他的职业背景，却发现他的简历都是假的，也许他知道了我的行动，不久就消失得无影无踪了。这是不是传说中的职业骗子？如何才能防止这些职业骗子呢？

【解答】应当是。职业骗子的确存在，特别是在东部沿海地区，他们通常会编造自己的简历，骗取用人单位的信任，工作一段时间后，如果被发现便会消失，如果不被发现，就会蒙混过关继续骗下去。这一类骗子通常与个别猎头公司相勾结，包装一个人骗一家公司，被识破后，再重新包装骗下一家公司。在个人社会诚信体系还没有健全的情况下，识别这些职业骗子非常不容易，那么如何防范这些职业骗子呢？给大家提几条建议。

（1）职业骗子的明显特征。职业骗子一般都有光鲜的简历、倒背如流的个人介绍、宏大的工作计划、十分专业的讲解与承诺、服装仪表非常讲究，另外通常都是外地人。

职业骗子的简历一般看上去都会让人眼前一亮，在国际化公司、港澳台公司、境外公司、上市公司等一些耀眼的企业里任过高管职务。如果你让他介绍一下个人的简历，你就会发现他像背书一样神采飞扬、非常流利，带有浓厚的感情色彩进行讲解，他的成功、他的失败，特别是他的荣耀，都如数家珍，滔滔不绝。当你问他为什么要离开那么好的公司时，职业骗子通常的说法是原来的老板对他不公平，所以他需要找一个能够重视他、对他公平的公司。当你问他如果上任后有什么计划时，他会给你拿出一套"高大上"的计划或者方案，那种让你3个月、6个月甚至1年都见不到结果，但是会让你心潮澎湃的大规划、大方案。比如有的应聘人力资源经理的人会告诉你，要建立一所企业大学；有的应聘生产总监的人告诉你，要建立一套国际水准的、完整的生产质量管理体系；有的应聘公司总经理的人会告诉你，要制定公司未来5年的发展战略，重新调整公司的组织架构，建构公司新的产品与服务方式，设计创新商业模式，重新打造团队，一副颠覆过去、重整山河的改革者形象。当你问他工作的一些具体内容和方法时，他会显得非常专业，通常会用一些你根本听不懂的专业术语来阐述他的思想、理念和方法，就像一个学术专家给一个小学生上课一样，尽量让你听不懂，才显出他的专业水准。职业骗子通常衣着非常讲究，让你感到是一位非常成功的人士，但是如果你细心的话就会发现他的领子可能是脏的，他的皮鞋是打了很多油的，手表也是假货，说明他平时混得不好，这一套行头是他拿出来演戏用的。职业骗子一般很少出现在中小城市，因为地域太小，熟人太多，职业骗子生存不下去，但是在一线大城市和沿海地区，即使被发现，也会消失得无影无踪。

如果遇到符合上述特征的人，又是外地人，我们就要小心了。

（2）如何鉴别职业骗子。俗话说"买的没有卖的精"，骗子之所以能够成功，是因为他的骗术太专业了，如果我们比他更加专业，那么骗子就会显露原形。

手段之一是让他出具上家企业的离职证明，如果是骗子，他是开不出来的，因为正规公司都会出具离职证明，基本内容是这个人在什么时段，在我公司担任什么职务，没有任何经济与法律纠纷，属于正常离职。通常情况下，我们要打电话进行核实。

手段之二是在网上查询这家猎头公司的商业信誉，如果有许多企业反映他们介绍的人并不符合公司的实际需要，甚至指出他们送来的人就是职业骗子，那么你就要小心，来的人有可能是职业骗子。

手段之三是在初试当中判断是否符合上面所说的那些基本特征，如果基本符合上述特征，你就简单介绍公司情况和需要他解决的问题，然后请他描述他的工作职责、考核指标、基本工作流程、工作计划以及能够承诺的工作结果，依此来判断他是否做过具体工作。在谈到薪酬的时候，如果你跟他说试用期间只发工资的80%，看他的反应如何，如果不同意，有可能也是个骗子。当你发现了一些破绽，并一直追问下去的时候，骗子通常会哑口无言，目瞪口呆，然后立即找一些托词离开面试现场，告辞走人。

　　如果上述三个手段不能辨清真伪，可以在他入职之后的试用期内进行观察，让他提交工作计划或者改革方案并承诺结果，如果他提出来的计划和方案都是"高大上"和"假大空"，完全超出公司的承受力，要花费好长的时间才能见效，那么立即给他办理解聘手续。

　　当然不能把一些能力不行的人也视为职业骗子，职业骗子和没有能力的人在目的上不一样，职业骗子具有恶意倾向，而没有能力的人却不知道自己没有能力，但是对公司而言，他们都不是我们要的人。因此，上述方法即便不是防止职业骗子，也可以鉴别和筛选出那些不能胜任的人。

运营篇

1. 我们有年度计划，也有月计划，为什么到最后都完不成呢？

【案例】我们公司每年都有年度计划，每个月各部门也有月计划，但是到了年底，计划预定的目标都没有完成，请问这是什么原因呢？

【解答】"有计划无结果"就是执行的问题，也就是运营的问题。运营是一个系统，是从计划到结果的过程管理系统，这个系统包括计划、流程、检查、奖惩和改进5个子系统，哪个子系统出了毛病，计划都会完不成。有计划不等于有结果，关键是看企业是否导入和应用了科学的运营管理系统，也就是我平时给大家讲的5i运营管理模式。把5i运营系统做好了，我们的计划才能完成，我们的战略目标才能够实现。如何理解5i管理模式呢？

（1）5i管理模式的来源。5个i分别是Inform（结果定义）、Idea（方法明确）、Inspect（过程检查）、Immediately（奖罚及时）、Improve（改进复制），它们互为前提，相互作用，形成内在驱动，确保结果的实现。这是我们根据PDCA理论，经过20年研发和实践总结出来的应用管理体系，最适合中小企业和快速成长的公司。PDCA是20世纪40年代美国的管理学者戴明博士发明的质量管理系统，即计划（Plan）、执行（Do）、检查（Check）、处理（Action），这是管理学史上具有里程碑意义的事件，建立了以质量为中心的闭环式运营管理系统，并在许多企业成功应用，出现了福特汽车流程化管理、丰田的精益生产、GE公司的六个西格玛等管理模式。5i运营管理模式就是中国版的PDCA，更符合中国的实际情况，在系统化、工具化和训练化方面，更适合中小民营企业的实际应用，目前已经有近5000家企业在应用，运营效率都取得了很大提升，企业的复制能力也大大增强，效果明显。

（2）5i管理模式的内在逻辑。5个i具有非常严谨的内在逻辑，分别从5个方面回答了执行的问题。i1，结果定义要清楚，回答了执行什么的问题；i2，清楚之后有方法，回答了怎么执行的问题；i3，执行过程要检查，回答了在执行中怎么才能不出错的问题；i4，检查以后要奖罚，回答了如何提高执行积极性的问题；i5，奖罚目的是改进，回答了如何防止相同的错误重复发生的问题。

执行就这 5 个问题，通过这 5 个子系统一一解决。一句话，如果 5 个子系统都做好了，我们的执行问题就解决了。

为什么我们有计划，最后的结果不理想呢？仅仅有计划是不行的，我们只是做了第一个子系统，后边的 4 个系统才是保证计划落实的重要条件，缺一不可，况且我们做的计划，是不是正确的计划，还需要用 5i 的标准衡量一下。

（3）5i 管理模式的学习和实践应用。如何学习和应用 5i 模式呢？5i 管理模式的学习与应用一般分为三个阶段。第一阶段，老板要亲自学习 5i 的基础理论，了解 5i 管理模式的理论、方法、工具，以及在公司当中实际应用的实施方案，这个课程叫《企业"自运营"落地系统》。只有老板弄懂了运营的原理，才会有意愿在公司推行 5i 管理系统。第二阶段，老板要带领管理团队集体参加实战课，因为只有老板懂了也不行，还必须让管理团队一起学。集体训练的好处是统一思想、统一方法、统一模板，这样才能形成团队协同作战的一套管理系统。这是一个介于培训与咨询之间的实战训练项目，我们叫"运营突破"特训营，有提前预习和课后服务。第三阶段，在企业中实际应用和训练，或者邀请我们公司派出专业顾问入驻到企业当中，对中层管理团队进行一对一辅导，帮助企业落地 5i 运营管理系统，这个时间比较长，可能需要一两个月，这个叫"5i 自运营管理咨询项目"。

总之，管理是一门实践科学，课堂上学习只是一种理论普及，要真正落地必须结合自己企业的实际，在老师的指导下，在课后不断训练。就像我们学游泳一样，可以用小黑板把游泳的原理讲清楚，但是讲完了我们依然不会游，只有课后一起跳进游泳池，经过反复的训练、纠正、体会，最后才能成为一名游泳健将。

2. 总经理下达的指令，为什么到了下边就无影无踪了？

【案例】我曾告诉办公室主任，公司会议室太旧了，需要重新装潢一下；

我曾告诉销售部长，客户欠我们的一笔钱要赶快收回来；我曾告诉生产部长，有些关键设备需要维护保养了……但是一段时间过去了，会议室没有装修，那笔钱也没有要回来，设备也没有维修，作为一家公司的总经理，为什么我下达的指令到了下边就无影无踪了呢？

【解答】如果一家公司的总经理下达的指令，能够在规定的时间内完成，达到了预期的结果，并把信息及时反馈给总经理，那么从某种角度上讲，这家公司已经是一家"自运营"的企业了。这样的公司不多见，现实中多数企业正像你所说的那样，总经理下达了许多的指令，但是到了下边却变得无影无踪了。归根到底还是只有命令，没有过程管理，最后也就见不到想要的结果，企业缺乏有效的运营管理体系，缺乏 5i 运营模式的训练。

（1）指令要清晰，承诺要自觉。我们以装修会议室为例，总经理必须下达清晰的指令，比如请你在 3 个月内把会议室装修并验收合格，把办公用品和设备摆放到位，请你提出一个工作计划并报我批准。此时，办公室主任就应该向总经理提交一份会议室装修及用品、设备配套工作计划或者方案，其中包括装修的范围、标准、材料、验收标准和设备清单，以及工程时间和经费预算。这个预算必须经过公司财务部、采购部审核，总经理批准后开始执行。

（2）工作有方法，资源要给足。即使是一个简单的装修，也要有公司内部部门的分工，以及外包施工的合同管理和监督管理办法。如果是一个比较复杂的装修工程，就要有总平面图、效果图、施工图，要有招投标管理流程、工程分项检查管理流程、工程竣工验收管理流程、物料采购管理流程、办公设备设施采购管理流程、工程预算决算管理流程，以及附属的管理图表和文件等。同时公司要在资金、材料、人员、时间等方面给予必要的支持和帮助，具体的方法是办公室主任在计划中提出资源支持的请求，总经理视情况给予批复。

（3）检查是关键，跟踪不放松。计划有了，方法有了，在执行过程当中谁去监督办公室主任和整个工程的进度呢？总经理要么安排某个副总进行监督，要么安排财务部经理进行监督，反正不能说任务安排了，计划批准了，就一了百了了，有计划无结果通常是因为没有人检查。同时在每周、每月的公司工作例会上，办公室主任都要在自己的周报、周计划、月报、月计划当中，对工程进展做汇报，以便让总经理和其他各部门经理了解会议室装修的整个进程，这是一种公众监督。

（4）奖惩不放松，提高积极性。人的动力要么来自精神鼓励，要么来自物质奖励，奖罚的目的就是激励员工去执行。当然不是什么事情都需要奖励，以本案例来说，办公室主任完成会议室的装修工作不是一件具有挑战或者创造卓越价值的事情，所以用不着奖励。当然，如果不能按期完成，或者在施工过程当中造成了延误、损失，那就要受到处罚。处罚也不是目的，而是激励他改进和提高。

（5）问题要改进，成功要复制。一个计划没有完成或者延期了，要么是检查不到位，要么是出了问题之后没有进行改进。所谓改进就是针对重复出现的问题，要专题研究制定解决方案，不要让错误重复出现，一个办公室的装修拖来拖去，期间可能会有许多问题，但是如果有运营管理体系，这些问题不会等到最后无法处理，而是在执行过程中就被及时消除了。如果一套模式取得了成功，那么下一次直接复制就好了，这就是运营周而复始的过程。

你用 5i 逻辑再去审视一下，为什么销售部没有追回来欠款，为什么生产部不按时维修设备，原理都是一样的。因此，如果公司的一切工作都放入 5i 模式中管理，总经理的所有要求都变成各部门的计划，就不会出现有计划而无结果的现象了。

3. 技术部部长说技术部特殊，做不了计划，因为计划没有变化快，他说的对吗？

【案例】我们公司要做运营管理，要求每个部门经理都要做月计划和周计划，但是技术部经理说他们的计划做不了，因为市场变化太快，经常出现不可预见的情况，他说的对吗？

【解答】不对，有计划总比没有计划好，有计划还可以有改变计划的依据，如果没有计划，连改变的依据也没有。正是因为有许多不可预见的因素，所以才必须做计划，来控制这些不可预见的因素，同时我们做好超前的准备，把不可预见的因素变成现实的资源，这才是执行的思想。你们的技术部长以这个为借口不做计划，原因可能有三种，第一种是他不会做计划，这是方法问题，我们可以训练；第二种是他认为技术部特殊，是创新部门，是核心部门，地位特殊。这不是不做计划的理由，正因为你是核心部门，你不做计划才会影响其他部门的工作，比如新产品计划就影响营销计划，影响设备更新计划，也影响供应商拓展计划等，你的计划与其他部门的计划有密切的关联性。当然人力资源部的技术人才招聘计划、采购部新材料采购计划、营销部客户需求调研计划，这些与研发部是不是有关系呢？这是一个自我认知的问题，他有些过于自大了。第三种是他不想承担责任，因为承诺了计划就要完成，完不成就要受处罚，但是技术部长存在的价值是什么呢？这是一个价值观的问题。你们公司那位技术部长到底是哪种可能，我不清楚，你自己去判断，但是我建议你先教会他做计划的原则和方法。

（1）技术部是否要做计划，应当问销售部长才行。我们在企业咨询当中也遇到过类似的情况，技术部长认为没有办法做计划，这时老师会问销售部长，你们的新产品什么时候上市？销售部长说10月1日之前，老师又问为什么？销售部长说因为其他竞品是10月之后上市，如果我们晚了，就会失去竞争优势。研发计划为谁服务？当然为销售服务，所以销售提出来的目标，就是研发计划的终点。研发计划必须要做，因为这是公司战略的需要、市场竞争的需要、营销团队的需要。

（2）将计划进行细分，控制过程当中的不确定性。研发部的工作目标确定之后，可以采取倒推的方式将研发计划进行过程分解，比如10月份新产品上市，那么9月份必须完成量产，8月份必须完成终试，7月份必须完成中试，6月份必须完成小试，5月份必须完成样品研发，4月份必须要有研发方案，3月份必须要进行立项，2月份必须要做计划和预算。在执行过程中会不会完全按照这样的分解去执行呢？恐怕不太容易，因为各种不确定因素确实存在，比如说研发资金问题、研发人才问题、研发设备问题、研发方向问题、新材料新工艺问题等。但是我们必须逢山开路，遇水搭桥，对计划实施动态管理，每周、每月的质询会上可以调整我们的计划。出现异常情况的时候，我们要调整计划或者调整计划完成的条件，创造和利用一切资源来保证公司研发计划的正常运行，因为战略高于一切。

（3）计划确定的背后，是一颗承诺的心。做计划的好处有许多。首先，各部门完成月计划是全年战略目标实现的保证，部门计划是公司全年战略计划的支持系统。其次，各部门的计划在时间和内容上都有非常强的关联性，甚至有的部门计划是互为前提的，如果没有研发计划，就没有市场营销策略和公司的销售计划，也就没有后续的生产计划、设备采购计划、品质改善计划、人员配备与招聘计划等一系列计划。最后，计划制定之后，可以减少上下级平时的无效沟通，因为人人知道应该做什么，就不需要相互猜疑和提醒，把精力和时间用在业务上，而不是用在"要做什么"的沟通上，可以大大提高团队的执行效率。

其实做不做计划，既不是一个理论问题，也不是一个方法问题，而是一个决心问题，就是有没有敢于承诺、敢于挑战、敢于超越的决心。

4. 中层干部写周、月计划时抓不住重点怎么办？

【案例】我们公司已经开始导入训练5i运营体系，但是我发现部门经理写的周、月计划，要么是一些日常琐事，要么是一些重复性工作，没有重点，也不知道重点，总经理在质询会上要花费大量的时间指出他们的工作重点，有时候总经理也指不出来，这就导致中层经理的周、月计划写得非常平淡，没有多大意义，遇到这种情况，该怎么办？

【解答】主要原因是总经理看不出下属计划中的问题。从干部的角度讲，过去我们习惯了总经理布置工作，中层经理做记录和承诺，虽然有些公司也是中层经理提交计划，但实际上总经理根本不看，开会时还是总经理重新说一套。现在我们要求中层经理提交自己的计划，这是一个从"你要我做"到"我要做"的巨大的文化转变和思维转型，不是所有人都能够马上适应。这时候，总经理就显得非常关键了，如果总经理不懂得做计划的基本原理与方法，就看不出问题，如果制订了低质量的计划，那后边的结果也不会好到哪里去。

（1）计划要满足"四个需要"。首先，要看是否满足公司的战略需要，如果跟公司战略无关，就不要上月计划，比如销售部长每月的计划销售额，就是公司战略的分解。其次，要看是否满足总经理的需要，也就是站在总经理的角度，想一想他会要什么结果，比如技术部提交给客户的技术解决方案，总经理要的是客户确认之后的。再次，要站在内部客户，也就是各部门经理的角度，判断他们都需要什么，比如人力资源部长要判断哪些部门需要招人，以此来做好自己的招聘计划。最后，站在外部客户的角度，看看我们的客户需要什么，比如质检部长要根据客户的需求修订质量检验标准，以达到客户检验一次性通过率100%。这就是计划要满足的"四个需要"，所有人写计划，都以此为出发点，就不会出现那些日常琐事。

（2）做计划要"瞻前顾后"。如果公司缺乏年度计划，总经理也没有明确的指示，那么部门经理就突然不会写计划了，他们想不起来要做些什么，这时我们要给他们一个提示，就是"瞻前顾后"。

所谓"瞻前"，就是在制定月计划的时候，在想不起做什么工作的时候，先想一想前一个月或者前几个月，有什么工作没有处理完，还有哪些"欠账"。比如，已经出现的客户投诉是否处理完？积压的产品是否销售完？没有完善的制度是否需要完善？缺少的团队成员是否需要招聘？已经出现的一些安全隐患是否应该排除？如果有，那么要列入下个月的计划中。

所谓"顾后"，就是在制定月计划的时候，在想不起来有什么工作的时候，好好想一想下个月，或者下下个月，有哪些情况可能出现，我们要提早做好哪些预防性的措施，不打无准备之仗。比如说下下个月公司将进入生产旺季，那么这个月是否要招聘员工进行培训？是否要增加合理库存？比如下个月进入台风季节，那么这个月是否要进行安全检查？比如下下个月要举办大型促销活动，那么这个月是否要制定方案和开始筹备？如果有，那么要列入下个月的计划中。

（3）多一些结果类的结果定义。结果定义分为"职责类写法"和"结果类写法"两种，职责类写法通常是指无法预判下个月的具体结果而采取的比较抽象的结果定义写法，比如生产部长不知道下个月的订单数量到底是多少，所以只能写完成本月生产订单数量，完成率100%，见《入库单》并公告。结果类的写法就是能够判断下个月的具体结果，从而用具体数字来描述的一种结果定义写法，比如生产部经理知道下个月的订单数量是1万件，那么结果定义的写法是：完成本月1万件的生产数量，完成率100%，见《入库单》并公告。我们在计划执行当中，尽量要求各部门经理多写"结果类"的结果定义，否则每个月的计划都是抽象的，都是空洞的，那么执行起来就没有多大的意义。

（4）中层干部要学会"无中生有"。为什么我们的月计划写出来都差不多呢？因为我们许多部门经理认为每天的工作内容都是一样的，没有什么新鲜的，这说明我们的干部缺乏创造力。

比如说财务经理认为，财务工作每天就是核算、核算、核算……生产部长认为生产部每天就是生产、生产、生产……销售部长认为销售部每天就是收款、收款、收款……就会大量使用职责类结果定义，并在过程结果中重复同一个动作。专注重复是对的，但是创新才具有更高的价值，才会提升我们工作的意义。

怎么创新呢？下一步的训练就是要让我们的中层干部学会"无中生有"，在习以为常的日常工作中，寻找更有价值、更有挑战性的事物。

比如财务部每天在核算，但是这个月的工作是销售费用的核算与财务建议的提出，报销售部确认并公告，因为前几个月销售费用有些高，这就是专项费用控制的一个具体结果，比笼统地写"控制公司的成本费用"要好得多。生产部的生产质量出现了严重下滑，所以下一步在生产质量管理当中，要做好质量标准的培训考核与设备检修，培训考试合格率和设备验收合格率就是质量管理中的两个重点结果。销售部要在若干追款当中选择一个难度最大、时间最长的欠款户作为重点，并以此案例为依据制定公司的《追款操作流程》。

挑战更高的目标，做更有价值的结果，这就是计划创新，这是一次思维方式的变革，我们要训练中层领导从平淡中找新奇，从平淡中找价值，从一般中找关键。

（4）总经理要有一双"慧眼"盯计划。部门经理计划写得好不好是一回事，总经理能不能看出问题来是另一回事，如果部门经理本身就没有写好计划的知识和能力，而总经理又缺少一双慧眼，看不出计划当中结果定义多不多、少不少、对不对，那么这个计划从一开始就是低质量的，在以后的执行当中就不会做出好的结果。

从实际操作流程上来讲，各部门经理的月计划应当提前一天发到与会人员的手中，这时总经理必须沉下心来一一审阅，记录一些要在会上提出的问题，做到心中有数。当然更高的境界是站在公司战略和发展的角度，来审视下个月各部门经理的月计划，看看是否全面，是否突出了重点，是否符合你的要求。具体的做法是在质询会上，在部门经理汇报完月计划之后，总经理必须提出质询，并告诉部门经理，我要的结果是什么。如果同意请改正，如果不同意可以进一步讨论，这就是总经理对计划质量的把关，是一家公司 5i 运营体系高质量的起点。在 5i 体系导入的最初 3 个月，总经理都要这样预审和终审计划，以后就可以现场判断计划的好坏，并提出高质量的修改建议。

参加过特训营的同学，要不断翻阅课程教材和课堂当中的训练成果；参加过咨询项目的企业，要不断翻阅我们的《执行宪章》，以及老师审核过的月计划成果。只有反复琢磨、反复训练，我们才能有一双慧眼看出计划当中的问题，通过质询会提高我们的计划质量。

5. 跨月份的项目如何做月度计划？如何进行月度绩效考核？

【案例】我们是一家建筑工程公司，所有项目的时间最少半年，最多两三年，项目部如何做月计划呢？另外如何对项目部进行月度绩效考核呢？

【解答】无论多长时间的项目都可以通过月报、月计划进行管理，基本的原理是把项目做月度过程分解，分段定义指标，分段进行考核，分段进行调整，分段进行管控，正是因为有了月计划，我们两三年甚至更长时间的项目才能得以顺利实施。

（1）在时间上，把项目过程进行分解。我们可以把项目分成立项、投标、交底、进场、基础、主体、机电、装修、竣工、收款、归档等过程，这些过程分解在每月的计划中，并分别定义结果，这样就把一个长时间的项目分解成一个一个月计划，既便于执行，也便于检查，每个月计划完成得好，整个项目计划就一定会完成好。

（2）在空间上，把项目经理职责进行分解。主要包括项目进度、项目质量、项目成本、项目安全、文明施工、分项验收、甲方服务、乙方管理、最终验收、档案管理等，在每月的计划中，到底定义什么具体结果，要以这些职责为前提，这样我们的计划就不仅仅是一个进度，而是一个全面的立体的项目经理职责体系下的计划。

（3）每月通过 KPI 给项目经理打分。每个职责至少要对应一个 KPI，以便于考核这个职责对应的结果完成情况，通常是在月报中对上个月计划完成情况进行总结和自评。比如，项目进度考核的 KPI 是进度完成率，公式是进度完成率 = 实际进度 / 计划进度，上个月此项权重给了 30%，结果定义是完成 XX 工程进度，进度完成率 100%，见预算中心和甲方监理确认的《工程进度统计表》，本月结束后，共完成了 90%。在月报中，此项得分是 27 分，如果完成率是 110%，此项得分是 33 分。这仅仅是一项职责与结果打分，如果把其他各项职责和上个月结果定义的完成情况都统计出来，分别打分，那么这位项目经理上个月的绩效总分就可以得出来。如果这个项目经理的月度绩效工资是 3000 元，本月绩效得分是 110 分，那么他的绩效工资就是 3300 元，加上他的基本工资、岗位津贴及福利就构成了他的月收入。当然这不包含项目奖金、年终奖和公司的其他福利待遇。

（4）设计好项目经理薪酬方案。项目经理的薪酬结构通常是"基本工资＋岗位工资＋月度（季度）绩效工资＋项目奖金提成＋国家规定的保险以及福利＋公司的福利"，如果公司与项目经理有利润承包合同，那么项目奖金提成没有了，在项目结束或者年底按照承包合同兑现利润分配。

在我们一些生产性企业、科研型企业和文化创意型企业当中，很多都是实行项目制管理的，每个项目都有一个整体计划，每个大计划都可以分解成月度计划，然后每月一个小总结，项目结束时进行大总结，从而把我们的项目自始至终管理起来，从而降低风险，提高效率，最终才能见到效益。

6. 小微企业需要运营管理系统吗？

【案例】我们是一家小微企业，专门从事餐厅经营，一共才有十几个人，需要上运营管理系统吗？

【解答】俗话说得好，麻雀虽小，五脏俱全，只要是公司就具备内部供应链和相对完整的经营活动体系，运营体系就是要保证经营活动的正常执行，保证管理效率的提升。即便是开一家小餐厅，也有后厨生产、前厅经营、采购供应、收银服务，也有财务、人事、行政管理，只不过是人太少，我们一人多职而已，但是管理职能是一个都不能少的。所以，小微企业也需要运营系统，只不过是用到什么程度的问题。另外，运营体系可以帮助你复制成功，可以实现连锁经营。

（1）简单的运营管理。如果开餐厅、咖啡厅纯粹是为了自己的兴趣爱好，或者招待朋友，不指望赚钱，那么不做管理也行，只要以赢利为目的，就必须进行运营管理。首先是要做好责任分工，定好前厅、后厨、采购、财务的职责。前厅主要负责接待、菜品营销、传菜、卫生和客户服务，后厨负责菜品创新、菜品质量、上菜速度、成本管理，采购负责主材、辅料、设备设施的采购，财务负责收银、记账、报税、库房管理和核算。餐厅的主要业务流程包括接待流程、上菜流程、传菜流程、结账流程、食材采购流程、员工工资发放流程、费用报销流程等。检查体系要设立员工自检、上级主管检、部门互检、店长检。主管制订周计划、月计划、周报、月报，实行全员绩效考核，每月员工的奖金与绩效考核的分数挂钩。建立每月专题改进会制度，对经常出现的问题进行专题改进，制订改进计划并加以实施。

实践证明，有运营管理的餐厅和没有运营管理的餐厅是不一样的，有运营管理的餐厅成本低、效益高、客户满意率高，餐厅的知名度当然也会高。

（2）复杂的运营管理。如果小餐厅要做成大餐厅，甚至要做成连锁餐厅，运营管理体系就比较复杂了。首先要成立餐饮管理公司，设计好公司的组织架构，公司要成立总部，下设各个门店，包括直营店和加盟店，总部要设立行政人事部、运营监察部、财务部、出品部、营运部、采购部、市场部、工程部和中央厨房等部门。要制定《部门职能说明书》《岗位职责说明书》《薪酬绩效方案》，以及《招商说明书》和《店面运营管理操作手册》等规章制度，其中包含各项操作程序文件、流程和管理工具，同时要对员工进行规章制度、操作技能和职业心态等全方位系统化培训。要建立以运营监察部为核心的执行监督体系，负责对各部门、各项工作进行监督检查和奖罚改进。建立以 KPI 为主要方法的薪酬绩效考核体系，总部是管控运营中心，各个店面是利润核算中心，对店长实行利润考核。建立改进体系，在运营管控过程中发现严重问题时，进行专题化改进，并将改进方案和计划分解到相关部门经理的计划中，重新进入运营体系，以终为始，实行闭环管理。

总之，如果做一家小微企业，不以赢利为目的，老板当成自己的兴趣爱好，当然用不上运营管理体系；如果是一家以赢利为目的的小微企业，就要从"小"打好管理基础，构建运营管理体系。小不要紧，但必须要强，利润必须要好，客户满意度必须要高。如果有一天要做大，就更要构建运营管理体系，先做好一个样板店，建立与运营好一套体系，成功后开始复制，复制团队和模式，企业必将走向新的成功！

7. 对于创意型公司，管理制度的条条框框会不会让公司失去创新的活力？

【案例】我们是一家动漫形象设计工程公司，主要是为一些知名品牌企业设计制作和安装卡通形象，搭建大型游乐场所。我们公司大部分员工都是设计师，从事文化创意工作，他们平时主要是思考设计，提供各种创新方案，工作不分时间、不分场合，甚至没有固定的岗位。我们公司如果应用 5i 管理模式的话，这些条条框框会不会让公司失去创新的活力？

【解答】不会。实践证明，有运营管理的创意公司，他们的运行效率更高，效益更好。什么叫创意呢？是人类通过智慧型劳动和创新性思维，创造新的产品或者作品的过程和活动。创意公司有许多类型，有科技公司，有服装设计公司，有景观设计公司，有包装设计公司，有品牌营销策划公司，有新媒体文化传播公司等，他们共同的特点是创意产生价值，创造产生利润，创新产生效益，人的创造力就是企业的核心竞争力。公司的核心团队大部分都是创造性人才，他们才华横溢、追求自由、充满感性，甚至放浪不羁，所以有的老板就说，对于这样一群人不能要求每天打卡上班，不能让他们按流程做事，也不可能用规章制度约束他们的行为，否则就会约束他们的创造力，公司就会窒息。其实这是一种片面的理解，我们一定要懂得一个道理，任何伟大的创意背后都有伟大的流程。

（1）伟大的创意背后都有伟大的流程。《阿凡达》是一部代表了当时数字电影最顶尖制作水准的电影，精彩的故事、伟大的情怀、精美的制作、宏大的场面、超出世人的想象力，让我们进入了一个前所未有的视觉与精神世界。这部电影是怎么产生的？几百人的团队用数字技术一个画面一个画面地编辑合成，这是一项庞大的工程，编剧对故事逻辑的把握，导演对形象画面的定位，设计师用技术再现具体的画面，以及每个工种相互之间紧密配合，无一不是靠严密的分工合作才能够完成。从每一项工作的具体实践来看，并没有什么美感，但是当我们把画面、人物、音乐、景观、情节完美合成之后，人们就震撼了，伟大的电影诞生了。

直到今天人们还把电影产业狭义地称为"电影工业"，电影是一个创意性产业，但是它要靠工业化来完成。同理，其他创意产业也都是通过工业化来完成，一部创意无限的手机，一个完全智能化的机器人，一场技惊四座的无人机夜空秀，一台美轮美奂的舞台灯光场景……每个创意背后都是工业化流程操作。不可否认，设计师的个体创造性劳动是无法复制的，那种想象力，那种灵感，那种爆发力是无法用程序来复制的，但是他们再好的创造力，再好的发明创意，都必须通过团队的通力协作，最后才能完成，这个创作与制作的合作过程，本身就是一个运营的过程。

你们这样的卡通设计公司更是如此，不仅需要设计师精彩的创造，设计出新颖的符合甲方需求的卡通形象，同时更需要团队协作，从创意图到设计图，从设计图到施工图，从采购到施工，从安装到售后服务，都需要各部门、各岗位按照流程通力合作，最后才能完成对客户的整体交付，这个过程就需要一套体系来管理，这个体系就是运营管理体系。

（2）制度是保证结果的，不是约束行为的。任何制度都要达到两个目的，一是公平，二是效率。公平是指在制度面前每个人的利益都会得到最大限度地保护，每个人在制度面前都没有特殊性，一律平等；效率是指所有人在遵守制度和规则的时候，组织或者团队的行动效率最高。

大家经常讨论的是，设计人员要不要遵守考勤制度？创意公司有很多设计人员，他们有灵感的时候就能够创造出优秀的作品，没有灵感的时候，他们会苦闷、彷徨，甚至睡觉，这时候就不能要求他们"朝九晚五"。是不是对他们的出勤和工作时间就没有管理了呢？不是，有两种管理方式，一种方式是以项目目标为核心的工作管理，也就是你完成了工作目标，经过了验收，那么对工作多长时间不做强行规定；还有一种方式就是弹性工作，设计人员可以来公司，也可以不来公司，每天上班打卡以登陆公司信息平台为依据，上网就是上班，关掉网络就是下班，有事在网上请假，但是必须在规定的时间内拿出公司满意的结果，这种管理方式也是区别于传统的考勤方式。

再比如，我们经常会混淆"头脑风暴会"和"运营专题讨论会"这两种完全不同的会议方式。头脑风暴是大家围绕一个创作主题自由发挥，凭空想象，不讲究过程，不讲究结果，只为激发团队的灵感。如果灵光闪现有很好的创意，那么这个会议就成功了，但是如果没有也无所谓，权当进行大脑训练了，权当大家聚会快乐了。运营会议就不一样，他必须有明确的目标，有清晰的程序，有主持，有工具，有汇报话术，有讨论结果，有专人记录，有下一步的分工，是一个具有严密流程、时间限制和明确结果的会议。

比如市场部、设计部、工程部开会，讨论如何完成一个投标。这个会议就必须有目标，有主持，有议程。会议分四个议程，第一，由市场部介绍招标方的招标信息和需求；第二，由设计部提供技术标的投标方案；第三，由市场部提供商务标的投标方案；第四，由工程部提交项目施工方案。大的原则性问题讨论决策之后，由各自部门回去细化方案，然后在规定时间内汇总到市场部，形成正式的标书。第五，三方再开一次评审会议，直到投标书经过3个部门经理签字同意，预算经过财务审核通过，由总经理批准，由行政办公室检查盖章，交由投标小组向甲方投标。这种运营会议就不能无拘无束，是一个会前、会中、会后有严密程序的运营组织过程。

今天，物联网、人工智能、大数据、云计算、数字经济等已经成为推动经济发展的强大动力，创意型公司、创新型公司大量涌现出来，这些公司从战略上、产业模式上，与传统的公司有本质的不同，他们更能代表未来。但是，他们本质上还是一家公司，依然要关注盈利指标，依然要保持企业的持续健康发展，依然要提升自己的运营效率，所以依然要加强运营管理。

8. 流程到底由谁来制订？

【案例】我们是一家小公司，但是随着人数逐渐增多，管理出现了混乱，做流程成为现在的重要工作，可是到底由谁做流程呢？我们公司员工的文化水平都不高，所以现在的情况是由人力资源经理来做流程，我作为老板来把关，请问这种做流程的方式正确吗？

【解答】这个方式不正确，正确的方式是由归口部门经理或者主管来做流程。做流程不是看谁的文化水平高，而是看这个流程归口管理在哪个部门，就由这个部门的经理负责起草。接下来的问题是，我们如何训练中层或者主管去写流程，写了流程之后如何让流程顺利落地，这才是我们要达到的通过流程提升效率、提高能力和复制团队的目的。

（1）流程的归口管理。公司的流程要按照职能归口，放到各部门进行分门别类的管理，这个归口管理包括流程起草、组织讨论、优化和培训，归口部门经理是第一责任人。比如，财务类流程归财务部长管理，营销类流程归销售部长管理，生产类流程归生产部长管理，技术类流程归技术部长管理等。公司内部的流程不能没有人管理，不然的话，就没有人发起流程，员工不知道如何操作。同时，有了流程不优化，时间长了，流程就不适应公司情况了，所以我们要求所有的流程要有归口管理，同时在公司的信息平台中，有专门的流程文件归类，便于员工查找并遵照执行。

（2）训练中层写流程的能力。中层经理如果不会做流程，他怎么能理清工作思路？他怎么会知道如何与别的部门协作？他拿什么去训练员工？所以写流程是中层的一项基本功，每一个中层必须要学会写流程的思想、方法和工具。

在实践中，我们经常会发现，当几个中层坐下来，写一个平时大家合作的业务流程时，他们写得都不一样。比如，《原料采购流程》就有许多不同的写法，有的把质检放到前边，有的把入库放到前边，有的是先付款再取货，有的是先取货再付款，对业务工作不理解或者理解的不一样，是中层不会写流程的主要原因，这需要了解流程的知识，掌握写流程的方法，知道流程设计的基本原理。

流程是做事的顺序、方法和标准，其意义是复制模式和团队，目的是创造客户价值。流程的方式主要有几种，一种是图示法，另一种是文字法，这需要工具和模板，以及专业化的培训才能做出来。老板要学习如何做流程，然后教会中层干部做流程，或者请老师来帮助中层经理进行训练。总之，中层经理必须掌握做流程的知识、原理、方法、模板和工具，然后才能起草流程、组织讨论流程、培训员工，最后让自己成为真正的流程归口管理者。

（3）流程最后要变成员工的习惯。中层经理最大的问题是只会当"大侠"，不会当教练，也就是说愿意自己去做，不愿意耽误时间去教会员工，这其中有个人显示"存在感"的心理，也有"教会徒弟饿死师傅"的小农意识，其结果是员工素质两极分化。当自己的能力和精力有限，团队又没有成长起来的时候，自己的业绩提升就会受到制约，遇到瓶颈。从长远来看，聪明的中层会把自己的成功经验变成流程，然后不断训练团队、复制模式、解放自己，部门的业绩会越来越好，同时自己的管理会越来越轻松。

公司可以通过看板、流程手册、ERP等方式呈现流程，当员工问干部该怎么做的时候，我们的中层经理只回答一句话——看流程，请员工去看流程，而尽量不要问自己。当部门之间出现推诿扯皮的时候，归口的部门领导也会让大家去看流程，而不要找领导出面协调；当发现员工出现操作失误的时候，要拿出流程——对照，查看到底哪个环节出了问题……这就是训练员工。当员工不再问领导，而是问流程的时候，当员工不再看流程，就能够正确操作的时候，流程就变成了员工的习惯，流程训练就成功了。

9. 部门之间不配合，互相推诿责任，有什么解决办法吗？

【案例】我们是一家生产企业，过去规模小的时候，我一个人就能协调大家的工作，现在公司有9个部门、下属4个车间、3个区域子公司、800多员工，我发现部门之间的配合越来越困难，出现了互相推诿责任、互相扯皮的现象，请问有什么好办法解决这个问题吗？

【解答】可以解决，主要从3个方面着手。第一，做好部门的职能分工；第二，做好部门之间的合作流程；第三，做好内部客户价值观教育。公司大了，事情多了，扯皮现象就会出现。这时候就必须构建运营管理机制才能彻底解决推诿扯皮现象，同时要避免人治的现象，不能靠人的力量去协调部门之间的矛盾。在"自运营"体系当中，"协调"这个词不是一个什么好词，自运营体系不需要某人去协调，自发、自动、自觉的执行才是管理的最高境界。

（1）部门职能划分要清楚。解决部门之间推诿扯皮的问题，首先要解决部门职能划分的问题，具体做法是合理设计《公司组织架构图》，制定各部门《职能说明书》，按照效率与利益原则划分部门职能，然后交给中层经理进行充分讨论。在工作交叉或者真空地带必须要进行明确的分工，划清边界，部门之间的职能不冲突、不重叠、不真空，有边界又无缝关联，既有归口部门，也有配合与支持部门。比如工程项目结束之后，项目工程款由谁来负责催要呢？项目经理认为应该业务部门去追款，业务部门认为应该由项目经理去追款，最后老板说你们都别推，两个部门一块去追款！这种分工就是不明确的，按照效率与利益原则进行分析，谁追工程款效率最高，谁把工程款追回来得到利益最多，显而易见是项目部，因为项目部长期跟甲方打交道，知道他们是否有钱，人际关系又比较熟，追回项目款才能发奖金，所以追款的职能应该划归他们，而业务部主要是追款的协助部门，财务部是追款的监督部门，这样进行职能划分，大家就非常清晰了。

（2）部门间合作流程要明确。流程分很多级别，其中二级流程就是不同部门之间的协作流程，这类流程在公司全部流程当中几乎占到60%以上。流程的基本原理是上游做结果主动交给下游，下游可以督促或正常接收，进行检查和判断，决定是否接收或者通过。比如说《生产排产流程》，销售与客户确认订单后，技术标准由技术部确认并签字，然后由销售部交给生产部进行排产。排产的时候应当将工艺图纸和生产计划表交给各班组长，并由各班组长签字确认，将采购计划交给采购部执行。如果销售、技术、生产3个部门的确认过程以及操作细节没有详细的规定，就会出现许多扯皮现象。比如，销售合同中产品标准认定出现误解，到底是销售部的事情还是技术部的事情？如果让销售部负责，销售部会说我负责的是商务而不是技术，如果让技术部负责，技术会说合同是销售部签的，不是我签的。流程就像接力比赛，每个运动员都有他的赛段，这就是他们的职能划分，但是跑的时候接棒的人会主动去接棒，送棒的人会主动去送棒，然后实现两个人之间的完美交接，这个过程就是流程，也叫无边界管理。

（3）树立内部客户价值意识。机制和文化双管齐下，管理才能起到作用，所以在做流程的时候要灌输内部客户价值意识。内部客户价值就是公司上下级之间、部门之间、各岗位之间都应当视为客户关系，以客户的需求为中心，始终满足客户的需要，为客户创造价值，自己才有存在的价值，这样部门之间推诿扯皮的现象才会得到有效解决。这是一个文化观念的更新，打破陈旧的级别意识，打破部门之间的樊篱，以内部客户价值来修炼内功，才能做好外部客户价值，提高客户满意度，进而提高公司品牌影响力。

既然把下游当成内部客户，那么每一个执行部门、每一个执行岗位，在流程交接的时候，要亲自检查三遍，让下游一次性接受，也就是站在下游的角度来思考自己的工作是否让对方满意。如果这种理念形成了，我们的流程就会真正落地，内部客户价值链才能产生真正的协同效应。

总之，部门职能划分清楚，业务流程设计明确，运营过程有检查、有监督、有奖惩，再加上我们树立内部客户价值意识，主动为下游提供满意结果，这套运营体系建立和训练时间长了，部门之间扯皮的问题就可以最终得到解决，部门之间的合作就会如行云流水般畅快。

10. 客户资源都在一个人手上，公司会面临风险，该怎么办？

【案例】我们是一家销售公司，大概有80多位销售人员，基本的流程就是业务员自己开发客户、自己销售产品、自己维护客户，基本上客户都在业务员个人手里。我总觉得这样会有风险，因为已经有几个业务员跳槽到别的公司，并把客户也带走了，请问我该怎么防范？

【解答】这个风险的确存在，需要我们建立防范机制。比如线下签单，线上交易，收支两条线；比如可以采取 CRM 管理系统，让客户资源必须掌握在公司的管理系统中；比如在机制上将客户从成交到维护的过程进行分段管理，不允许一个人从头管到尾；比如让业务员成为公司的代理商，公司只做品牌宣传与平台运作。当然，对我们的员工还要进行法制和职业道德教育，并签订《同业禁止协议》。

（1）线下签单，线上交易。许多产品的销售必须通过业务员做"地推"，也就是线下拜访与开源，业务员可以在线下与客户达成交易，但是货款必须在公司网上平台支付。业务员可以使用手持收款扫码机，公司网络平台收到付款之后，按照业务员的单号记录业绩，按照客户的地址发货，业务员不能私下收钱，也不能单独拿货，发货必须由公司统一控制，这样客户信息与首次成交便进入公司平台系统中，客户资源不会轻易被业务人员带走。同时公司平台要做好客户持续购买的维护，包括发布新产品信息，以及制订累计购买产品的优惠政策。客户如果出现持续成交，第一时间将信息发给对应的业务员，给业务员自动提成，让业务员把精力放到新客户开发上，后续的成交由公司平台负责，实现利益共享，风险可控，这是比较好的管理机制。

（2）用 CRM 管理系统控制客户资源。如果我们公司的产品不是独家销售，那么采用上面的管控方式就比较困难，因为业务员可以从其他渠道拿到货物，如果是这样的话，公司就要使用 CRM 系统，即客户关系管理系统。把所有成交客户的信息记录在软件当中，管理者可以是公司财务部的收银员，也可以是销售部的内勤人员。与这套体系相配套的方式有两种：一是公司业务员的工作手机由公司统一配备，并规定只能做业务时使用；二是手机号注册个人微信号，由公司统一注册办理，这样一旦业务员离职，新的业务员可以用原来的手机号和微信号与客户联系，公司发出一个更换业务人员的通知给客户即可。

（3）用分段管控机制防止风险。这种方式与上面第一种方式的原理差不多，就是在没有互联网交易平台的情况下，可以采取流程化、分段化、专业化管控方式来杜绝客户流失的现象。公司可以设立销售部、客户服务部和物流仓储部 3 个部门，销售部的业务员就是做新客户开发，签单、交款或者拿货之后，成交信息立即交给客户服务部，由客户服务部安排物流配送，并做好后续跟单。这样 1 个人的工作就变成了 3 个人的岗位工作，虽然可能会增加一些人工成本，但是如果业务员把精力全部放到新客户开发上，把我们客户开发的总量做上去，就会冲抵这部分人员成本，同时可以有效地防止客户流失，减少损失就是保住了收益。

（4）法制教育非常重要。在一些公司，部分员工有一种错误的认知，认为客户是我开发的，就是属于我的，所以我离职带走客户是理所应当的。这个观念是错误的，客户是公司的客户，你拿了公司的工资、提成，就是用客户资源与公司进行交换得来的。你可以离职，但是客户不能带走，因为公司已经为这个客户向你支付了薪酬和奖金。如果对公司的薪酬绩效方案不满意，可以与公司协商，谈好了继续合作，谈不好可以友好分手，但是绝对不能把客户资源私自带走。

我们有些员工严重缺乏法制意识，好像法律离我们很远，其实一些公司内部已经出现了违法现象，只是我们不懂，或者不以为然。有条件的公司可以邀请公安局经侦人员或者刑事诉讼律师，给员工讲一堂法制教育课，告诉员工《刑法》中关于泄露公司商业机密、侵犯公司合法权益，将面临刑事处罚的有关规定，并讲解一些商业违法案例。在自愿的基础上，与员工签定《商业保密合同》或者《同业禁止协议》，如果不愿意签定此协议，可以依法解除劳动聘用合同。如果以后发现有些业务员私下与客户交易，谋取不正当利益，或者离职后利用公司的客户资源，为自己或其他企业牟取利益，公司可以在获取足够证据的前提下，向公安机关报警，追究其法律责任。如果一味地姑息或者放纵，那么公司辛苦得来的客户资源就会荡然无存，同时也是对员工的不负责任，因为员工已经有违法倾向或者已经违法了，早点制止，也许还能挽救一个人。

11. 中层经理愿意当"大侠"，不愿意当"教练"，该怎么办？

【案例】经过十几年的奋斗，我们从一家小公司成长为中型企业，但是目前发展受到了一些制约，跟我一起创业打拼的中层经理们，还是像以前那样只想自己干，不愿意带团队，也就是愿意当"大侠"，不愿意当"教练"。我几次劝说他们，给他们讲道理，他们口头上答应，但是一进入工作状态就又变成了"大侠"，自己干得欢，员工扔到了一边，这势必影响未来的团队成长和持续发展，请问该怎么办？

【解答】这个世界上最难改变的就是人的思想和习惯。从创业期到发展期，我们的干部当"大侠"已经习惯了，突然让他转换角色训练员工，当好教练员，是一件非常难的事情，但是并非不能做到。首先，作为老板就要以身作则，因为我们本身就是"大侠"的领头人，如果我们不改，寄希望于下属改，是不现实的。其次，我们要建立一些机制，比如不让中层经理亲自做业务，他的绩效提成建立在团队总业绩的基础上，这样他就会把精力放在团队培养上。最后，做对比实验，一个"大侠"自己单干，一个"教练"训练团队干，看谁的业绩做得好，我们用事实和数据来说话。

（1）老板以身作则，先变成"教练"。中层转不转，关键看老板，因为我们老板过去就是"大侠"，所以我们才培养出许多"小侠"。过去公司小，员工能力不强，老板就容易冲到一线，甚至会埋怨员工动作太慢，学习太笨，不如自己冲上去干得快。这种习惯其实潜移默化地影响了那些与你共同打拼的创业员工，他们今天成了公司的中层领导，身上或多或少都有老板的影子。老板必须先向大家表态：我要从"大侠"变成"教练"，你们必须跟我一起转变，如果谁不变，我就让他一辈子当超级员工。老板必须说到做到，团队靠前，自我退后，抑制自己向前冲的本能，凡事要安排下属、监督下属、听取信息，指导下属工作，除非重大事件、特殊情况或者例行巡查，尽量少到一线指挥，更不要代替下属工作。要学会让自己坐下来、静下来，通过计划和审批发布指令，通过业务流程训练团队，通过信息系统掌控公司。当老板的要记住，代替员工工作就是剥夺员工成长的机会，这不是对员工的爱，而是对员工的害。

（2）用机制引导中层当教练。过去中层经理与员工一起做业绩是公司快速发展的需要，但是从公司长远发展的角度讲，中层经理必须退回到教练的位置，把过去的个人业务交给团队去做。同时公司要修订绩效考核方案，主要的原则是中层经理的绩效提成以团队总绩效作为基数，也就是说团队的绩效做得越多，中层经理个人拿得越多。通过这样的机制，引导中层经理把精力放到团队能力培养和业绩提升上，用利益机制推动从"大侠"到"教练"的转变。在实行这一机制的过程中，要特别注意细节和过渡，比如销售部经理把自己的客户交给下属业务员去做，他是不愿意的，公司可以这样规定：业务员做销售经理转交客户成交的，一年之内70%的提成仍然归销售部经理，第二年50%归销售部经理，第三年全部归业务员个人。公司对销售经理过去的付出有一个交代，同时又顺利实现了从个人做业务转向训练团队做业务的角色转变，业务人员从中也得到了成长，公司业绩将会整体上升，打下持续发展的良好基础。

（3）最好的说服是对比实验。如果一个中层经理经过教育后还是不愿意带团队，但是他热爱工作，对公司又非常忠诚，那么就让他自己单干好了，甚至可以让他一个人成立一个部门。同时，老板可以选择一位愿意带团队的中层，用教练的方法训练团队，老板还要教会新领导做流程，教会他用流程复制团队，要有意识地训练他的领导能力，在计划安排与分解、过程检查、奖惩考核员工、改进团队问题、做好团队文化激励等方面给予指导。几个月之后我们再看一看这两个人的收入到底谁多谁少，当然还有一种收益是"大侠"所没有的，就是团队成员的爱戴与尊重。

如果那个"大侠"能够转变，愿意带团队，则重新回归领导岗位，重新组建一支团队，老板就会有两个"教练"带两个团队；如果他不愿意当教练或者自认为没有教练能力，就说明他只能当超级员工了，那就让他去当超级员工好了。

12. 为什么天天做检查，最后还是出问题呢？

【案例】我们是一家生产型企业，为了保证产品质量，我们天天做质量检查；为了保证按时交付，我们天天检查生产进度；为了保证生产安全，我们天天做安全检查；为了保证公司现金回流，我们天天做应收账款检查。安排了那么多检查，质量依然出问题，交付依然不及时，设备故障也时有发生，应收款还是回不来，为什么大家天天都在做检查，最后还是出问题呢？

【解答】如果从狭义来理解管理，管理就是检查，没有检查就没有管理，可见检查在管理体系当中是多么重要。检查的目的就是在客户端不要出现不良结果，所以每个企业都十分重视检查，但是重视归重视，实际结果却不是很好。在所有的运营环节当中，检查往往是最薄弱的环节，正如案例中所说的，天天做检查，但最后还是出问题。这里面原因很多，有检查文化没有树立的原因，有干部不负责任的原因，有检查标准不清和检查方法不正确的原因，也有检查流程不健全操作不到位的原因。

（1）灌输检查文化。"接受检查是美德，检查别人是职责，一切为客户"，这就是检查文化，是执行文化的重要组成部分。接受检查是美德，对被检查人来说，就是要敞开胸怀接受检查，被检查出问题要立即整改，这是一个职业人的基本美德。检查别人是职责，这是对检查人说的，在检查工作中坚守原则，坚持标准，帮助改进。一切为客户是检查的终极目的，检查与被检查不是你对我错的问题，更不存在个人恩怨，检查的目的是一切为了客户，客户好，公司好，员工才能好。

如果你辛辛苦苦出差1个月后去报销，票据出现了错误，财务检查没有通过，你会怎么想？如果你加班3天生产出来的产品有5%不合格，质检部让你重新返工，你有何感想？如果你提交的促销方案，自以为创意无穷，最后却被总经理否决了，请问你怎么想？如果你通宵达旦提供的技术解决方案，最终没有得到内审小组的同意，请问你怎么想？如果你把这当成别人对你不信任，故意找你的麻烦，觉得是对过去冲突的报复，那么你就会心怀不满，就会抗拒检查。如果你把这当成一次学习的机会、改进的机会、成长的机会，那么你就会满心欢喜地听取别人的意见，认认真真地修改你的结果，最后达到公司和客户的要求，这就是接受检查的美德。

如果你是一个质检员，发现产品质量有问题，而生产部长又是你的老乡，请问你是否会让他返工？如果你是个安全员，发现副总在禁烟区抽烟，而且你是这位副总介绍到公司来的，请问你是否要罚他的款？如果你是个出纳员，发现一个股东的报销并不符合公司的规定，请问你是否给予报销？如果你想到的是人情，想到的是个人之间的私利，想到的是不得罪人，想到的是讨好员工，想到的是有一天我出现错误，你可以原谅我，那么你就会视而不见，最后损害公司或者是客户的利益。如果你把检查当成责任，当成公司给你开工资的理由，当成客户的信任和委托，当成自己做人的原则，那么你就会坚持标准，必须按照制度办事，这就是检查别人是职责。

如果你是公司的老板，就必须把检查上升到客户满意的高度，上升到公司生死存亡的高度，用检查文化时时刻刻教育团队，把我们团队的思想提升到"一切为客户"的境界。

（2）建立和完善五级检查体系。"五级检查体系"包括岗位自检、上级检查、部门互检、COO检查、总经理检查。岗位自检，就是对自己交给别人的结果进行检查，确保无误后再交给别人，这需要给自检人检查的标准、方法和工具，以及奖罚规则，要求每个员工做好自我检查，不要把不合格的结果推给别人，这是一种自私和不负责任的行为，团队精神的底线就是不给对方添麻烦；上级检查，是上级对下属的工作过程进行监督检查，现场、现时、现地纠正下属的错误，并要求立即改进，注意提高下属的能力，中层经理要当好业务的"检察官"，把70%的时间用在检查上，而不是忙于自己的事情，把团队丢在一边；部门互检，就是各部门按照专业化分工，代表总经理对其他部门的工作过程进行监督检查，出现问题立即纠正，帮助总经理做好公司风险管控；COO检查，就是设立首席运营官，作为公司内部独立第三方，协助总经理对各部门的工作计划执行情况和运营效率进行监督检查，他有检查、奖罚、考核、改进的权利，是公司检查的总归口；总经理检查，主要是检查 CEO 的工作，并听取各部门经理的汇报，重大事件或者特殊情况可以到一线检查，把更多的时间和精力用于公司战略思考与决策上。值得注意的是，总经理在一线检查时，最好让被检查人的上级在现场，或者过后将检查结果告诉被检查人的直接上级，以防止信息不对称。

五级检查体系不分企业大小，不分行业类别，都应该建立健全，每家企业都要审视自己的五级检查体系，看看在哪些方面出现了漏洞，以便及时的弥补完善检查体系。只有这样，检查才能不出漏洞，而且大家工作起来都很轻松。

（3）完善检查标准，更新检查设备。检查做不好，也有标准不健全、不清晰、不告知的问题。标准不对，检查就没有依据，检查过程和结果也不会好。比如技术部没有提供，或者提供错误的采购半成品的标准与参数，那么采购回来的半成品就会出问题；如果我们的质量标准与客户要求不一致，质检部按照我们的标准去检查生产过程，我们的产品质量就会出现客户投诉；如果我们的店面没有陈列标准的话，那么运营部就没有一个标准判断店面的陈列是否符合公司的要求。所以，要想做好检查，必须要完善检查的标准，而且制定人、执行人、检查人和客户四方的标准必须一致，这样才能保证最后的产品和服务让客户满意。

检查设备对提升检查质量非常重要，要大量应用新技术、新设备做好公司的各项检查。比如能够用自动化设备检验产品质量的，就不用人工检验；如果能用 GPS 测定物流汽车里程并计算能耗的，就不用人工检查汽车仪表和计算能耗；如果能用无人机进行现场堆放物扫描与统计的，就不用安排人去到现场实际测量和统计；如果能用感应器进行安全提示和预警的，就不用每天统计报表，通过人工测算来判断是否安全。随着科技的进步，数字化、智能化检查检验系统会大量出现，企业要与时俱进，尽量使用更加先进的检查检验设备，除了节省人力之外，所提供的检查结果更快、更准，减少人为的误判和争议。

（4）检查的"七步走"流程。检查虽然做了，但是结果不好，很大程度上是因为没有走完检查的流程，通用的检查流程就是我们常说的检查"七步走"

流程。第一步发现问题：通过各种检查手段及时发现存在的问题，并把它提出来。第二步分析原因：通过事实与数据，透过现象找到问题的本质，深挖问题的根源，并将原因逐一列出。第三步制定措施：根据原因制定有针对性、实效性和具体的改进措施和方法。第四步下达整改：由检查人向执行人下达《整改通知单》，内容包括整改的问题、整改的方法、整改的期限、整改的责任人、整改达标的标准、奖惩规则以及复核的时间。第五步检查复核：平时做好监督，复核时要对整改的结果进行再次检查核对，如果出现问题，继续要求整改，直到达标为止。第六步公告结果：检查复核结束之后，要将检查的结果进行书面公告，包括整改内容、整改过程、评估结果、处理意见。第七步完善标准：最后一步是相关当事人坐下来认真进行总结，除了自省和检讨之外，更重要的是审视我们的标准、流程、规章制度是否还有漏洞，如果发现漏洞，就要马上补充、完善和优化，并下发更新的制度版本。

总之，检查是一门学问，也是一个独立体系，在运营当中是关键环节，只有不断建立标准、进行教育、开展训练，才能发挥出检查的作用。

13. COO 是干什么的？什么样的人适合当 COO？

【案例】我看到有些公司有 COO 这个职务，说是帮助总经理做运营的，请问 COO 是干什么的？什么样的人适合当 COO？我们公司的常务副总经理能不能当 COO，或者行政人力资源部长是否可以兼任 COO？

【解答】COO 是负责公司运营管理的首席运营官，也可以叫"运营总监"，主要职责是协助总裁做好公司运营管理工作，监督、组织、协调各部门完成公司的各项计划。最有特色的职责是他可以作为独立第三方对执行的过程和结果进行检查、监督，COO 有依照计划、制度与执行人的承诺，进行检查监督的权力，有裁决、奖罚与纠正的权力。COO 没有决策权，除非总裁授权，如果要改变不属于自己权限范围内的重大决策与计划，要先请示总经理。

（1）独立第三方检查人。COO 是独立检查人，一般也是副总级的，他不是各部门的分管副总，也不直接领导各部门的业务，而是在总经理的领导下，受总经理的委托，监督其他分管副总和各部门的执行过程，所以他代表独立第三方监督机制。也不能说 COO 就高于其他副总，他只不过是公司运营的总归口，公司检查的总归口而已。他的权限划分十分清楚，决策权归 CEO，监督权归 COO，也就是说 COO 在检查执行的过程中，如果发现决策有误，不能擅自更改，必须请示总经理同意后，才可以修改决定。

（2）什么样的公司要设立 COO。没有 COO 的公司，不等于说这个职责不存在，而是 CEO（一般是总经理）兼任 COO 的工作。简单说，CEO 主外，COO 主内，如果总经理内外都可以兼顾过来，就可以不设立 COO；如果 CEO 对外工作量太大，无暇顾及公司内部运营管理，那么就需要设立 COO 这个职务了。从长远来看 CEO 兼 COO 并不是一个最好的状态，因为 CEO 和 COO 不仅分工不一样，思维方式也截然相反。CEO 要不断观察市场机会，制定公司的战略，拓展公司的经营空间，所以 CEO 的思维方式通常是创新型、跳跃型、发散型的，而 COO 则相反，是保守型、聚焦型、逻辑型的，因为他要紧盯过程，紧盯结果，分析问题，查找原因，及时改进，负责对系统的效率进行全程监控。一个人很难兼有两种相反的思维方式，所以用他人之长，补自己之短，是 CEO 比较聪明的选择。

（3）什么样的人可以当 COO。COO 的岗位标准是坚持原则，懂得运营，知道如何检查，善于与员工沟通。不要只看职务的名称，还要看他的岗位定位，如果定位为独立第三方监督，他就是 COO。如果董事长主要对外并负责决策，总经理对内并负责监督，那么总经理就是 COO；如果常务副总不分管各部门的工作，仅仅是监督各部门的执行，那么常务副总就是 COO；如果总经理助理不是给总经理当秘书，而是监督检查各部门的计划执行，那么总经理助理也是COO。COO 最好是独立职务，可以暂时由人事经理或行政经理兼任，但是其他业务部门的经理不可以兼任。COO 以内部选拔为主，外部招聘为辅，如果从外部招聘必须要有 2~3 个月的试用期，在从事其他岗位的过程当中，考察这个人是否符合 COO 的标准，再决定是否让他做 COO。

总之，COO 是我们从西方企业治理机制中引进过来的一套独立检查机制，在我给企业做咨询项目的时候，一般都要求企业内部任命一位 COO。实践证明，COO 机制发挥了非常大的作用，不仅解放了老板，保证了公正，更主要的是提高了企业的运营效率和运营管理水平。

14. 职责、流程和奖罚标准能否放在一张表上，这样大家看起来是不是更方便一些？

【案例】我们正在进行公司运营管理的规范化，特别是对各项规章制度重新进行梳理，也邀请了咨询公司，帮我们整理一些公司的管理文件，主要的做法是把每个岗位做什么、怎么做和如何奖惩，都放在《应知应会》中。大家工作起来就会非常方便，但是也有一个问题就是写得不详细，员工理解不一样，还要不断问领导，请问还有什么更好的方法吗？

【解答】在管理规范化的初期，如果有《应知应会》把做什么、怎么做和如何奖惩写在一张表上，让每个人一眼就能够了解自己的工作内容、工作方法和奖罚规则，这是一个非常好的管理文件和管理方式。如果公司有更高的要求，向更高的"自运营"目标迈进，或者公司业务规模扩大了，管理复杂了，这样的《应知应会》就显得比较简单了，作用也比较有限。最好的方式是每个岗位要有《岗位职责说明书》《业务流程》《薪酬规定管理制度》和《绩效考核方案》，不同的管理文件解决不同的问题，也就是我们常说的"一把钥匙开一把锁"，这样的规定就比较专业，比较详细，员工也不会有太多的疑问。这些管理文件之间都相互联系，时间长了，员工就知道如何完善和使用这套运营管理系统。

（1）《岗位职责说明书》解决做什么的问题。《岗位职责说明书》是根据公司的组织架构和《部门职能说明书》制订的，对某个具体岗位应当履行的职责，进行详细说明的一种管理文件，其中包括岗位名称、上级和下级、岗位核心价值、职责和对应的工作项目、工作过程和工作结果，也包括KPI。比如人力资源部经理"招聘"的岗位职责所对应的工作项是：负责完成公司招聘计划，组织面试和复试，管理岗位员工试用期考核通过率达到90%以上，一线操作岗位员工试用期考核通过率达到80%以上。比如生产部经理"产品质量管理"职责对应的工作项是：负责按照公司产品质量检验标准，对产品质量进行全过程控制，一次性合格率达到100%。每个岗位、每个职责、每个工作过程和考核指标都要全面化、个性化、结果化，这样的《岗位职责说明书》使得每一个上岗的员工，都能第一时间全面清晰地了解自己应该做什么，对什么结果负责。

（2）各项业务流程解决怎么做的问题。业务流程就是做业务的顺序、方法和标准，包括图示流程、文字流程，以及辅助管理工具，也可以用图片化和视频化形式，目的就是要员工一看就懂，一做就会，能够快速了解业务操作的过程和方法，提高员工的工作技能和业绩。比如销售人员就要使用《新客户开发业务流程》《合同商定与签订流程》《客户维护与拜访流程》《退换货管理流程》等，其中《产品说明书》《合同模板》《拜访登记表》《退换货登记表》等就是管理工具。比如一个办公室的文秘就要使用《客户接待服务流程》《公司会议准备流程》《公司文件下发流程》《办公用车审批派车流程》等，其中《来客接待登记表》《会议物料清单》《文件收发登记表》《办公用车派遣单》等就是管理工具。公司的流程看似很多，但实际上分解到每个岗位并不多，而且每个岗位只要熟练掌握这些业务流程，就可以快速适应岗位要求，并能够快速提升自己的业务能力，工作的结果也会越来越好。

（3）《薪酬管理制度》与《绩效考核方案》解决做好做坏怎么办的问题。不同的岗位薪酬绩效是不一样的，薪酬是这个岗位的收入总构成，包括基本工资、岗位工资、绩效工资、年终奖、国家规定的"五险一金"和公司的福利，其中绩效工资是每个月根据绩效考核打分折算出来的浮动工资，销售岗位还有业绩提成。公司还有一些专项奖励制度，比如说卓越质量奖、客户感动奖等，奖励那些创造卓越业绩并体现公司优秀文化的员工，当然也有一些其他管理制度，比如说考勤管理制度、安全管理制度等，其中也包括奖惩规定。

总之，有《应知应会》已经是一个很好的基础了，随着公司不断发展壮大，最好是出台专业化管理文件，一个文件解决一个事情，一个文件解决一个专题，这样才能满足公司管理的需要，提升管理水平与员工职业素质。

15. 在月度会上，如何才能让部门经理多说话？

【案例】我们每月都开工作例会，各部门经理要汇报上个月的月报和下个月的计划，然后总经理要进行点评，需要修改的地方，当场讨论修改，最后形成决议。我们开会的时候基本上就是老板在说，干部在听、在记，老板不问干部不答，这样的讨论方式对吗？怎样才能让部门经理多说呢？

【解答】学过 5i 运营管理的同学都知道，我们的例会叫月度质询会，形式上也是由部门经理汇报上个月的月报和下个月计划，但是我们会发现，会上总经理和部门经理同样都要发言，而且部门经理发言的次数还更多。所谓发言就是对汇报人的月报或者月计划提出质询，讨论一致以后，现场进行修改，以保证月报和月计划符合公司的战略需求和各部门的要求。这种效果是如何做到的呢？

（1）从"我说你记"，变成"你说我审"。虽然有些企业月度例会是由部门经理提交月报、月计划，甚至要逐个汇报，其实总经理并没有提前看，也不想看，不认真听，在会上依然凭着自己的记忆、判断和想法，去安排各部门的工作，结果各部门经理就会埋头记录，根本就没有时间去思考总经理安排的工作。当判断不能完成的时候也不敢说，因为总经理一个人在那讲，完全是命令的口气，大家只有记录的份。最后总经理问"你有什么困难吗"，大家会一脸茫然，赶快说没有。这就是传统意义上的"我说你记"，或者叫"我说你干"，干部完全是被动的，总经理完全是随机式发言，通过的月报、月计划质量也不会好到哪里，而且公司的文化氛围也不是平等尊重、互利共赢、相互承诺的共创文化，而是老板一言堂的"权力文化""大哥文化"。

更糟糕的月会，就是连一个计划也没有，完全由老板安排工作，一番讨论之后，出了一张会议纪要，老板也不知道说了什么，干部也不知道承诺了什么，发下去也没人看，这个月会实际上没有什么结果。

5i 管理模式对质询会有特殊的要求。首先，部门经理要经过训练，提交高质量月报、月计划，开会前一天发给 COO 或行政办预审，再发给与会人员，要求大家提前看并准备问题。在质询会议过程中，首先由汇报人汇报月报、月计划，总经理、COO 和各位部门经理现场质询，最后质询结束，总经理审批通过。质询过程中，我们要求总经理和各位部门经理紧紧围绕汇报人的月报和月计划提出问题，给出具体建议，不做过多讨论，不跑题。出现跑题现象时，总经理或者 COO 要立即制止，包括总经理在内，都不说与业务和结果无关的话题，以保证会议的质量。由于部门经理在深思熟虑后提交了月报、月计划，所以与会人员提出质询的意见就不会有很多，由于月报和月计划是格式化的模板，汇报人少什么、漏什么，一眼便可以看出来，总经理不需要临场发挥，也不用前思后想，能够轻松看出部门经理的汇报是不是我要的，达到"你说我审"的效果。

这不仅仅是一个开会方式转变的问题，而是一个文化转型的问题，从过去的"你让我干"变成现在的"我想干"，这才是"自运营"管理的基本特征。

（2）以客户名义提问并禁止私下讨论。我们过去在开月度会的时候，经常会出现有的干部对老板说，这个事情会上不讨论了，我和某个部门经理会后私下讨论和解决，总经理一般也就同意了。其实这是非常不好的一种习惯，因为这两个部门私下讨论就会屏蔽大家的信息，这些信息可能与各部门都有关系，我们提倡的是把所有的问题，包括部门之间合作的问题、矛盾的问题、冲突的问题全都摆到桌面上，公司要严格禁止部门经理会上不说会下议论。在透明化管理的今天，信息对称是管理最重要的原则，质询会就是要互通信息。比如采购部长汇报的时候，生产部长可以以内部客户的名义，对他的采购计划提出质询意见；人力资源部长汇报的时候，技术部长可以以内部客户的名义，对他的技术部招聘计划提出质询意见；财务部长汇报计划的时候，销售部长可以对财务部通报的收款入账信息情况，提出质询意见……

任何一个部门的月报和月计划都与其他部门有各种各样的联系，作为内部客户要提出跟你相关的月计划修改意见，也要对月报中没有完成的工作提供更好的解决方案，帮助同事完成下个月的业绩目标。在这个过程中，当然会以总经理和COO的质询为主，不过发言最多的应该是各部门经理，这是一种正常的开会状态。

16. 我们公司也有周月例会，但是大多流于形式，请问如何改进呢？

【案例】我们公司也有周月例会，但是汇报计划的时候，讲的都是比较空洞的、日常的工作内容和安排，做总结的时候也是讲理由的多，推诿扯皮的多，分析原因、制定措施的少，承诺结果的更少，所以我们的会议多半成了讨论会，最后也没有什么结论，不了了之，流于形式，大家也不愿意参加。请问如何开好周月例会呢？

【解答】表面上看这是一个会议问题，本质上看是公司缺少完整的运营体系以及训练过程的问题。在5i运营体系训练过程中，我们强调周月例会是公司战略分解之后，通过每周每月节点把控，及时检查纠偏，确实保证战略正常执行的会议，这是一个问责的会议，不是一个讨论的会议，其中有许多的基本原理、方法、工具，要求总经理和中层干部掌握使用，才能达到提高效率、聚焦战略、确保结果的会议目的。

（1）汇报有模板，不说题外话。无论是汇报周报、周计划，还是月报、月计划，一定要有固定的模板，这个模板每个部门经理都是一样的，其中的内容是不一样的。比如在梳理人力资源体系之后，把岗位职责与KPI考核指标放到月计划模板中去，这样大家汇报周月计划时，就围绕着自己的职责来汇报，而不会想到哪说到哪，不需要自由发挥，而是用表格的形式再现出来，让大家一目了然。同时我们有固定的汇报话术，三言两语把汇报讲清楚，不用一条条地念，大家需要看什么，有专职的秘书给大家展示。同样在汇报周报周计划的时候，也是完全按照报告中的内容念一遍就行了，主要是对没完成的工作进行总结，汇报没有完成的原因、改进措施、新的承诺，要求不问不答，不主动解释，也不偏离报告范畴。如果发现相同的错误重复发生，而且事情重大，需要认真讨论与研究，总经理应当宣布此事不再质询，打完 KPI 分数之后，三天内召开专题改进会讨论，千万不要把质询会与专题改进会混淆在一起，否则讨论了大半天也不会有结果。

（2）会议有主持，跑偏纠回来。5i 训练要求周、月质询会必须有专人主持，要么是总经理，要么是 COO，必须有主持的流程和话术，主持人必须对讨论过程进行有效控制，要控制主题，要控制时间，还要纠正说话人的态度，以保证周、月质询会能够保质、按时完成。比如销售经理在月计划当中承诺完成 1000 万元，下面就会有干部质询，问销售部经理打算如何完成这 1000 万元？这种提问就是明显的跑题，主持人必须立即打断这种提问，我们只关注这个 1000 万元是不是公司战略要求的，是不是总经理希望的，如何完成不在质询会上讨论，如何完成是公司营销策略和营销方法的问题，属于 i2 的问题。如果你想了解他是怎么完成的，请你在会后当面请教。

（3）只说同意与否，尽量不解释。占用会议大量时间的是一些无效的沟通，最突出的表现就是做决策的时候，不说同意也不说不同意，而是解释一大堆，最后也不知道说什么。还有一种情况是表明了同意或者是不同意，但是又来了一番详尽的解释，这是一种不好的心态，就是生怕别人不理解自己为什么这样做。其实常在一起工作的团队彼此之间是有一定默契的，如果会上达成了一致就不用过多解释，当然如果理解上有一定的难度，也可以做短暂的解释，让对方听明白即可，不要长篇大论。比如销售部长的月计划承诺销售金额完成 1000 万元，总经理提出质疑，认为这个月应该完成 1200 万元，那么销售部长要表态同意或是不同意，如果同意就不用再做解释；如果不同意，简单说明一下理由就可以了。下属能够承诺的结果是我们要的，那我们就相信他，这个计划质询就到此为止。

如果意见不一致，双方可以简单陈述一下自己的理由，但不做过多的辩论，如果最后双方不能达成一致，那么就下级服从上级，如果不想干了，那就会后好好坐下来谈一谈。周质询会的标准是每个部门用时 7~8 分钟，月质询会上每个部门用时 12~15 分钟，这个时间包括汇报总结和汇报计划，也包括与会人员的质询。

17. 大家都知道签字意味着责任，但是到底负什么责任？怎么承担责任呢？

【案例】我们公司遇到了一件奇事，采购部要购买一批清洁用具，报给财务部签字，最后报给我签字。我一开始没有仔细看，放到一边，偶尔扫了一眼，突然发现数字不对，一把笤帚怎么会是 1.7 万元，一定是写错了。我把财务部长叫来，她说是 1.7 元，是采购写错了，她没有看出来……我就回顾了一下曾经发现的签字不负责任的问题，有把旧版技术图纸当新版发下去，产品规格出问题的；有把给客户的报价数字填错，公司倒贴钱的；有把发货单地址写错，最后物品要不回来的……为什么大家签字都那么随便呢？怎么才能让签字的人负起责任呢？

【解答】无论是纸面，还是邮件，还是微信群，当我们面对请示的时候，我们天天都在写"同意""通过""可以"，这就是签字。大多数管理者好像都知道签字就是担责任，但是为什么还出现问题呢？因为有的人认为我承担的是次要责任，后面签字人才承担主要责任，让我签字就是走一个过场；还有的人不懂业务，不了解标准，又不愿意虚心学习，为了所谓的面子，不懂装懂也在签字；还有一种人把签字当成一种权力的炫耀，而没有认真审查所签的内容是否正确，把签字当成了一种仪式；还有一种人认为这不应该是我的责任，他们一定要让我签，我是被迫无奈才签字的，签字就是应付差事……无论何种原因，我们都要重新审视签字的意义，对我们自己，对我们的员工，要进行一场关于"签字和责任"的教育。

（1）运营当中有三种权力，权力的背后就是责任。企业运营管理当中通常有三种权力：一是提议权，二是审核权，三是批准权，无论什么权力背后都是责任。提议权要对自己提出的建议是否合规负责，审核权要对提交的事情是否正确负责，批准权要对所提交的事情是否要做进行决策。比如采购部长提出采购计划，就要对采购计划的合规性负责，确保采购的数量、规格、品牌、供应商、价格、付款方式等内容符合公司的规定。其中，采购数量是否考虑到已有的库存数量，供应商是否是从合格供应商名单当中筛选出来的，价格是否是市场最低价格等，这是行使提议权。采购计划报到财务部，财务部长就要审核这份采购计划是否合规，核对重要的信息，比如库存、价格、付款方式，核对是不是合格供应商，上次交货质量问题是否已经解决等，认为没有问题了，再向总经理提交，这是行使审核权。总经理接到财务部审核后的采购计划，要从全局考虑，是否需要现在采购，是否用这家供应商，公司资金是否可以安排等，然后作出是否采购的决定。因此，每一次签字，无论你行使的是什么权力，背后都是要承担责任的。

（2）签字是为了不出事，出了事就要有人负责。签字的问题就是要层层把关，从不同的角度审查要批准的工作，以免出现错误，给公司或者客户造成损失。虽然我们常说人不是神，出错是难免的，但是有些错误我们可以承受，有些错误我们承受不了。比如说设备安全检查没有重重鉴定把关，出现了重大安全生产事故，当事人是要坐牢的，老板也有可能要坐牢。比如说重大的经济合同，如果没有层层把关和签字，公司被诈骗了巨额资金，就可能会倒闭。这种损失是个人无法承担的，即便是个人倾家荡产也挽回不了公司的损失和他人的生命，所以为了防微杜渐，就要做一些处罚规则，轻微的事故要口头批评或通报批评，重大事故就要罚款，特别重大的事故就要追究其法律责任并予以辞退。这些规定要体现在我们的采购制度、安全管理制度、合同签订制度、招投标制度、客户投诉制度当中，区分不同情况，做出不同的处罚规定，并由相关的执行人签字确认。

（3）不能草率，也不能拖延，不懂一定要问。签字是一件十分严肃的事情，需要认真对待，但是不能研究来研究去没有结果，让上报人焦急等待，最后拖延时间，贻误商机。签字人必须在规定的时间内作出同意或者不同意的决定，如果不同意还必须将不同意的理由告诉上报人，最好还要给出明确的提示，而不是一否了之。

为什么有的人拖来拖去？因为他不懂业务又好面子，所以解决的方法是：要么签字人必须通过学习了解业务，了解公司的信息，作出正确的判断；要么授权懂业务的人代自己作出决定，如果出现问题，追究他的责任。如果公司做大了，审批的重大事件增多了，自己又没有时间或没有能力逐个签字审批，对代理人也不放心，可以请第三方审计机构定期对公司的各项重大决策进行审计，利用外部力量管控内部风险。

最后，要提高公司信息化、自动化处理决策的系统能力，未来企业必须利用数据库和云计算，构建决策程序与模型，自动生成决策意见，尽量减少人为的判断，用数据和分析说话，我们的决策就会又准又快。

18. 先做流程文件，还是先上 ERP？

【案例】我们是一家汽车配套零件生产企业，随着业务量的增加，公司决定上一套 ERP 系统，加快公司运营的信息化处理效率。我询问了一些已经使用 ERP 的同行，他们都说有比没有强，但是也不像他们想象的那么理想，使用效率不是太高，有些工作还是要靠纸质审批表格。我到底是先做流程文件，还是先上 ERP？

【解答】正确的顺序应该是先做流程文件，再上 ERP。ERP 是每家企业未来必须要用的一套信息化管理体系，它可以通过 IT 技术储存大量数据，设定科学的程序，保证公司的资源能够得到有效利用，计划和流程得到有效的执行，进而减少人工成本，提高执行效率，必要时还可以与上下游 ERP 进行连接，进行产业链和供应链管理。但是 ERP 要发挥效能，必须以企业流程化达到一定程度为前提，否则就会出现线上和线下两层皮的现象。

（1）先做好流程化的物理文档。什么时间上 ERP？要在企业战略、产品、商业模式、运营体系相对稳定的时候上 ERP，但前提必须是建立健全公司的关键业务流程，运用看板管理、流程手册管理等手段，操作、应用、试行 3~6 个月，期间不断地优化和完善，最后操作过程相对稳定了，各种工具表单也都应用自如了，大家觉得很顺手了，这时候再请专业公司为我们量身定制 ERP，这个做法的效率是最高的，效果是最好的。

（2）软件公司量身定制 ERP。因为我们的流程物理文件比较完善，经过了试行期之后，操作也比较流畅，状态也非常稳定，各种流程也非常精准，各种表单也比较完备，各部门内在的运营管理逻辑已经搞懂和打通，这时候我们可以请软件公司为我们量身定做 ERP。软件公司将根据我们的流程逻辑进行规划和建模，并进行模块设计和编程，应用我们公司的模板、流程、表单和术语，再进行编辑，用软件语言再现我们的全部运营过程，这将是我们公司自己的 ERP，大家应用起来非常熟悉，我们的信息化建设才能少走弯路，最终取得预期的效果。

对于已经上了 ERP，但是实用效果不理想的公司，还是要先梳理公司的业务流程，做好公司的管理工具，使用见效后，再请软件公司过来，用公司成熟的流程优化已有的 ERP 模块和功能。

19. 出现突发事件，还应该按照流程执行吗？能不能特殊情况特殊处理？

【案例】我们公司正在做流程，大家有一个疑问：公司会出现一些特殊情况，这时候如果按流程操作就会耽误事情；如果都是特殊情况，都不按流程操作，那么流程又形同虚设。请问出现突发事件还用按流程操作吗？能不能特殊情况特殊处理呢？

【解答】流程既有常规流程，也有特殊流程，最好的流程要涵盖公司所有可能出现的特殊情况，尽量减少口头上的"特事特办"，防止又回到用经验和权力做判断的老路上去。

（1）特殊情况也要做流程。正常情况的常规流程大家都已非常熟悉了，但是企业总会有一些特殊情况和突发事件，过去我们靠人的经验或者权力临时决策，其中也难免会做错事。另外，如果特殊情况再度出现，这个决策人正巧不在现场，我们就不知道如何处理了。从流程全覆盖的意义上讲，特殊情况也要做操作流程。正常情况下的流程叫常规流程，也叫主流程，那么特殊情况下的流程叫特殊流程，也叫副流程。比如公司财务报销审批流程中规定，由总经理在报销单上签字，这就是常规流程。如果总经理出差了，人不在公司，而有一笔报销必须马上办结，这就需要特殊情况下的特殊流程。我们可以这样规定：方法一，由总经理以微信或邮件的方式批准；方法二，由有授权的副总代为签字。正常情况下按照主流程执行，特殊情况下按照副流程执行，我们就没有过多的人为判定，也会减少滥用权力。

（2）"救火"的事情尽量减少。所谓救火，就是公司经常出现突发事件，领导没有任何准备，经常是临危受命，仓促上阵，紧急处理，四处"灭火"。究其原因，一是职责不清晰，二是授权不充分，三是流程不明朗，四是检查无体系。总之，公司没有运营管控体系，管理非常混乱，加上公司处于快速发展期，就难免会出现四处起火的现象。这时候公司要冷静下来，放慢脚步开始建立和导入运营管理体系，特别是要建立和完善流程体系，包括特殊流程或者预案，用流程训练员工，减少突发事件的发生。

虽然突发事件不可能完全避免，但是如果经常发生，让领导每天无暇顾及重要事情，无法正常开展工作，根本没有时间思考下一步的安排，这种状况就不正常了。中小企业在长大的过程中，要逐渐建立和完善运营管理体系，保证公司在快速发展过程中少"失火"，少受损失，总经理和高层也不会忙于奔命，才有时间和精力研究公司的战略，把握公司的大方向，管理团队才能够按照计划正常执行，公司才会进入稳健高效的自运营状态。

20. 销售业绩经常完不成，到底是什么原因？

【案例】我们是做化妆品生产与销售的企业，已经有 17 年历史了，主要的营销渠道是经销商和电商，当然也有一部分直营店，主要是为经销商做样板和配给服务的。过去几年，由于市场空间非常大，公司销售业绩非常好，从去年开始业绩明显下滑，连续 6 个月下滑了 30%。一方面市场充分竞争的阶段已经开始，化妆品行业虽然有增长，但全行业已进入红海；另一方面我觉得公司的营销和管理也出现了问题，但到底是什么原因我也分析不出来。请问业绩下滑到底是什么原因呢？

【解答】我们来一起分析一下业绩下滑的原因。首先，从宏观上看，我们的战略、策略、商业模式、年度计划是不是出现了问题，这是大方向、大前提，如果战略出问题，后边怎么努力也不会有好结果，比如产品竞争力不行。其次，从中观上看，我们各部门对销售部的支持是不是全力以赴，销售是龙头，是尖刀连，但是如果没有生产、技术、采购、品管、行政、人力、财务等部门的全力支持，销售是做不上去的。最后，从微观上看，销售部本身团队建设和部门管理是不是出了问题。

（1）领导是不是出了问题。营销总监或者销售部长是否胜任这个职务，主要看 4 个方面：价值观、领导力、业务知识和技能、心理素质。比如销售部长认为市场太低迷，客户太挑剔，行业都这样，我们怎么努力也不行，这就是价值观出了问题。如果他只知道自己干，不会带团队，是个"大侠"型人物，那么就是领导力出了问题。如果对公司的产品知识、业务模式，以及推广方式不熟悉，就是业务知识和技能出了问题。如果心理承受力不好，情绪化现象比较严重，一遇到压力就抱怨，或者退缩，说明心理素质不好。价值观出了问题，总经理要与他坦诚沟通，达成共识；领导力出了问题，要派他去学习，并拿出管理团队的行动方案；不了解产品知识和销售技能，技术部长、总经理要对他和团队进行培训并考核上岗；心理素质出了问题，让他自我疗愈，在潜意识中接受现实，发现优势，每次进步都要自我奖励，逐渐走出心理阴影。

（2）从 5i 来分析，营销运营管理是否出了问题。首先要弄清楚销售部长的月计划是不是符合公司战略，是不是符合总经理的要求，是不是符合内外部客户的要求。销售部长的月计划通过公司质询会之后，回到本部门是否分解到各区域主管，是否分解到各个业务员，做到千斤重担众人挑，人人头上有指标；业务人员是否都愿意承诺完成这些目标，并愿意公开自己的承诺。

销售部是否有符合公司实际并且行之有效的业务流程，包括《经销商服务管理手册》《电商营销关键业务流程》《直营店业务操作指南》。在《经销商服务管理手册》中还应当包括《经销商开源流程》《促销活动管理流程》《新品发布会管理流程》《经销商培训管理流程》《经销商合作协议签定管理流程》《经销商铺货指导管理流程》《经销商退换货管理流程》《经销商返点管理流程》《经销商违规处理流程》等。这些流程应当由营销总监或者销售部长起草，需要其他部门经理参加，由他们组织讨论和会签，由他们推广试行和培训，如果再出现问题时，由他们负责优化。

优秀的营销团队都有自己长期成功的经验积累和方法传承，都有自己的独到之处，记载自己成功的流程、话术和案例。在平时工作中，各级领导必须要团队提前自我退后，流程提前个人退后，用流程训练和复制团队，在复制中优胜劣汰，打造一支高度职业化的执行团队，打造为业绩而战的团队。

要训练业务员进行自检，养成业务员在给客户结果之前，要亲自检查 3 遍再交出去的好习惯，告诉销售团队，做好自检就是对自己负责，就是对客户负责。比如在拜访客户之前就要做好自检，大到销售策略熟记于心，小到名片放在兜里。各级主管要对员工的执行过程进行检查，在检查中要做到及时发现、及时改进、及时提高。比如每天要求业务员上交日报，但必须抓取 10%~20%

的汇报亲自进行回复，对优秀的、成功的案例进行表扬、总结和推广，对没有完成业绩的要给出建议和鼓励。销售部门内部可以成立督导小组，有专人负责对各区域落实公司营销策略、价格政策、经销商支持、业务员训练等方面进行内部第三方督导，他们具有检查复核、及时奖惩、督促改进和建议调整人员的权力。销售团队就是"作战部队"，督导小组就是"纠察队"。

奖励机制设立是否合理，是否具有刺激性，是否能体现双赢，这些体现在薪酬管理制度和绩效考核方案当中，由公司与员工共同商定，这属于人力资源管理体系的内容。如果是成熟的、过了试行期的奖罚制度，就应当立即兑现，每周小兑现，月度中兑现，年度大兑现。销售团队要设立各种各样的奖励项目，以激励表现优秀的员工，除了绩效提成之外，我们还可以设立"销售状元奖""新品推广奖""感动客户奖""最佳内勤奖"等。当然对于连续不完成业绩，又没有积极主动工作态度的员工，在给予一定的宽限期和帮扶之后，依然没有提升的，也要依法辞退。

如果连续几个月出现业绩下滑，或者相同的错误重复发生，我们就要开专题改进会进行研究，改进的基本逻辑是：先明确问题，再分析根本原因，制定改进的方法和措施，最后做出新的承诺，包括结果定义、完成时间、责任人和协助人。责任人将新的结果定义放在自己的周、月计划中，把i5变成i1，以终为始，再来一次5i的循环。到了i4我们再看一下改进的结果是否达到了预期，如果达到了，说明我们的改进成功了，就可以把这个经验变成新的模式或者标准，直接到i2当中去复制。如果没有成功，我们就再来一次专题改进会，再走一次5i，到了i4再总结一下。如果还没有成功，我们就要做出决定，要么调整决策，要么调整人。

总之，销售业绩严重下滑，可能是销售部门的问题，可能是各部门支持的问题，也可能是高层决策的问题，但是绝不允许将销售业绩不好归结为外部原因，然后自己不作为，消极等待。外部原因客观上是存在的，我们改变不了外在原因，所以只能改变我们自己。

21. 采购经常不及时，到底是什么原因？

【案例】我们是一家生产汽车配件的企业，既有原料采购，也有半成品采购，多年来由于采购不及时经常造成延期交货，客户满意度比较低，加上这几年行业竞争加剧，客户要求更高，所以公司订单有下降的趋势，请问采购不及时是什么原因？

【解答】所有出现的问题，要么是人的问题，要么是机制的问题。人的问题主要是指采购部经理对采购工作意义的理解程度，以及是否足够重视，这是他的价值观问题；他是否能够管控好供应商，并带领采购人员完成好采购计划，这是他的领导力问题；他是否了解采购原料以及半成品的技术参数和标准，并能够与供应商做好合同确认，这是它的产品知识和业务能力问题；他是否能顶住压力，理性分析问题，果断采取措施，而不是一味地消极抱怨或者情绪化，这是他的心理素质问题。

然后，我们再从机制上找问题，可以用 5i 去分析。

（1）i1，结果定义是否清楚。首先，分工要清楚。谁提交采购计划？提前多长时间提交采购计划？谁审核采购计划？谁审核预算与合同？谁负责批准采购计划？通常情况下由生产部提交采购计划，由采购部进行审核，重点是与库房核对库存数量，与技术部核对采购货品的技术参数，必要时请技术部与客户直接核对。如果是看样确认，必须让供应商提供样品，组织内部评审确认。然后提交合格供应商名单、库存清单、采购计划和采购合同报财务部审核，最后由总经理批准。

其次，结果定义是否清楚。依据工作职责和公司的生产计划，采购部必须提出全面、精准、有价值的部门月度计划，在公司月度质询会上汇报，接受各部门的质询，最后由总经理批准通过执行。

（2）i2，方法是否明确。是否有合格供应商开发流程并附合格供应商评审标准；是否有经过公司法务部门审定通过的采购合同模板，其中重点是供应商违约赔偿条款；是否有《原料采购管理流程》《外协半成品采购管理流程》《供应商溯源管理流程》《采购货品质量检验流程》《采购货品入库流程》《采购新品供应商交底流程》，以及各种表单附件。这些流程和方法必须经过实践的检验，确保是简单、实用、有效的，然后要通过培训和过程检查，让采购人员和其他部门相关人员熟练掌握。

（3）i3，是否有过程检查。采购既要讲速度，又要讲质量，更要讲风险防控。从采购计划的审核、供应商的评审、采购合同的签订，到采购货品的物流配送过程、入库的数量和规格检查，再到入库的质量检验、生产线上的首检……每个阶段都要进行严格的管控，除了物流之外，还有资金流的管控，包括货款的审批、付款的审核、收据与发票的开具入账。在特殊情况下，还有不合格品的退换以及对供应商违约的处罚。

（4）i4，是否有及时奖惩。奖惩包括内部奖惩和外部奖惩，内部奖惩是对我们的采购部长、采购经理以及与采购相关的人员，在执行采购计划、采购政策的过程当中，表现优异的给予奖励，出现问题的给予处罚，出现严重问题的追究其法律责任。外部奖惩主要是针对我们的供应商，价格合理、质量一流、长期供应稳定的供应商，要评为一级供应商，在订货、付款，以及新品联合研发方面，给予最优惠待遇。同时，要建立供应商风险预警机制，对可能出现的合同风险提前进行防控，如果出现供应商违约，要及时采取措施进行纠正和补救，尽量减少公司的损失，主要手段包括警告、停止付款、返工、退货、要求赔偿或诉诸法律。

（5）i5，是否有改进复制。如果经过整改，采购不及时或者质量不合格的问题依然出现，那么我们就要开专题改进会，视公司的具体情况，一般会邀请生产部、技术部、质检部、财务部和总经理共同参加，会前下发改进通知，请各部门经理各自分析原因，制订措施，并确定自己应当承担的责任，有准备地参加会议。会中大家可以从个人原因、公司原因和外部原因三大方面进行分析，个人原因主要分析采购部长的问题，公司原因主要从采购标准、财务预算、采购制度等方面进行检讨，外部原因主要分析供应商的问题，然后有针对性地拿出解决方案，制定新的改进计划，再回到各个部门经理的周、月计划中持续改进。

方法总比困难多，改进的关键是找出真正的原因。比如有一家食品生产企业也经常采购不及时，他们也分析了许多原因，但真正的原因是某种食品添加剂的供应商是全世界质量最好的企业，在中国也是独此一家。我们是一家小客户，人家对我们不重视，虽然我们储备了适当的库存，注意与供应商搞好关系，在价格上提得更高，但这只是权宜之策，不能解决根本问题。所以公司改进会的结论是，短期措施还是要坚持上述做法，长期计划是收购国内拥有替代技术的小型公司，加大资金和实验方面的支持，自己成为自己的供应商。最后他们用半年时间完成了收购和技术升级，现在他们不但在原料上能够替代进口，满足了自己的生产与品质需要，同时也平抑了行业价格，还可以向其他厂家供应，公司有了新的收入。

如果改进成功了，我们就复制这一套成功的模式，如果改进不成功，就再来一次改进，如果还不成功，要么修改我们的决策，要么调整采购部经理。总之，不能让这种现象再困扰我们的执行，影响我们的运营，阻碍公司的发展。

22. 产品质量经常出问题，到底是什么原因？

【案例】我们是一家生产智能设备的公司，拥有自主技术，也是行业中的新型产品，市场反映比较好，但是困扰我们的最大问题是产品质量一直不稳定。我们多次开会讨论，大家认为因为产品是非标，而且质量不稳定也是行业通病，但我们还是希望让产品质量稳定下来。请问在质量改进管理上，应该做好哪几个方面？

【解答】效率是以质量为前提的，没有质量的产品是没有任何意义的产品，没有质量的战略是没有任何意义的战略。对于非标产品特别是新产品而言，在量产初期必然会出现一段产品质量不稳定的过程。但是正如您所说，客户要的是高品质产品，而且质量必须可靠稳定，以减少客户在使用当中的不便。正是因为行业有这样的通病，所以我们先意识到了这个问题，如果能够加以改进的话，我们将在未来的竞争中处于领先位置。下面我用 5i 来分享一下如何查找质量问题的原因，提高质量管理水平。

（1）i1，结果定义要清楚。因为是非标产品，有时候客户也不知道要达到什么标准，所以公司要由销售部牵头，由技术部对接客户，把客户的需求了解清楚，并提供技术解决方案、图纸或者样品，先经过我们内部评审，技术、生产、销售、品质、采购都要参加，通过后报客户最终签字确认。这个确认阶段是最重要的，因为涉及以后所有供应链体系的配合，以及客户变更标准时应当增加的费用，也就是说能够完全准确地确认产品质量标准，这是最好的结果。如果不能最后确认清楚，我们在提供一个方案或者样品之后，先要求客户确认，然后再不断修改，重大修改时客户必须签字确认。当然，为了防止无休无止的修改，防止拖延研发与生产的时间，我们需要在合同中规定修改的次数，超过一定的次数后，客户方应适当增加费用并延长合同时间。

合同签订之后，销售部向生产部发出订单，生产部 PMC 评审通过后，下发生产计划给各个车间，并提交采购计划给采购部，技术质量标准变成质量检验标准，生产过程管理进入计划体系。

（2）i2，方法要明确。技术部应该细化图纸并作出工艺图表交给生产部，质检部确认之后下发两个部门执行。这个确认不是形式上的签字，而是经试验或者实践之后优化并确认，最稳妥的做法是对首件进行测试，检验其各项参数指标是否达到了设计要求。这个过程要有耐心，否则进入批量生产后再出现问题，不仅会影响质量，而且会影响交期，整个生产线就会出现混乱。

工艺图表出来之后，生产部可以请技术员或者工艺员，对生产工人进行流程培训和现场实操考核，不合格的必须补考，合格后才能上岗操作。同时质检部长必须对自己的质检员进行培训，并在现场提出各种问题让质检员回答，以考核他们对质检标准的理解程度，不合格的必须补考，合格才能上岗操作。

各种关键设备和计量器具必须要经过认真的维护保养和校准后才能使用，如果设备达不到工艺要求，必须做好技改和调试，或者购置新的设备，因为设备也是影响质量的关键因素。

（3）i3，过程要做检查。质量是操作出来的，也是检查出来的，更是思想意识决定的。特别是新产品上生产线之前，质检部长、销售部长、生产部长应当对所有参加生产的人员进行质量意识教育，告诉大家客户对我们公司的希望，我们现在与客户期望的距离，以及我们的质量管理目标，让大家真正理解质量就是生命，质量就是金钱，质量就是饭碗。谁砸客户的饭碗，公司就会砸谁的饭碗，谁超越客户的期望，公司就会奖励谁。

检查分为原材料首检、首件检验、各工序过程检验、最终出厂检验，归口部门是质量管理部，其他部门必须无条件服从质量管理部的检查，质量管理部下达的整改单，必须严格执行，重新整改达标。对于不执行的部门或者岗位，质量部有一票否决权，不予检验通过，库管不予入库，对拒不执行者，质检部门可以开出罚单，对那些给机会不改进，给服务不接受，态度恶劣，性质严重的，要提议公司将其除名。

在整个质检体系中，生产操作岗位检查是岗位自检，班组长和生产部长属于上级检查，质检部对生产部的检查属于部门互检，如果有 COO（首席运营官）就是独立第三方检查，重点对月度计划中质量结果达成情况进行检查。最后是总经理检查，对产品质量是否被客户认可进行最后的确认，这就是我们常说的五级检查体系。

（4）i4，奖罚要及时。从绩效考核来讲，操作岗位员工最好是实行计件工资制，计件工资要求中质量是第一位的，如果质量不合格，时间和数量等于0。生产组长和生产经理、质检员和质检经理都要做绩效考核，关键绩效指标是一次性合格率。在某个关键月份，可以增加这项指标的权重，每月月报当中要进行汇报和自我评分。对于没有完成绩效指标的，要按照约定的权重扣除其一部分绩效工资，对于达到绩效指标的，要增加绩效工资和奖励。对于连续3个月超过公司规定的标准绩效，表现优秀的，要给质检部门和生产部门的管理者发"质量卓越奖"。

（5）i5，改进复制。质量改进是一个不断持续的过程，不仅要改进质量的各项参数指标，还要保证质量的稳定性和可靠性。随着新技术、新工艺、新材料、新设备的出现，质量管理也将进入数字化、自动化、智能化时代。如果长期出现质量问题，而且奖罚不起作用，我们就要进入改进程序。我们要学会改进的方法与工具，召开专题改进会，找到真原因，制定新措施，明确责任人，把改进计划与部门经理下个月的计划合二为一，再来一轮5i执行，直到产品品质达到设计要求并进入稳定状态。我们再做一些总结，形成一整套成熟的质量管理体系，然后不断复制。

总之，凡有果，必有因，质量出问题，一定有原因，解决问题的关键就是要找到真正的原因，把计划和结果纳入5i运营体系当中去管理，中间就会减少很多漏洞，通过运营体系的执行，能够持续改善并达到标准，而且这套质量管控模式还可以不断复制。

23. 管理闭环很重要，信息反馈很重要，那么在企业中该怎么应用呢？

【案例】出国前我布置了一件事，让技术部部长为客户提供一份技术解决方案，提交之前让我审核一下，但是过了好长时间也没有得到消息，我只好打电话给技术部部长，他说已经交给客户了，而且客户提了很多意见，他正在忙于修改，还没有得到客户的认可。我非常生气，有结果或者没结果，他都要告诉我一下，客户那边前期是我谈的，他又不了解情况，怎么能跟客户快速达成一致，我心里最有把握，他怎么可以擅自作主呢？类似这样有指令无反馈的情况，在我们公司特别普遍，我知道闭环管理很重要，信息反馈很重要，可具体如何应用呢？

【解答】这是一个典型的管理不闭环的案例，现代管理讲求信息对称，也就是一个指令发出去之后，无论经过多少环节，最后都要回到指令发出人那里。如果水平高一点，过程结果也要向指令发出人反馈，如果水平再高一点，整个过程节点必须要向所有相关参与人第一时间通报。但现实的情况是指令由

A发出，经过B、C，最后从D那里溜走了，A还在傻等，这就是管理不闭环。D完成之后应当向C汇报，C向B汇报，B向A汇报，或者D同时通报给A、B、C，当然B和C在执行过程中，也必须向所有相关方通报。如何做到闭环管理呢？

（1）指令者结果定义必须清楚。信息闭环的入口是发出的指令，这个指令必须非常清晰，有时间、有价值、可考核。比如不能说"你把技术方案做完了给我看"，而应该说"你在下周五之前把技术方案做完给我审批"；不能说"你去找某某经销商把代理合同谈一谈"，而应该说"你与某某经销商谈好，《合作协议》审批稿23日前交给我"；不能说"你应该招业务员了"，而应该说"我给你三周时间，招两名业务员上岗，我要看到他们的《劳动聘用合同》"。除非公司对某件事情的过程有详细的制度规定，否则指令必须非常清晰，不要寄希望于执行人会理解你的意图，其实多数情况下两个人的理解相差很多。

（2）执行者必须在重要过程节点做通报。什么时间通报呢？如果有制度规定，按制度规定的时间节点公告；如果有周报和月报，那么周报和月报本身就是汇报；如果有信息平台，要在信息平台实时在线公告。我们这里所说的通报，是上述三种情况之外的随机指令的过程反馈。

如果是短时间的工作，可以在最后完成时通报，一般指三天之内；如果是需要长时间完成的工作，那就要做过程节点通告，除非指令人有明确的要求，比如说要求执行人"天天向我汇报"。过程节点有两种判定情况，一种是固定的时间，一种是事态发展的重要节点，固定时间的过程节点通常以3天为准，事态发展的重要节点以流程中的判断性节点为准。比如，做好技术解决方案需要7天，可以每3天通报一次过程情况，或者在技术方案初稿起草完成、技术方案内部审核通过、技术方案与客户最后一次商讨修改稿、技术方案经客户签字确认4个过程结果完成时通报。再示范一个事态重要节点的汇报，比如招聘业务员的指令发出后，在招聘通知已经发出、初试3名已经完成、复试两名已经完成、劳动合同已经签好并公告4个节点发出。

通报必须是结果语言，要简明扼要，不绕弯子，要站在对方的角度，考虑对方对信息的全面性了解不多，所以要给指令发出人讲清楚。指令人问"技术解决方案完成了吗？"，错误的回答是"快了，您别着急"，正确的回答是"还有两天内部审核稿就完成了，会提交给您审批"；指令人问"业务员招聘了吗？"，错误的回答是"现在人不好招呀，再给我点时间"，正确的回答是"招聘信息已经上网两天了，合格简历还没有收到，如果再有两天上不来，我就花钱置顶，再没有我就换渠道，反正在 10 天之内一定要筛选出 3 个合格候选人"。

（3）遇到重大困难时，执行人可以申请"救援"。有些执行人知道什么时间反馈，也知道如何明确表达结果，但就是憋着不说，等到最后期限到了，被逼无奈时才说"我完不成了"。比如，技术方案中有一个参数搞不明白，憋了 3 天还是出不来，但就是不向别人说，自己心里非常清楚再耽误下去肯定完不成了，但就是不"求援"。直到最后领导问了，才不好意思地说，有个参数没有搞清楚……你遇到的难题，可能对别人来说就很容易，虽然我们提倡不给团队找麻烦，尽量独自解决问题，但是如果你的经验与能力不足以应付这项任务，为了保证结果，你还是要大胆地说出来，我们也好帮助你。

憋着不说，这是什么问题呢？是心理问题，是怕别人责备和嘲笑，不以大局为重，太顾及自己的面子。我们应当对这样的人进行心理疏导，告诉他遇到自己确实解决不了的问题，自我判断肯定完不成时，要大胆向别人"求援"，面子事小，误事事大。你说出来了，一是事情解决了，二是你学到本领了，你什么都没有损失。其实你说了什么，只有你自己在意，对于团队而言就是一个瞬间，别人根本就不在意，这个郁闷在你心里存了那么长时间，这不是自己找罪受吗？

德鲁克曾经说过，管理的本质是激发人的善意。当我们采取一个管理行为的时候，一定要从善意出发，所谓善意，就是要多站在别人的角度想问题，想别人之所想，急别人之所急。如果一个人有这样的善心，他就会经常想到应该把信息及时告诉牵挂的人，请他们放心，让他们安心，这就是一个人的职业道德，这就是一个人的善心。

24. 平级部门可以给其他部门下达命令吗?

【案例】我们企业是国企改制过来的,原来的"官本位"思想还比较严重,论资排辈,讲究级别,特别耽误事。一次生产部在执行工艺流程检查当中,发现技术部下发的工艺不适合生产,要求技术部进行改进,技术部认为生产部没有资格给他们下达整改命令,应该去上报总经理,由总经理来决定是否让技术部进行修改。于是就报到我这里,我到现场进行了实地调研,发现工艺图表确实有问题,就把技术部经理叫到现场进行核实,认为生产部的要求是对的,技术部这才同意重新修改。过后我找到技术部经理,他说自己知道生产部提出的要求是合理的,但是他觉得都是平级部门,凭什么他对我下达整改命令?请问平级部门能下达命令吗?

【解答】当然能,在我们日常运营管理当中,各部门之间配合协作完成一个结果,这是每天都在发生的管理行为,但是有些企业的部门职能界定不清晰,授权不明确,流程又不完善,导致部门之间合作会出现一些矛盾。通常大家的习惯是请示上级,由上级来发号施令,告诉这两个部门或者几个部门该怎么合作。请示上级越多,运营效率就会越低。问题出现了,部门都是平级的,能不能给别的部门下命令呢?答案是可以的。

(1)谁是客户谁就有权利下达命令,但必须符合共同的规则。部门之间是互为客户关系的,我们称之为"内部客户"。关键是在执行过程中,搞清楚谁是谁的客户。比如说销售给生产下任务就是一个命令,当然生产要做订单评审,如果评审通过,就必须坚决执行。再比如生产给采购下任务又是一个命令,采购当然需要审核,如果审核通过,也必须坚决执行。因此,从销售和生产来讲,销售是客户,从生产和采购来讲,生产是客户。谁是客户,谁就有权力发布命令。

那么,其中的生产评审和采购审核,是不是可以拒绝和修改呢?当然是可以的,但这不能凭个人的主观意见,而是靠公司的规则。比如生产发现销售与客户的意向合同不合理,依据我们的产能,应当是10天的订单,销售却定了

7天，这时生产有权力要求销售与客户重新讨论订单，保证质量和交期就是公司的规则。这个规则需要我们在流程执行中严格遵守，这就是订单评审过程，通常第一步是销售与客户达成意向订单，第二步是生产部评审订单，第三步是销售部与客户最终签约，第四步是销售给生产下订单。从这个过程来看，销售部与生产部其实是互为客户的，只不过在谈订单时，销售部应当把生产部当成客户，在执行订单时，生产部要把销售部当成客户。

（2）谁是归口谁可以下命令，但必须为参与部门创造条件。所谓归口管理，就是部门之间在完成一项工作的过程当中，有一个部门负总责，这个部门就叫归口部门。比如说客户对质量投诉了，我们公司可以规定由客服部来做归口部门，那么涉及谁进行整改，必须要听从客服的命令。任何部门不能以自己部门工作忙而不予配合，甚至要放下本部门的工作去完成整改，最后由客服部向总经理汇报整改达标的结果。在这个过程中，客服部也必须把参与整改的部门当成客户，要做好准备，为他们解决问题创造一切必要的条件，以避免耽误其他部门的工作。比如要准备充分的资料，把客户对我们的质量投诉展示出来，如果要开改进会，必须提前发出会议通知，公布会议议程，提前传递会议资料，让大家明确问题、看到资料、做好准备，这样会议效率才会更高。

（3）制度说了算，原则说了算。生产当然可以给采购下达采购命令，但是如果你今天想用，就马上让采购部去采购，那采购部可能是来不及的，所以要按照两个部门约定的采购制度，明确采购的数量、品种、规格、品牌和交货时间，以及提交计划的提前时间，确保采购部一次性审核通过，这就是按照制度执行。

不能说，我是客户，我想怎么干就怎么干，一切由制度说了算，没有制度我们可以建立和完善制度，或者由原则说了算。有人说原则是空的，其实不是这样的，比如说"以客户为中心"的原则，比如说"质量第一"的原则等。

比如生产部说订单需要10天，而销售说必须7天，如果我们要求10天，客户就不会给我们下单。出现这样的冲突怎么办？好像大家都在以"客户为中心"，其实是大家对什么是以"客户为中心"的理念认识不一致。公司的原则很清楚，不是客户所有的要求我们都要满足，如果满足客户的要求后，公司没有利润或者违背公司高品质的战略思想，宁可单子不做，也不能违背我们的原则，这就是原则说了算。

同时我们也要给客户讲清道理，我们公司的宗旨是质量第一，你们也是质量第一，所以我们两家的理念是一致的。如果要速度可以，但是我保证不了质量，请问我们可以讨论降低质量标准吗？客户同意就合作，不同意就不合作，在原则问题上不让步。即便这个客户最后不合作了，也未必不是一件好事，我们可以把精力放到高端客户上，倒逼我们开发更好的客户，创造更好的利润。当然，如果客户同意 10 天，说明我们在质量理念上是一致的，我们就是长期战略合作伙伴。

25. 我们财务部要求其他部门上报统计报表，但是他们都说太忙，不理睬怎么办？

【案例】我们财务每月 5 日之前要做业务数据统计，包括生产数据、销售数据、采购数据、人力数据等，但是有些部门经常晚交，甚至不交，我们也只能不断督促，实在等不了了，就向总经理报告，由总经理下达命令，他们才能交。这不是长久之策，我们应当怎么办呢？

【解答】先礼后兵。先礼，就是财务部门要做好我们该做的服务，为能够及时准确地上报报表创造一切条件；后兵，就是当服务做到位的时候，依然有人不执行，就要采取强制手段。因为这类现象不仅存在于财务部，我们所有的管理职能部门在向其他部门索取统计信息或者文件的时候，都会或多或少出现类似的情况。这与我们管理团队的职业素养不够有关系，对什么叫"服务就是管理"，什么叫"自利利他"，什么叫"为其他部门服务就是本职工作"等这些最基本的职业理念理解不深。

（1）财务部要先礼后兵。先礼，就是为各部门及时准确提供报表创造一切条件，做好服务。要提前下发统计报表的模板，并且事前要征求各部门对模板的意见，做到简单、实用、有效。为什么有些部门不愿意上报？有可能是因为报表设计得太复杂，有些信息没必要填写，比如销售报表当中，上报销售额及销售成本费用就可以了，不一定要有毛利率，毛利率是财务部算的，不是销售部算的，不要把麻烦留给上报报表的部门。

对于有些难度的报表，财务部要给各部门的经理和统计人员进行专门的培训，现场做讲解、做示范、讲意义、定规则。在培训当中最关键的有两点，一是通俗讲解，二是做个示范样板，让各部门真懂真会才行。如果是新表或者是新人，财务部要把服务做到极致，手把手教会各部门做出第一份合格的报表。无论是在现场，还是在线上，都要做好辅导，我已经帮助到家了，你不按时交，不保证报表质量，你都不好意思。

后兵，就是财务部要制定报表管理的规定，重点是要制定好处罚规则。晚交一天，部门经理要自罚多少，如果限期到了依然不交，财务部有权不给他们做预算，不给他们经费，原因很简单，财务统计数字不报上来就无法做预算和支付。当然这些规章制度要与部门经理讲清楚，达成共识，双方签字。说了就要去做，要真正兑现处罚，要公开曝光，不然制度就没有严肃性。虽然这不是最好的方法，但是在被逼无奈的时候，有方法总比没有方法好，而且实践证明这个方法是有效的。

（2）上报的部门要懂得"自利利他"。提交报表的部门要懂得，按时上交合格的报表不是配合财务部的工作，不是额外的工作，这就是我们的本职工作。所以，没有时间都是借口，内心当中都认为这是别的部门的工作，跟我没有关系，或者属于次要的工作，我们部门的工作才是最重要的……其实这些都是职业素养不高的表现，不懂得"自利利他"的道理。人的本性都是自私的，都是为自己的利益着想，公司部门也一样，都把自己的利益放在第一位，但是如何才能得到自己的利益呢？这才是问题的关键。一种获取利益的方式是损害他人的利益，不择手段，最后的结局也会毁掉自己；另一种获取利益的方式是成就别人，最终也是成就自己。生产部如果不上交原料损耗统计报表，我们如何去定义产品成本，如果产品成本定义不下来，销售如何向客户精准报价，如果报价不精准，公司亏损了，大家的利益都会受损。这些道理好像是常识，但是现实中我们往往忘记了常识。

我们的部门领导和统计人员，都要好好想一想，为什么要上交报表？跟我有什么关系？对我有什么好处？把这些事情想通了，才能积极准确上交报表，公司的财务统计工作和核算工作才能正常进行。

26. 采购的价格总是高于市场价格，也没有证据说明采购有问题，该怎么办？

【案例】我们是生产智能机床的企业，要采购的原料、辅料、配件、包装物等有200多种，有些采购物品市场价格波动非常大，而且我们的采购价格经常比市场价格要高，我们也没有证据说采购有问题，但是如此下去，我们就会失去价格优势，该怎么办？

【解答】供应商选择、信息透明化、合理库存、分类授权采购、产业链上移是采购管理当中最重要的5个比较常见的管理方法，当然如果我们的管控机制出了问题，采购员法制意识不强，就会出现行贿、受贿等违法现象。因为不同的行业，不同的企业，采购业务是不一样的，在采购中的话语权也不一样，所以只能提供以下几个建议。

（1）与供应商约定价格及失约补偿。对于大宗采购，比如说原料，必须要选择3家以上大供应商，同时跟供应商签订采购合同时，要约定最优原则，如果出现高于市场价格的情况，要给予我们差价补偿。如果在同一时间内，同样的数量、规格、质量等条件下，有证据证明供应商的价格高于其他厂家，那么供应商要补给我们差价。当然这种情况比较适合大买家，因为大买家有比较高的话语权。

（2）信息透明化。要充分利用专业采购网站、公司招标网站等信息平台，让价格能够透明、真实、准确、及时地反映在公众监督之下。如果我们公司采购量很大，可以将采购招标信息发布在公司的网站上，并且让供应商在公司网站随时报价。我们的招标信息不仅包括需要采购标的物的数量、规格、质量、价格等，还要包括到货时间以及各项费用的细则规定。各供应商的报价信息在公司网站后台能够随时看见，可以授权相关岗位共同监督，包括总经理、采购经理、财务经理三方监督。

（3）合理库存，降低成本。合理库存的作用，一是稳妥应对突发事件，比如突然增加订单，二是起到降低成本的作用。特别是一些价格浮动比较大的大宗物资，需要我们精准判断价格的涨跌规律，在低价时买入作为适当库存，在市场价格高的时候，我们的成本也会一如既往地得到控制，这样我们的产品价格与同行相比就具备了比较强的竞争力。

（4）分类授权。所谓分类授权主要是两个方面，一是合作部门之间的采购权划分，二是公司与采购部的采购权力划分。比如说采购部负责大宗采购，生产部负责零星采购，列出采购清单和采购权力划分表，这样既可以控制大宗采购的成本，也会满足生产的临时需要，当然零星采购也必须要货比三家，有指导价格，不能随便采购。再比如说公司招标小组出面与大供应商签订年度采购合同，将采购价格动态管理规则商议清楚，并把价格锁死。这样采购决定权归公司，采购部门只有经办权，即使一些零星采购出现价格浮动，也不会对公司整体成本产生决定性影响。

（5）产业链上移。有条件的企业依据公司的发展战略，可以考虑将产业链上移，也就是我们自己生产原材料，替代供应商，这样不仅价格可控，交期和质量也可以保障。当然这需要大量的资金投入、专业化运作，以及公司长期发展规划等，各种要素考虑周全之后，才能做出重大决策，不是一般企业都可以采用的通行做法。

我们要用机制遏制人性的弱点，就是不给别人犯错误的机会，最愚蠢的做法就是天天猜测别人会不会犯错误，但是又拿不出证据。如果有证据证明采购拿回扣，你就立即报警，如果没有证据，就要在制度和措施上下功夫。

27. 老板经常参加会议正常吗？公司到底有几种会议？

【案例】我们公司几乎天天开会，除了例行的周会、月会、季度会之外，生产调度会、营销分析会、质量改进会、图纸审定会、招聘面试会、员工座谈会、财务预算会、采购评审会、培训会、生日会……而且多数会议是老板召集的，好像不开会，公司就运转不了。如果开会效率高还行，但是往往效率很低，开而无效，议而无果。有些会与我们无关也要参加，我们中层一天工作很忙，开会时往往是"身在会场，心在现场"。请问老板经常开会正常吗？公司到底有几种会议？

【解答】不正常，因为缺乏"自运营"管理体系，所以导致会议多。由于缺乏职能划分，缺乏管理流程，缺乏第三方监督，公司没有体系化运行，所以只能依靠老板开会来安排、调度、指挥、决策，本质上是老板代替了中层，会议代替了体系，是典型的低效率管理的表现。

会议是一种信息共享、民主决策的好形式，是一种有效的运营管理手段，公司运行没有会议不行，但是像你们公司这样什么会议都由老板召集，而且开会那么频繁，就不正常了。

在运营管理体系中通常有六种会议，周质询会、月质询会、季度经营分析会、年中总结会、年度战略会，每月最多两次专题改进会，这些会议都是公司级会议，需要总经理参加。除此之外还有部门级会议，一种是部门内部的会议，比如班前会、业务研讨会、员工培训会等，另一种是由归口部门组织相关各部门参加的专题研讨会，比如质量标准研讨会、采购流程审定会。这些部门级会议的结果最后报给老板，让老板知道或者决策就行了，不需要老板召集，更不需要老板参加。

（1）把会议分为公司级、部门级两类，老板只参加公司级会议。由行政办负责做一个《会议管理制度》，把公司会议分类，哪些会议是公司级会议，哪些会议是部门级会议；哪些会议是常规性会议，哪些会议是临时性会议；哪些会议由老板召集和主持，哪些会议由部门经理召集和主持。列出一张会议分类表，让各部门经理和老板看一看这样划分是否正确。在制度中要规定一些通用的会议组织流程和办法，包括会场预约、会前通知、资料下发、会场布置、会议议程、会议主持、讨论规则、现场记录、结果会签与呈报，提高开会的规范性和有效性。当我们把会议分类之后，就会惊喜地发现，其实老板要召集和参加的会议并不多，这样会议的次数就会大大减少。

（2）建立立体化运营体系，依靠体系运行公司，减少不必要的会议。老板过多地召集会议和参加会议，其根本原因一是工作习惯，二是不安全感。所谓习惯，就是老板认为开会是非常有效的管理手段，这一套方法用顺手了，又不懂得其他管理方式和体系化运营的效能，所以一直沿用至今。所谓不安全感就是担心由于信息闭塞，自己无法知道事情的进展，从而产生恐惧情绪。

了解信息，解决问题，不一定非要见面。老板要善于接受新的观念，用体系化建设推动公司运行，利用信息化手段了解企业的状况，把更多的精力不是放在开会上，而是放在信息综合分析上，放在重大问题决策上。

这一套体系就是运营管理体系，纵向、横向和监督构成三维立体结构。纵向就是部门职能和岗位职责要划分清楚，横向就是不同部门之间、岗位之间的工作流程，监督就是公司的检查体系。5i运营管理体系中，纵向是i1，横向是i2，监督是i3，如果再加上奖罚i4和改进i5，我们的运营体系就健全了，经过训练企业慢慢就会走向"自运营"，走向依靠体系管理公司的新时代。

（3）利用信息化工具，即时沟通与决策，减少见面式会议。我们已经进入信息化时代，信息平台更加多样化，信息工具更加智能化，许多会议不再需要面对面，而是随时可以沟通，随时可以开会，随时可以决策。信息平台包括微信群、QQ群、多媒体视频会议系统、远程电视会议系统等，无论我们的干部身在何处，只要提前通知，约定好会议的议题、议程和时间，提前发放资料，就可以随时随地通过网络平台开会，而且效率高、效果好。

28. 公司总部没有运营管理体系，我们部门自己建行不行？

【案例】我们公司有总部，下设9个部门，3个事业部，我是其中一个事业部的总经理，事业部独立核算，销售、采购、研发放在公司总部统一管理。我参加了5i运营管理系统的学习，感觉非常好，非常适合我们事业部的管理实际，我也相信会大大提升我们事业部的效率，但是总部领导没有学习过，公司总部也没有上运营体系，请问我们自己部门独立运行体系行不行？

【解答】行，但是会受到一些制约。5i运营管理体系主要分为一级5i和二级5i，一级5i是公司级运营体系，二级5i是部门级运营体系。如果一家公司推行5i管理系统，应当先做公司级5i运营体系，再做部门级5i运营体系。导入系统，改变思维，改变习惯，这无疑是一场变革，而大部分管理变革都是自上而下的，这样的变革才能成功。你先学习了，先在部门推广尝试是值得鼓励的，也是可行的，当然由于上下体系不衔接、不匹配，一定会制约你的体系推进，不过先做一个样板出来，给总部看一看，也不失为尝试的一个目的。

（1）上下5i对接，体系才能打通。我们在给集团化公司进行5i运营体系咨询的时候，都是先做总部各部门，再做下设的子公司、事业部或项目部，这样上下对接，体系才能打通。因为集团总部对下属子公司的职能定位是决策、监督、服务，总部各部门之间的职能划分、岗位职责定位、绩效指标考核，以及各项工作流程的设计、监督、考核和改进，都会对下属子公司、事业部产生重大影响。比如月度质询会应当事先由事业部开，然后再到集团去开，如果集团不开，或者时间对不上，那么事业部的工作计划就无法得到集团的审批。再比如事业部的一些工作流程与集团总部各部门的参与度就有关系，如果事业部设计好了流程，准备按照流程操作，但是涉及集团时，总部对此没有概念，依然是人治，依然是靠人协调，势必在思想方法和做事方式上产生冲突，最后导致事业部流程化进程受阻。如果总部先5i化了，再往下延伸就会顺利很多。

（2）拉着总部一块练，事业部可以闭环。如果从事业部开始导入和训练5i机制，那么就要得到总部的认同，授权事业部总经理可以调动与其工作相关的集团部门经理参加训练。总部这些部门，在参加事业部运行体系训练时，应当被视为事业部的部门，应当归事业部总经理调配。比如在召开月度质询会时，总部与事业部有关系的财务、采购、销售、技术4个部门的领导，也要以事业部经理的身份做月度汇报，加上事业部原有的行政人事、生产、品质、仓储物流等部门，形成了事业部内部的运营管理闭环。

（3）做个榜样给总部看，实践可以证明一切。我在上课的时候，经常发现一些高管是自费来上课的，我问为什么老板不给你们出钱，他们会一脸的苦笑。这说明什么呢？说明老板对学习、对管理，只是口头重视，实际上根本不重视，但我们高管的表现非常优秀，你出钱更好，你不出钱我自己出，我把我的部门做好，我把我的能力提升上去，这是非常有独立人格的做法。

总部不改，部门改，总部不动，部门动，这个过程一定会出现不协调、不顺畅，甚至不理解的现象。部门经理不要为之所动，坚定不移地贯彻执行5i运营体系，用实际行动和不可否认的事实，来向总部和其他部门证明，上体系和不上体系有很大不同。最好的结果就是可以说服总部学习和执行5i运营管理体系，然后各部门再随之跟进，公司上下努力，5i体系会快速落地。可以接受的结果是部门内部实行5i，也会实现效率提升和业绩提高。当然作为部门经理，通过学习与实践，自己的能力得到了提高，视野得到了开拓，对自己的职业生涯也是一件好事。

29. "阿米巴模式"是运营模式吗？适合所有公司吗？

【案例】我们公司学习和导入了阿米巴模式，已经有两年了，应当说起到了一定的积极作用，比不导入的时候强了许多。但是我们在实践当中也发现了几个问题，比如我们的内部核算无法量化和精准，"巴"之间议价比较困难，大家非常计较，甚至算小账不算大账，让"巴长"分配利益给下属也出现了不公平的现象，而且实用会计制度和我们的会计制度是两套体系，有些数据对不上，请问阿米巴是运营模式吗？适用所有公司吗？导入时应该注意什么呢？

【解答】阿米巴是一种变形虫，比喻为公司内部最小的核算部门。阿米巴经营模式是日本"经营之圣"稻盛和夫先生创造和发明的管理模式，它以"敬天爱人"为管理哲学，以"人人成为经营者"为目的，以"提高心性，拓展经营"为原则，把公司内部划成若干"小巴"，以实用会计制度为工具，实行"小巴"之间内部议价，独立核算，用"小巴"利益最大化实现公司利益最大化。阿米巴模式是运营模式，而且是非常高级的运营模式，但它并不适合所有的企业，特别是心性不高、管理较弱的中国成长型的企业。

（1）"阿米巴"要求玻璃般透明的经营。稻盛和夫先生强调的经营理念之一就是像"玻璃般透明的经营"，既然是各个"小巴"之间实行内部核算和交易，那么公司所有的财务数据必须是真实而透明的，比如销售向生产购买产品，他们之间要进行议价，那么生产的成本是多少？销售的成本是多少？公司的利润是多少？所有人都应该非常清楚。但是在某些企业财务是不透明的，也不便于透明，所以"像玻璃般透明的经营"很难普遍实行。如果拍脑袋做决策，数据不精准，那么我们的"阿米巴"就失去了实际意义。

（2）"阿米巴"是一种心性修炼的方式。阿米巴强调各"巴"之间进行内部核算和议价，包括行政部、人事部、财务部，所有的部门都应该成为利润中心。但是双方如何议定价格呢？对方是否愿意支付这个价格？这在中国企业比较难。比如行政部管理公司会议室，各部门要使用会议室就必须要交租金，请问各部门是否愿意支付这个费用？再比如，人力资源部为技术部招聘员工，请问招一个人需要多少费用，双方怎么议价？

阿米巴同时还强调部门核算出来的利润不能与员工的收益挂钩，也就是说各个"小巴"挣了多少钱都是账上的数字，不能拿出一部分作为员工绩效奖金来分配。在中国的企业，如果核算之后的利润不能跟员工的收益挂钩，员工就不会有积极性执行这个系统。

我们还是没有搞懂"阿米巴"到底是什么，其实稻盛和夫先生已经说得很清楚了，"阿米巴"是一套心性修炼的道法，而不只是一种管理方式，更不与员工利益挂钩。修炼什么心性呢？就是稻盛哲学，就是"敬天爱人"，就是"自利利他"，就是"六项精进"，就是稻盛合夫先生所说的"活法"，希望大家有时间好好读读稻盛合夫先生的专著，了解他的传奇人生，从中体会他精彩而深邃的思想。

（3）打好管理与文化基础，再上"阿米巴"。什么时候才适合导入"阿米巴"呢？一是基础管理做好，二是心性得到提升。所谓基础打好，就是我们企业的战略、人力资源、财务、运营等最基础的管理要做好，如果一家公司部门职能、岗位职责、考核指标都不清晰，薪酬绩效考核制度都没有，基础的统计工作都做不好，计划与目标管理都缺乏体系，也就是说管理基础太差的时候，就不要先上"阿米巴"。要先沉下心来，做好基础的运营管理系统，修炼几年等时机成熟了再说。所谓心性提升，就是员工要具备为客户着想的职业道德、认真敬业的工作态度、互利共赢的契约精神，把工作当成一场生命的修行。目前大多数中国公司还处于亲情文化阶段，有些公司正在转向执行文化，还没有达到职业文化，更没有达到智慧文化，稻盛合夫先生的文化是智慧文化，是和谐文化，是很高层次的人生境界。

30. 内部股份制实施以后，持股员工能否像老板一样工作？

【案例】我们是一家路桥施工企业，也做一些小型房地产开发，公司已经有近18年历史了，许多老员工跟我奋斗了十几年，为公司的创业和发展立下了汗马功劳。目前公司效益不好不坏，老员工的奋斗热情也不如从前了，我总感觉公司缺乏活力，有些人建议我在内部搞股份制，这样让员工成为股东，他们就会像老板一样工作。我看到身边的一些朋友，他们实行了内部股份制，最初大家积极性挺高，但是过了一段时间，积极性并没有提高，甚至有些股东的分红比工资还高，他们更不像以前那样奋斗了。所以，我一直在犹豫，到底搞不搞股份制？实行股份制之后，员工能不能真的像我一样工作？

【解答】内部股权激励是一种非常好的激励形式，如果员工成为股东，他们能够把公司当成自己的企业，自觉工作，独立承担，可以保持公司可持续发展。同时股权激励还可以帮助企业留住人才，解放老板，提升员工的自豪感，如果未来公司上市，原始股东也会获得巨大的财富。实行内部股权激励体现了老板的胸怀，让奋斗者与老板一起共享公司经营的成果，如果说运营的最高境界是"自运营"，那么"自运营"的最高境界就是股权激励，人人成为公司的老板，人人为公司的目标而奋斗。但是在现实当中，许多民营企业没有搞清股权激励的本质，不具备股权激励的条件，操作方法也不得当，匆匆实行之后并没有达到预期的效果，甚至还不如从前。那么如何做好内部股权激励呢？我给大家一些建议。

（1）内部股权激励是二次创业的开始。内部股权激励实施之前，首先要把我们的目的搞清楚，有的企业把留住人才作为目的，有的企业把犒劳老员工作为目的，其实这都是偏离了内部股权激励的初衷。内部股权激励的根本目的是通过员工入股成为股东，共担风险，共享利益，共同奋斗，是公司二次创业的开始。有的企业把股权激励作为"金手铐"留住人才，其实利益是永远留不住人才的，股东的身份也留不住人才，因为总有人比你出的价码更高，如果心不在，人就会不在。有的企业通过内部股份制来回报那些多年奋斗的老员工，让他们多挣一些钱，回报老员工会有很多方式，甚至可以帮他们投商业养老保险，解决他们的后顾之忧，但不一定成为股东，因为股东是要参与决策、承担风险的。股东在享受股份分红的同时，一定要承担公司的最终风险，只讲收益、不讲风险的股份制是不可能成功的。

（2）价值观一致、独当一面、真正出资的员工才能成为股东。什么样的人有资格成为股东，不是在公司里职位高的人，也不是在公司里工作时间长的人，更不是跟老板私人关系好的人，而是要具备三个基本条件。第一，价值观必须一致，就是大家有共同的事业心，把公司的事业当成自己的事业，当个人的利益与公司的利益出现矛盾的时候，能够以公司的利益为重，把自己的命运与公司的命运联系在一起。如何检验一个人的价值观呢？老板可以向入股的员工提出一个要求，入股之后 3 年之内不分红，请问你是否愿意？第二，必须有独当一面的能力，要么是管理高手，要么是技术高手，要么是业务高手，不能成为股东后无法分担老板的工作，这样的股东是没有任何意义的。第三，必须真实出资，最好不要送干股，除非这个人为公司做出过非常卓越的贡献，公司当时没有给他们相应的回报，那么这些贡献可以折成一部分股份。如果员工出资有困难，公司可以采取借资入股，或者公司赠一部分干股，自己出一部分资金，也就是配股。总之要真正拿出资金，因为道理很简单，只有付出才能珍惜。

（3）公司效益好或者预期前景好是前提。有些公司经济效益不好，或者处于下坡阶段，寄希望于员工入股，吸引一部分资金以帮助公司解决现金流问题，或者让大家投进来，捆绑在一起，共同面对困境，这样的愿望通常实现不了。如果员工都看不到企业的未来和希望，他们怎么可能心甘情愿地入股呢？所以内部股权激励有两个前提，一是公司业绩很好并呈现出不断上升的趋势，大家对此充满了信心。二是公司的发展前景非常好，特别是一些高科技公司，具有精准的战略定位、很强的技术优势和独特的商业模式，即便有很大的风险，但是一旦成功将有很大的回报，那么大家也会很愿意投资。

（4）必须设计好决策机制和进退机制。在正常情况下，股东同股同权，也就是说股东依据股权多少行使表决权，有些公司实行内部股份制之后，由于股东过多，人多嘴杂，说法不一，决策速度变慢，甚至会出现错误的决策。有的公司决策机制是同股不同权，也就是说一部分股东只有股没有权，可以享受股份分红，可以提出决策建议，但是没有决策权。真正的实际控制人可能股份不一定占多数，但是具有绝对的决策权，以保证决策的高效和正确。

还有非常重要的是进退机制，就是有进有出，成为股东的条件比较好确定，但是很多公司没有制定退出的条件，或者比较模糊，一旦某些股东严重损害公司利益，没有制度加以约束，就会出现"请神容易送神难"的尴尬局面。什么叫严重损害公司的利益？这需要非常明确的规定，比如私自利用公司的技术或客户资源为自己谋取商业利益；利用手中的职权行贿受贿；拉帮结派，搞小团伙，故意对抗公司的指令和规章制度；弄虚作假，虚报瞒报，骗取公司财物；玩忽职守，不负责任，给公司造成了重大经济损失和名誉损失；不思进取，毫不作为，长期完不成公司业绩，不愿意改进或者多次改进没有效果的……

这些决策机制和进退规定，要结合公司的情况尽量细化，并写入《股东协议》或者《股东章程》，经过股东们充分讨论，达成一致，签字生效。

内部股权激励机制是一件好事，要把好事办好，就需要细致认真地研究和充分讨论，以避免事后出现问题再去解决，就会产生内耗，甚至会影响公司的健康发展。

文化篇

1. 什么是生活文化，什么是企业文化，给员工过生日是不是企业文化？

【案例】过去我们是一家小型贸易公司，每当员工过生日的时候，公司都要为他们举行一个生日聚会，这已经成为大家非常喜欢的传统。但是现在我们已经有几百人了，变成一家技术创新型企业，很多大学生、科技人员等高层次人才加盟了公司，我们再给员工过生日的时候，有些同事说这是"小儿科"，公司应该倡导一些更高层次的企业文化，请问给员工过生日不是企业文化吗？

【解答】给员工过生日是文化，但不是企业文化。过生日主要是体现了一种人文关怀，比不给员工过生日要好得多，但这是生活文化，是社会文化，而不是企业文化。那么什么是生活文化？什么是企业文化？他们之间又有什么区别呢？

（1）生活文化与企业文化有重叠，更有不同。企业文化，从外在的表现来讲，是企业的愿景、使命和价值观；从内在修炼来说，是根植于内心的职业修养，无需提醒的执行自觉，以制度约束为前提的自由，为合作伙伴着想的善良。生活文化和企业文化有共同的地方，比如善良、正直、勤奋、智慧，无论是生活中的人，还是企业中的人，都应该具备这些美德。但是生活文化与企业文化又有许多不同，正像我们所说的一样，好人不一定是好员工，好人就是人品好，但是好员工不仅要人品好，还要有能力，能够给公司和自己创造业绩。生活文化和企业文化追求的目的不一样，生活追求的主题是健康和快乐，而企业追求的主题是效率和利润；生活中，人与人之间的关系是亲情、友情和爱情，而企业中，人与人之间的关系是利益、合作、共赢、契约，因此生活文化和企业文化具有明显不同。

如何给员工过生日呢？从文化的角度来看，员工具有自然生命，也有职业生命。比如某位员工26岁了，我们给他过26岁生日，这是庆祝他的自然生命，这就是生活文化。如果以员工入职转正做为职业生命的开始，这个员工入职1

年，就是 1 岁了，这一天我们给他过一周岁的"生日"，就是为他庆祝职业生命，这就是企业文化。

（2）由于历史原因，造成我们不自觉地将生活文化当成了企业文化。在世界工业革命和商业文明发展的时候，中国还是一个封建社会，从某种意义上讲，中国是一个没有经历过工业革命的国家，改革开放以后，中国才逐渐接受了现代商业文明，客户第一、契约精神、互利共赢、规则意识、法制思想等才刚刚被企业所认知和接受。所以，大多数企业没有接受过商业文化与企业精神的洗礼，不知道什么是企业文化，不自觉地把生活文化当成企业文化。比如许多企业把公司称之为"家"，把员工称之为"亲"，其实公司的本质不是家，公司是以赢利为目的的商业组织，是价值交换的平台，是员工成长的舞台，公司不是以情感为纽带而凝聚人心的，公司是以共同利益和价值观为纽带而凝聚人心的。这是历史原因造成的，所以我们要正视现实、改变现实，把生活文化中合理的部分保留下来，重新塑造我们的商业文化和企业文化，补上商业文明这一课，只有这样，中国的企业才会可持续发展，才会与世界同行。

（3）在企业不同的发展时期，企业文化的主题是不一样的。从一般的规律上讲，企业在初创期是以亲情文化为主，在发展期是以执行文化为主，在成熟期是以职业文化为主，成为标杆企业后是以和谐文化为主。亲情文化的特征是讲感情、讲义气，甚至有一些江湖文化，这些文化在创业期是有作用的，可以快速凝聚人心，减少创业期间相互信任的成本。在创业团队中，很多都是家人、同学、朋友、熟人，没有什么老板和下属，也没有什么利益与规则，大家一心为了生存而战。企业渡过了生存期，进入到了发展期，规模大了，人员多了，组织架构成型了，产品和服务也成熟了，这时再讲亲情就会阻碍公司的发展，而应当以执行文化为主题，执行文化强调结果导向、契约精神、互利共赢。现在大部分民营企业，已经意识到自己的文化问题，正在从亲情文化向执行文化过渡，将来还会有更多的企业进入职业文化和和谐文化的层次。

（4）生活文化与企业文化有很大的不同。生活文化可以以自我为中心，企业文化必须以客户为中心。比如我是一个厨师，我特别喜欢咸辣的口味，平时自己在家里，我可以用自己喜欢的口味炒菜。我工作的餐厅是一家主打淮扬菜的餐厅，我到了工作岗位，就必须按照公司的菜谱去炒菜，不能以自己的口味为主，否则会砸了公司的牌子。比如我是一个卖食品的营业员，就不能涂指甲油，因为这有可能污染食品，或者客户看到会不舒服。如果今天你放假，跟亲友去聚会，那么你随便指涂甲油，自己认为怎么漂亮就怎么打扮，那是你的自由。

生活文化讲友情和亲情，企业文化讲利益和规则。比如你的弟弟向你借30万元买房子，你可以不打借条，甚至告诉他，有钱就还，没钱就当我送你了，这就是亲情。但是在企业中，你和弟弟都是股东，你弟弟向公司借钱就必须经过所有股东同意，然后打借条，必须写清还款日期，到了期限归还公司，并按照银行同期贷款利率计算利息，这就是讲利益、讲规则。

在生活文化中遇事商量，在企业文化中按制度办事。生活中遇到了事情，亲人之间要好好商量，生活中出现了矛盾，要相互理解，相互忍让，不一定非要争论出谁对谁错，家里是讲爱的地方，不是讲理的地方，讲理就会打架。公司中出现问题，就要按照规章制度办，没有制度就要按照原则办，如果原则不清，就要讲公理。比如老公是董事长，太太是财务部长，那么在家是亲人，在公司就是职务。在家里，太太可以管钱，可以说了算，但是公司的财务审批由董事长说了算，不能出现董事长批准了某项费用，到了财务部长那里不同意，这就是家里家外分不清了。第一讲制度，按照权限，财务只有审核权，没有审批权，审批权归董事长；第二讲原则，原则就是谁签字谁负责，责权统一就是企业管理的原则；第三讲公理，投资与回报并存，收益与风险共担，董事长是股东的代表，他行使财务审批权就是为股东负责，其他人无权干涉。

我们正处在一个文化复兴的新时代，既要继承中华民族优秀的传统文化，又要吸取西方现代商业文明中的精髓，树立以客户为中心、结果导向、互利共赢、契约精神为核心的企业文化，以强大的文化力量，支持企业向正规化、国际化、可持续的方向发展。

2. 有意见也不提，有错误也不纠，还说团队要和谐，这种做法对吗？

【案例】我们团队是刚刚组建的，由于公司发展迅速，我招聘了许多优秀的人才，但是现在出现了一些新的情况，大家都到我这来反映问题，让我出面去协调内部矛盾和关系，我就感到比较累。我问这些中层，为什么你们不满意的地方不直接去说？他们说大家工作都不容易，出了错误不提也罢，免得大家伤了和气，你是老板就应该出面。就在前几天，生产部长向我反映，技术部的图纸经常出错，让他们修改，但是技术部说很忙，生产部就不好意思再催了；采购部的计划执行也经常延期，生产部也感到非常为难，如果说多了，采购部长认为不理解他们的工作难处，说少了就会影响生产进度。我们公司开会的时候，我说你们都要提意见啊，但是他们会上不说，还是私下让我出面协调，说团队要和谐。

【解答】一家刚刚组建的团队，成员来自四面八方，来自不同的企业，带着原有的文化和思维方式，走到一起之后难免会有一段观望期和磨合期，这时候老板非常关键，要旗帜鲜明地提出自己的文化主张，要告诉大家，和气不等于和谐，有问题必须提出，不提倡私下讨论，要对事不对人，一切以客户为中心。老板自己要先搞清楚，我们需要什么文化。

（1）和气掩盖矛盾，和谐解决问题。同事之间相处，应该和气说话、文明礼貌，不要轻易发火，相互平等尊重，有事好好商量，这种和气是需要的，但是如果我们大家都很客气，都去回避问题，不能相互配合或者制约，不面对面地解决实际问题，公司的利益和客户的利益就会受到损失，这不符合企业的价值观。如果和气是对少数不负责任的人给予宽恕，那就是对错误进行纵容，对大部分遵守规则的人来说是不公平的，这种和气还是不要为好。比如案例当中所说的技术部图纸不合格，生产部还不敢提出意见，找老板出面摆平，这实际上是不愿意"得罪"对方，那么接下来生产部延期交货就会损害公司的绩效和员工的收入，最后损害与客户的互信，公司利益也会受到损失。正确的思想认识是"生产部就是技术部的客户"，技术部应该清楚提供图纸就是为生产部服务，生产部是我的客户，如果图纸出现问题，应该立即修订，现场验证，保证生产如期进行。

这时候老板就要出面，将生产部的月计划和技术部的月计划都在公司的月度质询会上亮出来，相互质询，确定时间，制定标准，明确交验手续和图表，既不主张向老板单独汇报，也不鼓励私下议论，用公开的方式、正规的手段，合理地解决相互配合问题。这样，既相互制约，又相互协作，在对立统一当中寻求平衡，从而提升团队的执行效率，满足客户的需求，这才是最科学的做法。

（2）口气要和蔼，态度要坚决。团队合作当中，难免会出现矛盾，这时候，我们说话口气要和蔼，办事要客气，用事实和数据说话，以流程和制度作为依据，兼顾客户、公司、员工三方利益，对于违反原则、损害他人利益，或者只顾眼前利益，不顾长远利益的行为要坚决抵制。

案例当中说到，采购部的采购计划经常延迟，导致生产延期交货，这是绝对不允许的，生产部长应当在会议上公开指出这个问题的严重性和危害性，希望采购部能够及时准确地采购合格的原料，保证生产需求，同时要求采购部及时了解生产计划，做好合理库存。只有相互配合，为对方提供满意的结果，部门之间才能和谐相处，企业才能和谐发展，才能与客户实现和谐共赢。

我们在咨询当中遇到一个案例，公司COO要求各部门按时提交月计划，但是一位部门经理刚刚出差回来，他提出晚一天再交，但是COO没有同意，因为这是公司的规定。这位部门经理的电脑在公司，他说我回公司取电脑吧。这位COO说，你出差刚回来很辛苦，就不用来公司了，你把计划用手机写好，我再用自己的电脑帮你填好，你看可以吗？这位部门经理非常感动，以后再也没有出现过晚交计划的现象。COO知道这位部门经理有晚交计划的老毛病，但是他没有歧视他、刁难他，而是在不违背原则的情况下帮助他，既提高了合作的效率，又感动了他的内心，这就是和谐文化的典范。

公司是商业组织，办事讲求效率，遇到问题和矛盾，我们不需要"和事佬"，我们需要合作者，有冲突定规则，有矛盾定流程，同事之间商定的事情就要信守承诺，出现的错误就必须纠正。

（3）内心和谐，企业才和谐。企业家，特别是创始人，是企业文化的创立者，企业家内心是否和谐，决定这个企业是否和谐。企业家既要关心生产效率，又要关心员工生活，企业才能和谐；既要有菩萨心肠，又要有霹雳手段，企业才能和谐；既要照顾老员工的辛苦付出，又要鼓励新员工不断成长，企业才能和谐；既要精神上给予鼓励，又要在物质上给予满足，企业才能和谐；既要高瞻远瞩做好创新战略，又要脚踏实地做好眼下的运营，企业才能和谐；既要自我学习，不断提高，又要带领团队学习，与团队共同成长，企业才能和谐；既要干好事业，又要顾及好家庭，企业才能和谐；既要做好传统业务，又要布局未来产业，企业才能和谐；既要有感性思维，做好文化，又要有理性思维，做好运营，企业才能和谐。

世间万物，都是在对立统一中和谐发展的，不仅要符合自然的规律，也要符合企业发展的规律。所以企业家要不断加强自我修炼，追求天人合一、知行合一，做企业的过程就是一生修行的过程。只有让自己的内心和谐起来，才能让团队和谐起来、企业和谐起来。

3. 为什么我做公司总是遇到坎坷，别人却一帆风顺，是我命不好吗？

【案例】我做生意20多年了，从做粮油贸易起家，赚了几年快钱，但是一场大火差点让我破产。之后又找朋友集资做小额贷款，结果又被朋友骗了几百万追不回来。后来，好不容易选择了红酒代理销售业务，结果红酒市场一落千丈，库存积压销不出去，只能保本处理。这几年选择了生产电子烟，生意刚刚转好，政府又出台了公共场所限制电子烟的政策，我又看不到希望了。让我更难受的是一些老员工舍我而去，我太太也想与我离婚，我儿子留学回来也不想接我的班。看到周围的人生意做得扎实稳定，一帆风顺，而我总是起起落落，来回折腾，付出了很多辛苦和努力，但是并没有赚到多少钱。我现在真的有点怀疑人生，难道是我的命不好吗？

【解答】我们经常讲，"命由己造，相由心生"，什么意思呢？一个人的命好不好，都是由自己造成的，面对的"相"好不好，都是由你的心产生的，这里的"相"不是面相，而是实相，就是你面对的客观现实。你发现了吗？做粮油、做小额贷款、做红酒、做电子烟，这些行业都曾经是挣快钱的行业，都曾经有一夜暴富的人，你也正是看到了这一点，才选择了这些行业，因为你有这样一颗急于求成的心。任何行业都有它的生命周期，要想维持企业永续经营，必须低进高出，持续创新，如果方向正确，必须持之以恒。而你正好相反，高进低出，缺乏创新，更没有持之以恒，所以生意上的挫折是必然的。生意上的不如意没有什么了不起，做企业的人都会有曲曲折折、坎坎坷坷。但是你的心烦躁了，章法乱了，没有自我反省，没有理性回归，而且把这些负面的情绪带给了家庭，所以导致了太太要离婚，孩子不理你。那么还有希望吗？命已定，运可转，相由心生，境由心转，如果你的心能够转过来，你的处境就会发生好的变化，你还是很有希望的。

（1）总结过去，接受现实，活在当下。这些年虽然你经历了一些坎坷，受到了一些挫折，但一切磨难都是人生的财富，现在需要冷静下来，好好总结一下过去，并给自己做一个了断。企业要想成功，企业家必须要有战略思维，就是要发现市场的规律，发现客户的潜在需求，通过创新提高产品和服务的独特价值，与竞争对手存在差异化，哪怕是在一个细分市场领域做高、做专、做精，企业也会获得很大的成功。如果你的产品与服务到了衰退期，无论怎么创新也没有重生的希望，那就要果断舍弃，这种放弃是理性的，是有准备的，是在放弃当中求得新生的一种正确选择。电子烟不是没有市场，即便在国内有禁止的趋势，但在国外还有广泛的市场，所谓墙内开花墙外香，可以向国外市场进军。电子烟行业中，烟弹、烟液是利润率最高的部份，硅芯片和气流感应器次之，如果有条件可以在这方面做好研发，形成自己独特的竞争优势。如果仅仅是一种组装生产，缺乏自己的"硬核"，这种单纯加工和组装是没有前途的，建议逐步放弃，重新选择具有市场前景、具有高附加值的项目。

（2）工作的目的是为了生活，而不是相反。从经营的角度来讲，赚钱是我们做企业的目的，但是从生活的角度来讲，赚钱的目的是为了美好的生活。如果我们一味地追求赚钱，最后牺牲了生活质量，失去了亲情友情，失去了家庭的幸福，就违背了我们做企业的初衷。人生中经常犯的错误，就是当我们走得很远的时候，却忘记了出发的目的。如果再上升到更高的层次，从生命的意义上讲，企业不过是一个生命的载体，赚钱不过是一个生命的过程，而不是我们生命的全部，更不是生命的意义。许多企业家最后把自己的财富全部捐给了慈善机构，让财富回归社会，他们认为做企业就是一个修行的过程，钱财乃身外之物。有人问日本的"经营之圣"稻盛和夫先生，你一生创办了两家世界500强企业，晚年又拯救了日航，可谓功成名就，但自己依然俭朴，四处奔波，甚至坐飞机还是经济舱，您活着的意义是什么呢？稻盛和夫先生说，我活着的意义就是走的时候带走一颗比来时更纯洁的心灵。

无数的事实证明，那些贪婪、苛刻、投机之人，可能会暂时成功，但长久来看，并没有赚什么大钱，更谈不上成功，而那些善待他人、智慧经营、持之以恒、回馈社会的人，最终功成名就。你如果能够明白这个道理，认同这个道理，那么从现在开始，转变还来得及。

4. 时间紧，任务重，但是员工不愿意加班怎么办？

【案例】我们是一家加工企业，生产非标准件，订单不稳定，随时都有插单的可能，导致我们经常加班。另外，客户经常变更设计，也导致我们经常重新调整工艺方案，加班也变成了常态。问题是现在员工都非常年轻，不愿意加班，即便给加班费，他们也不愿意牺牲休息时间。我也很无奈，时间紧、任务重，不加班就不能完成订单，大家就没有收益，请问这个问题如何解决？

【解答】做非标件的企业，偶尔加班是正常的，但是如果加班成了常态就不正常了，一定是我们的管理出了问题。从管理方式上，我们可以采取做好订单评审，给自己争取提前量；做好适当库存，或者部分外协；做好科学排产、设备维修和员工技能培训等，这些方式都可以提高生产效率。如果是实行加班费制度的企业，要按照国家的规定或者高于国家规定给员工及时支付加班费，实行内部项目承包制的公司，也就没有是否加班的区别，项目成员的收益与最后结果挂钩。我刚才讲的是机制，现在我讲讲文化，在加班这个问题上，如果把文化做好了，至少大家没有那么多怨气。

（1）讲清道理。当企业出现加班情况时，老板要分清楚两种情况，一种情况是因为管理者的原因造成的加班，比如说由于我们的计划安排不合理，各个部门之间配合不得力，导致整个生产计划延迟，才出现了突击加班，这是一种补救行为，所以在班前会上，总经理、生产部长或者车间主任，要给员工做动员、讲清楚，这次加班是因为我们内部造成了拖延，我们要弥补自己的过错。第二种情况是因为客户追加订单，造成生产任务在短期内剧增，为了消化这些生产存量，我们必须采取加班的方式才能解决。优质的客户追加优质的订单，是对我们的优质生产和服务的最大肯定，我们应该感到骄傲和自豪。

要给员工讲清楚，我们的工资表面上看是公司发的，实际上是客户给的，我们可以不加班，可以拖延客户的订单，可以拒绝客户的订单，那么客户将会越来越少，我们的收入也会越来越少，那么大家来到公司的目的是什么呢？

虽然说赚钱不是人生的最终目的，但是不赚钱，恐怕很难实现人生的目的，重要的是如何看待工作和生活的关系，处理好工作和生活的矛盾。如果长期加班甚至损害了身体，那么赚多少钱都没有意义。如果是由于我们的过错，或者是客户对我们的肯定，偶尔加班，这是非常正常的一件事。加班生产，不仅是可以得到加班费的问题，还是确保客户会持续给我们订单，能够保证公司和员工获取长久利益的问题。

（2）做好人文关怀。如果出现加班到很晚的情况，公司最好给加班员工提供宵夜，要么自己的食堂做，要么叫外卖，无论如何都要让大家吃一顿美餐。如果有条件，可以安排公司的班车送大家回家，或者允许员工叫出租车，之后由公司报销车费。同时根据加班时间长短或者是否是节假日，可以安排第二天上午休息，或者另找时间倒休。

现在的员工跟以前不一样了，他们个人的物质条件更好了，对生活有更高品质的要求，希望在工作之余，有更多的自由时间，他们要去交朋友，要去游玩，要去购物，要休息，要学习其他的技能或满足个人的兴趣爱好，这是社会的进步，是人们对美好生活的向往。我们不能拿过去的理念，要求员工吃大苦、耐大劳、无私奉献，也不能单纯地讲物质刺激，因为有些员工很在乎钱，有些员工不在乎钱，但是他们有的在乎生活品质的提高，有的在乎个人价值的体现，有的在乎企业的品牌荣誉……无论如何，人的行为背后一定有思想动机，如果我们的加班与人的动机契合了，员工就会愿意加班、愿意工作，公司、员工和客户就会实现三方共赢。

任何文化都必须以法律为底线，所以在企业加班这件事情上，必须要遵守《劳动法》和《劳动合同法》，一切离开法律的企业文化，都不是真正意义上的文化。

5. 公司是家吗？同事是亲人吗？

【案例】我们是一家品牌服装公司，设计创新是我们的核心优势，公司大部分核心骨干都是设计人员。他们有创意、思想活跃、讲究生活的品质、愿意打扮自己和工作环境，他们走到哪里，都是以"亲"相称，现在我也把他们当成了兄弟姐妹，也一直倡导大家应当把公司当成家，他们也从内心当中，把公司真正当成了家。

但是这些年，我却感到了一些迷茫。这些"亲们"有的能力跟不上了，有的思维落后了，有的开始打自己的"小算盘"了，有的小富即安了，有的开始排斥有能力的新员工了。我感到了内耗，希望建立规章制度，实行绩效考核，制定业务流程复制团队和模式，但是受到了来自他们的阻力。他们说公司已经不是家了，我们没有当初的情感了，比如我们设计总监对我说："姐，难道你对我不信任吗？我也需要考核吗？"我现在有些迷茫了，公司是家吗？我们还是"亲"吗？

【解答】公司本来就不是家，只是我们在创业初期不懂得公司的本质，或者为了凝聚大家的心，我们才用一种形象的比喻，把公司当成家，这符合企业在创业期以亲情文化为主题的发展规律。在这个人情化很重的社会当中，创业者会不自觉地在自己内心当中，把员工当成家人，员工也会不自觉地把公司当成自己的依靠，这就成了我们内心中共同的"家"，而公司的本质是价值交换的平台，是员工成长的舞台，是互利共赢的合作体，员工和企业之间不是亲人关系，而是契约关系，是合作关系，是事业伙伴关系。从你的案例来看，应当在企业由创业期转向发展期的时候，适时地进行文化转型，从亲情文化转向执行文化。

（1）给员工讲清楚，为了我们共同的明天，公司必须正规化。说服别人的关键在于寻找彼此的共同点，要对我们的老员工讲，我们做这家公司的目的是什么？我为此流血流汗共同的奋斗目的是什么？就是要做一家好公司，做一家国内领先、国际知名的服装品牌公司，并且让这家公司能够成为百年老店。

怎么才能成为百年老店？只能正规化。我们现在不正规，那么现在就必须变革，个人打不过团队，团队打不过系统，正规化是所有企业从创业期走向发展期的必由之路。我们必须从个人能力强向团队能力强转变，必须从经验型管理向流程化管理转变，必须从人治向机制转变，必须从"大侠"向"教练"转变，必须从一时成功向持续成功转变。总之，必须从随意性向正规化转变，只有这样才能提高效率，只有这样才能复制成功。

所有老员工必须转变观念，公司不再是"家"，而是一个员工、股东、客户三者价值交换的平台，是为员工施展才华提供公平机会的舞台。我们的关系不是江湖兄弟关系，而是合作伙伴关系，是契约关系，是共同成长的关系。

（2）要给老员工讲清楚，同意的留下来共同奋斗，不适应的慢慢适应，不同意的可以好聚好散。实践证明，只要老板给员工讲清楚实现正规化的理由，大部分老员工都会赞同，愿意与公司一起走向制度化、正规化和持续化，这些人是我们的核心骨干。当然，还有一些人自身存在某些问题，一般会出现三种人。

第一种人，态度端正，能力不足，缺乏自信。这些老员工要么技能不高，要么管理水平有限，他们担心跟不上公司发展步伐，有强烈的自卑感，对于这部分老员工，要给予耐心帮助和热情鼓励，给他们提供一切条件和机会，让他们逐渐适应公司的变革，跟上公司前进的步伐。

第二种人，能力较强，但是习惯难改，还是当"大侠"，还是经验主义。对这种人，要先帮助，再警告，如果能够成为职业化领导，我们要重用，给机会，给条件，给支持，给鼓励。如果不能改变自己，就不要留在领导岗位上，你当不了领导，可以去做一个业务能手，但前提是愿意接受岗位调整，愿意接受别人的领导，如果心态出了问题，公司一样不会留你。

第三种人，为了自己的私利，明目张胆地反对公司的变革，已经起到阻碍和破坏作用，经劝说、警告依然不改的，我们要采取措施依法予以辞退。对于这样的人不是商量的问题，而是他必须离开的问题。当然，我们在变革的过程中，要讲究方法，讲究艺术，用最小的风险实现公司的变革。

当断不断，天下大乱，作为改革者，要懂得任何变革都会付出代价，早改代价小，晚改代价大，不改代价会更大。我们最不愿意看到的结果是，想改不敢说，想改不行动，犹犹豫豫，瞻前顾后，错失良机，到最后没有办法了，就使出最后一招——"裁人"，甚至企业走向衰亡。

（3）让大家清楚，我们不是不要情感，而是要更高层次的情感。是团队就会有情感，但是情感的层次有高有低。创业的时候，我们是低层次的情感，是相互信赖、相互依靠，这种情感是质朴的、原始的，也是难能可贵的，是我们创业成功的重要精神保证。

企业进入发展期后，我们的情感应该是高层次的，我们要为了共同的事业，为了共同的理想，为了共同的生命追求，而不断改进和提高。过去我们做了一个小服装作坊，为的是赚钱，为的是生存，为的是大家在一起快乐的工作，为的是让客户喜欢我们的产品和创意。现在我们是一家品牌服装公司，我们的目标和理想更加远大，我们要成为服装文化的传播者，成为中国服装品牌进军世界的领先者，通过我们的精彩创意和精美工艺，让更多的客户与我们共同感受生命的美好与绽放。

更高的情感层次，更高的思想层次，就会吸收更高层次的人才加盟我们，就会吸引更高层次的客户欣赏我们，我们之间的关系不再是"亲"，而是事业的伙伴、思想的挚友、灵魂的同伴。

6. 同事之间拒绝帮助，一定是推诿和冷漠的表现吗？

【案例】前几天公司发生了一件事，一位业务员出差回来之后，拿了一大堆票子到财务部报销，因为他急着去见一个客户，所以他把这一大堆票子推给了会计，请她帮忙贴好并报销。这位会计很不客气地给他退了回去，告诉他自己填写报销单，把票子贴好，走过批准程序后，再到财务报销。这位销售员很不高兴，到我这来反映，说不是倡导整个公司都要支持销售吗，为什么财务不肯帮忙？这是不是推诿，是不是冷漠，这还是我们的团队精神吗？

【解答】财务做得对，你自己的事情不去做，给别人添麻烦，本身就是自私自利，违背公司的团队精神。

我们在认识当中常有一个误区，我们提倡部门之间协作，好像就是说你提出的所有要求，别的部门都应该无条件地帮你做到，其实这要区分情况对待。如果是你的本职工作，你推给别的部门，这是错误的做法，是给别人添麻烦；如果是你有特殊情况，让别的部门临时帮忙，那么这是允许的，这个部门也应该热情相助，但必须跟人家讲清楚是临时帮个忙，同时要看人家是否愿意帮忙，不愿帮忙也不要对人家有意见，因为这本身就是你的工作。如果是别的部门需要配合你的工作，而且这种配合正是他的本职工作，他不作为的话，就是冷漠，就是推诿，就是缺乏团队精神的表现。

（1）自己的工作自己担，不给同事找麻烦。团队之所以能够高效率的工作，首先是因为分工明确。从刚才的案例来看，财务不是销售的内勤，除非公司明确规定财务的工作内容包括销售内勤，那么这个会计就必须为销售人员贴票子报销。但是这样的分工显然不符合风险制约原则，一般公司也通常不会这样规定，财务部是审核报销的，不能既当裁判员又当运动员，所以财务的本职工作不应包括贴票子报销这类事务，相反需要财务对业务员的报销进行审查。从这个意义上来讲，财务部拒绝给业务员贴票报销的做法是正确的。

属于本职工作范围内的事情，最好是自己独立担当，不要随便求别人帮助，因为别人也有事情要做，这会影响他人的工作，为人着想的良好品德也是一种团队精神的体现。如果在资源、能力或者某种特殊条件的限制下，自己确实不能独立完成，确实需要别人来帮助时，那应该大声地说出来，这不是给别人添麻烦，而是请求支援，团队成员都有责任出手相助。

我们假设一下，这个案例当中业务员告诉会计，说现在有一个客户在等我，可能要谈一个很好的单子，客户谈完之后，我马上就要出差，我身上已经没有备用金了，而且时间也来不及了，所以能不能请你帮我贴上票据，请领导们签上字，请你帮我这个忙行不行？如果这样的话，财务是可以帮忙的。

为什么有些员工工作心情不舒畅？就是本来不属于他们的本职工作，但是领导要求帮忙，结果帮着帮着就成了他们的本职工作了，临时性工作变成了永久性工作，也没有人给说清楚，也没有在《岗位职责说明书》中商定好，就这么不明不白地增加了很多工作，结果该承担职责的人并没有承担相应的责任，不该承担责任的人又不敢说，这样工作起来不会心情舒畅。如果这个问题积攒久了，得不到解决，甚至会出现员工离职的情况。

如何解决这类问题呢？介绍一种方法，就是由人力资源部在每个季度结束的时候，向员工发调查问卷，问卷的内容包括对薪酬、福利、培训、领导态度、工作压力、责任分工、生活关怀等方面不满意的地方提出意见，并承诺对员工的意见进行保密，便于从中发现此类问题。一旦发现，就要单独找这个员工了解情况。如果确实不是他的本职工作，而是领导强求他去做，那么就要拿出《岗位职责说明书》或者工作流程，先与领导交流达成共识，再与应当担责的人交流。如果《岗位职责说明书》和业务流程不明确或者不完善，人力资源部就要与相关部门负责人和员工共同商量，最后完善这些工作文件，人力资源经理负责《岗位职责说明书》的完善，部门经理负责相关业务流程的完善，然后大家商定之后签字确认。

（2）有些"协助"工作就是本职工作，不可推辞。我们经常还有一个误区，就是认为协助别人的工作不是我的本职工作，其实不然，很多协助别人的工作就是你的本职工作，只不过是用协助的方式，做了自己的本职工作。比如某家公司投标客户的项目，由技术部和销售部协作，那么谁是归口部门呢？谁对最终的成交负责呢？当然是销售部。但是技术部有没有协作的责任呢？必须有，技术部负责提供技术解决方案，客户认同技术解决方案就是技术部应当达成的结果，商务部分则应当由销售部与客户谈判，核心问题是价格和付款方式。如果技术部说合同谈判由销售部负责，我只提供技术解决方案，是否能谈成与我无关，这是错误的，正确的理解是通过协助的方式提供技术解决方案让客户认可，这是技术部的本职工作。

如果销售部提出的价格客户不同意，客户要求降价，我们必须要修改原来的技术解决方案，请问技术部是否应当配合销售部做好方案调整呢？当然要调整，为了项目成交，技术部应该在坚守公司价格和利润底线的前提下，做适当的技术方案调整，以确保销售部最后与客户达成一致，这也是技术部门的本职工作。在整个谈判的过程当中与客户进行技术方案讲解和专业对接时，应当由技术部门出面，而不是由销售部门代表技术部去谈判，因为大部分公司销售部在技术方面并不专业。

如果按照客户的要求降价，这个项目无利可图，达不到公司规定的利润标准，或者从技术角度看没有可行性，请问技术部有没有权利拒绝销售部和客户的提议呢？当然有，因为公司的价格政策和利润标准是我们成交的底线，任何部门都不能突破，即便是销售部门为了完成销售业绩而想去满足客户的不合理要求，作为技术部门，还有我们的财务部门，都应当给予拒绝。销售部门的责任是什么？就是要在坚守公司价格政策和利润标准底线的前提下，在技术解决方案能够执行并能满足客户需求的前提下，尽最大的努力去说服客户接受我们的价格，这才是销售部门的应尽职责，也是销售部门能力的体现。

该支持的支持，该拒绝的拒绝。这与态度无关，而与原则有关，这个原则就是共赢原则，客户、公司、员工三者共赢，任何一方受到损失都是不对的。最后，我们要劝告某些人，心理不要那么脆弱，别人拒绝了一下，说话态度生硬了一些，"小心脏"就受不了了，就说人家冷漠，说人家推诿，其实这是你的心理承受力不行，还有待修炼。

7. 我喜欢的人没能力，不喜欢的人有能力，我要重用哪个人？

【案例】我们是一家代理快消品的贸易公司，分为国内贸易部和国际贸易部，近几年发展非常迅猛，我开始做战略转型和升级，从代理转向生产，从贴牌转向品牌，从单一的销售公司逐步变成集研发、生产、销售、服务一条龙的公司。因此，我打算成立集团总部，下设研发公司、生产公司、销售公司，这些公司独立核算，形成集团管控模式。国内贸易部和国际贸易部要合并成立销售公司，我不想兼任销售公司的总经理，但在由谁担任总经理的问题上，自己有些拿捏不准。国内贸易部的经理为人随和，言听计从，每天都绕在我身边，我说什么他就去做什么，还会经常反映公司中的一些情况，对我很忠诚，用起来非常顺手，但是能力一般，业绩平平，属于无大功也无大过的人。国际贸易部的经理非常高冷，也不跟你多说话，也不围着你转，交流就是谈工作，多余的话一句没有，晚上我请大家一块去吃饭，他也很少参加，总觉得他跟我有距离，甚至我有些控制不住他，但是他的能力很强，业绩很突出，团队带得也不错。我到底重用哪个人呢？

【解答】这是老板用人的价值观问题，就是什么样的人与你合作，你才是满意的，这个判断原则是什么？如果你是喜欢奉承的人，选前者，如果你喜欢做业绩的人，选后者。其实什么人忠诚，什么人不忠诚，都是你的主观猜测。只要他没做伤害公司、股东、客户和他人利益的事情，在职业道德上不存在问题，你就不能怀疑这个人对公司是不忠诚的。作为老板，先端正我们自己的价值观，才能正确判断我到底需要什么人。

（1）公司不是江湖帮派，是创造价值的商业组织。一些老板每天都在猜测，谁对他忠诚，谁对他不忠诚；谁跟他说不说真话，谁跟他说假话；谁跟他是一伙儿的，谁跟他是离心离德的，他会人为地把公司员工划成"自己圈子内的人"和"自己圈子外的人"。

划圈子的标准不是这个人有执行力、职业化和领导力，也不是谁有良好的职业道德与完成公司的业绩，而是能听我的话，讲义气，能向我打小报告。这样的标准已经完全偏离了经营公司的本质和目的。

我们不是团伙，不是帮派，也不是小孩过家家，而是公司，公司就是以赢利为目的的商业组织，每个成员在遵纪守法的前提下，用业绩和结果与公司交换，大家的关系是合作关系，是利益共享的关系，是契约关系，是平等尊重的关系。一切与此无关的江湖文化都不是公司文化，江湖文化成就不了公司，优秀的人才也不会加盟这样的公司，江湖文化在创业期会起到一定的作用，但是如果不转变成规则文化、结果文化、合作文化和执行文化，这家企业的发展就会受到阻碍。

（2）每个人都有生存策略，老板要看透人性。世间万物为了生存，都有自己的生存策略。变色龙为了自己的安全，可以随着周围环境的改变而改变皮肤的颜色；大雁不远万里，春来秋去，为的是繁衍生息；珊瑚是小丑鱼的避难所，而小丑鱼可以帮助珊瑚吸引食物，他们互相依靠，共生共存……人也一样，凡是没有多大能力的人，在组织当中就会费尽心机地编织人际关系，甚至通过讨好人来获得别人的认可，以便在组织中站住脚，获得生存的空间，所以这类人就显得格外殷勤和讨人喜欢。而那些有能力的人，不会把精力放在人际关系上，更不会想尽办法讨好别人，因为他们可以用业绩和结果来证明自己，来获得别人的认可，所以他们就显得格外高冷。

作为一个老板，必须要透彻地理解人性，知道每个人在企业当中都有其不同的生存方式，然后合理地使用他们的特长，合理地安排他们的工作，才能让组织中人尽其才。对于那些讨好别人而获得生存的人，可以给予同情，但是不能给予赞美。对于那些有能力的、做出业绩的，但是很高冷的人，应当给予鼓励，给予赞美。因为公司不是靠讨好获得生存，而是靠创造业绩获得发展的。那些愿意讨好别人的人，可以去做客服管理，发挥他善于察言观色的特长，用在与客户的交往当中，发现和满足客户的需求，维护好公司与客户的长久合作关系，而那些有勇有谋、能力较强、能带团队挑战业绩的人，去当销售公司的总经理，他们才是团队的领袖。

（3）用人要疑，疑人要用，关键在机制管控。要人治还是要法治，这是一个价值观问题。要人治，就是权力掌控，情感拉拢，义气当先，所谓用人不疑，疑人不用，其结果是用好了无大事，用不好出大事，往往是那些我们信任的人，会给公司造成重大损失。要法治，就是要信任和授权，但必须加以管控，在职权范围内让他尽情发挥，触碰界限了就要警告。风筝飞得再高远，手中必须要有拉线，骏马跑得再狂野，手中必须要有缰绳，否则公司就会失控，人性反而会变成魔性。授权你去采购，但必须去公司认可的合格供应商那里用核算好的价格去采购，采购的计划必须报批才能执行。授权你去招人，但必须按照公司的招聘标准和薪酬待遇去招人，不能随意答应超过公司允许的条件，同时要上报应聘人员资料接受公司的审核，防止任人唯亲。授权你做财务审批，但必须符合资金的使用用途，控制在使用的额度之内，公司将定期进行审计，如果发现超支或者滥用资金行为，将受到严厉的处罚。

人心难测，人心会变，与其每天猜疑人心，不如用机制去授权和控制人的行为，永远要相信机制的力量，好的机制就是不给人犯错误的机会，这样才能做到用人要疑，疑人要用，让人按照规定的行为准则去行事。

（4）反省自己，加强独立人格的修炼。为什么我们愿意用讨好自己的人，这是因为我们本身的人格出现了问题，我们自己缺乏安全感，我们自己的内心非常脆弱，所以才需要别人的安慰、恭维和讨好。这是我们自身的问题，是我们自己的人格没有独立，所以必须要反省自己，找到不足，不断修炼自己的独立人格。

怎么修炼呢？就是不断地反思，不断地反问，我做公司的目的是什么？什么样的公司才是成功的公司？成功的公司需要什么样的人才？我的团队中哪些人是这样的人才？我和这些人到底是什么关系？我如何与这些人合作？最后，自己要得出结论，我要坚守什么原则，放弃什么原则，从而树立自己独立的判断标准，从此不再为谁而轻易动摇。

以刚才的案例来说，你作为一个老板，做公司的目的就应该是通过自己的产品和服务，满足客户的需求，满足社会的需求，同时让员工获得物质上的财富和生活品质的提升。公司利润好，员工收益高，股东有回报，客户有赞美，我们就是好公司，就是成功的公司。我们需要能为公司创造商业价值的人才，他们如果是管理人员，就必须具备良好的职业道德、精湛的业务能力和管理能力、高度的责任心和追求卓越的勇气。在你的团队中，那位国际贸易部的经理就是这种人，你可以请他担任销售公司的总经理，而那位国内贸易部的经理，虽然人很好，但是能力稍差，你可以让他继续做国内业务，也可以让他负责客户服务，但不能担任销售公司总经理的要职。今后要牢记，我们的用人原则，应该是在人品没有问题的前提下，把是否有能力作为第一选择标准。

8. 老爸已经交班了，却经常干涉公司的事情，该怎么办？

【案例】我接任总经理已经 5 年了。前 3 年，我爸还当董事长，公司中的重大决策，我们还要听他的意见，最近这两年，他把董事长交给我了，并向全公司宣布自己退休了，不再管公司的事了，全权交给我做决策和管理。但是，每当公司有重大决策的时候，我还得请示他，如果他不同意，我还没办法去执行。更让我觉得不好处理的问题是，他经常找到我的手下，跟他们了解公司的情况，然后向他们发号施令，有时候甚至到公司参加我们的工作会议，本来是我主持的，最后又变成了他主持。作为儿子，我敬重他，也无法拒绝他，但是他这样干涉公司的事情，让我做也不是，不做也不是，非常尴尬，请问怎么解决这个问题？

【解答】这是典型的形式上交权，心理上没有交权。随着岁月的流逝，中国第一代民营企业家已经到了退休的年龄，当年他们果断告别体制，告别计划经济，毅然走上了创业之路，白手起家，历经风险，凭着敏锐的目光、超前的胆识、勤奋的工作，创造了中国民营经济快速发展的奇迹，成就了自己的公司。同时，他们普遍文化水平不高，缺乏法治意识和现代企业治理思想，他们崇尚个人魅力，崇尚权力至上，崇尚亲力亲为，崇尚直觉判断，崇尚人际关系，这些思想与我们目前企业所处的时代背景和社会环境越来越格格不入了，这就是第一代与第二代企业家思想冲突的社会原因。第二代企业家多半受过良好的教育，具有开阔的视野，具有牢固的民主与法制思想，他们崇尚团队精神，崇尚契约精神，崇尚机制管理，崇尚用事实和数据说话，崇尚依靠创新赢得竞争优势。毫无疑问，一代更比一代强，第二代企业家是中国民营企业的未来和希望。

在迭代的过程中，如何做好顺利的过渡，是一个世界性难题，在中国尤其如此。因为中国比较注重家庭的亲情，所以在交接班的过程中，既要照顾好亲人之间的情感，又要做好企业权力的顺利交接，以保证企业持续稳健的发展，平衡两者之间的关系，是第二代企业家应当学习和训练的人生艺术。

（1）给老爸名誉职务，让他关心公司事务时名正言顺。如果你老爸经常过问公司的事情，就说明他还没有完全从心理上退下来，如果与他直接切割，拒绝他过问公司的任何事情，这必然要伤害你们的父子之情。同时人老了，像小孩一样有逆反心理，你越不让他过问，他偏要过问，这样就会造成你们之间的僵局。比较好的办法是给你老爸一些名誉职务，比如名誉董事长，或者首席顾问，允许他参加公司的一些重大会议和重大活动，也安排他做一些发言和指示，但是要限定时间，提前说好会议主题和程序，其实这是一种心理上的满足，不至于他退休交班之后感到非常失落。实践证明，当他的心理得到满足之后，过一段时间发现自己与公司发展的主题和基调不搭的时候，他就不再过问公司的事情了，因为他也知道这个名是虚的，起不到任何实质作用，反而给公司添乱，还是不参与为好，这个过渡就顺利实现了。

（2）与老爸共同商定过渡期的计划，并约法三章，求同存异。老爸长期不在一线，已经不了解公司的情况了，如果他经常过问公司的事情，甚至代替总经理说话或者决策，这样总经理和下属会无所适从，对公司的发展极其不利。那么作为儿子，你应当利用一些矛盾冲突和事件，告诉老爸一家公司不能有两个最高决策人，与老爸共同约定交接班过渡期的计划，不管是一年还是两年。在人、财、事方面，先放什么权力，后放什么权力，两个人可以列一张《交接班计划表》，横向是年限，纵向是交接权力的事项，然后约法三章，约好是谁的权利，谁就去行使，另一个人只能提建议，不能代替他做决策，同时决策人在决策之后，要把信息通知对方。实践证明这个办法好用，出现问题时，就拿出来双方看看，每看一次，就是一次交心。过一段时间，老爸会感觉到下一代其实更不容易，总有一天，他会说这张表格不要再去讨论了，那些事情你都自己去做吧。

（3）他说他的，你干你的，最后用事实证明谁是对的。我们也看到一些老一代企业家虽然嘴上说退了，但是实际上比他在位的时候做得更多，让自己的儿子当总经理，只是希望他锻炼锻炼或者帮自己处理一些具体事务，根本没打算真正放权。其实这种心态是非常不好的，会让下一代产生思想负担，你名义上让我当总经理，实际上不给我实际权力，你想一想这让下一代人多么难受。遇到这样的老一代企业家，你作为儿子，就应当有自己的主见，他既然交权了，你就必须把自己当成真正的总经理开展工作。

在与老爸产生冲突的时候，能说理就把理说透，能用事实数据讲明白的，就用事实和数据说话，如果确实说不明白，那么也不要停止前进的脚步，该做什么做什么，最后用结果和事实告诉你老爸，你做的是对的。老人，特别是固执的老人，怎么才能改变思想呢？就是让他看到那些事实，只有事实证明他的想法和做法是错的，他才能从内心当中认同下一代人的想法和做法。

有家企业向政府申报科技基金，老爸的意思就是要找人疏通关系，儿子就坚决反对，认为政府有规定，我们按照规定上报了合格的文件，政府有办事的程序，我们依照程序等待时间，找人、送礼很容易犯错误，我们把精力放在资料申报和正常的督促上去。父子二人的观念截然不同，但最后的结果是科技基金很快就批准了，老爸由此认为，儿子真正长大了，年轻一代才是真正适应时代、引领时代的企业家。

（4）给老爸找一些更有意义的事情，让他真正转向未来的人生。一辈子做了一家公司，让他现在完全舍弃，从情感和心理上都会很难接受，就像放弃自己亲生的孩子一样。虽然退休的企业家，有一段时间不愿去公司，好像是尽情地享受生活了，但过了一段时间，突然又觉得生活很空虚，又想回到公司的事务当中，这时候当儿女的就要为自己的老爸重新规划一下退休生活。

人的一生当中，赚钱不是目的，做企业也不是目的，享受生活、享受生命才是真正的目的。对愿意探求生命真相的长辈，安排他们去学习和修行，比如让他们去参加禅修或者瑜伽；对有一技之长的长辈，要给他们提供发挥一技之长的专业帮助，比如上艺术课和出去演出；对愿意旅行，体验各地风土人情的长辈，为他们制定旅行攻略，安排他们出游。对于什么想法都没有，什么爱好都没有，就是天天想着公司的长辈，就安排他待在公司门卫室，让他天天坐在那喝茶，看着来来往往的人，跟熟悉的老员工说说话。总之要给他们寻找有意义的、健康的、能够逐渐淡忘公司的那些事情和爱好，引导他去追求生命另一面的美好，让他体会到生命之中，除了做公司之外，还有比做公司有意义的生活。

9. 公司员工干了违法的事情，是否需要报警？

【案例】这些年经营公司总会遇到个别员工手脚不干净，出现违法乱纪的事情，有的采购员拿供应商的回扣，有的项目经理向承包方索贿，有的业务人员报销的时候提供虚假发票，有的生产经理多计员工加班工时，让员工冒领加班费，然后与员工分钱。过去我总认为大家也不容易，公司待遇不高，拿点就拿点吧，但是现在发现不对劲，这股歪风邪气愈演愈烈，如不加以制止，会毁掉公司的千里大坝。禁止这种行为，我从哪里下手呢？

【解答】企业文化的底线不是职业道德，而是法治意识，如果一个企业员工的行为不能遵纪守法，就谈不上任何企业文化。许多企业与你一样，也有那些糊涂的认识，以为员工拿一点，不是什么大问题，实际上有的行为已经触犯了法律，当这些行为不能被有效制止时，就会像瘟疫一样在公司蔓延，我们的文化根基就会烂掉，公司就会被这些人毁掉。

（1）请律师或警察给员工做普法教育。最有效的做法就是请对职务犯罪有研究的律师、法官或者警察，给员工上一堂《公司犯罪行为》的普法课，告诉大家公司职务犯罪的常见类型，这些犯罪的构成要件都是什么？量刑的标准是什么？以此来提高员工对公司职务犯罪行为的重视。在请律师、法官或警察讲课之前，公司要向讲课的人提供必要的信息或者资料，包括公司容易出现违法乱纪行为的岗位，已经出现涉嫌犯罪的一些行为案例，再结合他们办过的案子来讲课，对员工很有震撼力。

普法课程之后，公司要起草《职业道德公约》，然后由相关部门岗位的员工共同讨论，达成一致，签字确认，承诺执行。

（2）抓几个典型提起诉讼。如果公司违法现象非常严重，或者有不断恶化的趋势，公司就要立即采取措施抓几个典型的事件，走司法程序，请公安机关立案侦查，涉嫌犯罪的，由公安机关提交检察院提起公诉。如果有判决结果，就要以此为案例，对全员进行法制教育。公司必须给全体员工一个明显的信号，在我们的企业，可以能力不强，可以业绩不好，但是绝不允许做违法的事情，而且公司有信心见一个抓一个，绝不姑息。这不仅是为公司的利益，也是为客户的利益，更是为大家的利益，绝不允许个别人以违法的手段侵占我们的共同利益，公司必须出面主持公平、正义。

报案可以起到立竿见影的作用，但是建立防范机制才会起到长效作用，我们的管理为什么有那么多漏洞？首先要检查我们的规章制度是否健全，检查我们的员工是否都知道这些管理规定，再看看检查人是否有故意放纵的行为。

文化的作用，是让人不愿意犯错误，具有法制与道德的自我约束；机制的作用，是不给人们犯错误的机会，让他无从下手，或者下手之后很快就被发现，并付出相应的代价，这就是我们讲的风险管理机制。

（3）老板的价值观与原则性非常关键。一家公司，一支团队，有没有法治意识，首先看老板。如果我们的老板认为员工拿点没有什么，小贪小占是人之常情，甚至认为自己生意不好，员工拿点也有情可原，甚至经常说"水清则无鱼，浑水好养鱼"，这是非常糊涂的观点。如果觉得自己收入不理想，可以跟公司谈，如果急用钱，可以向公司请求帮助，但是绝对不能动邪念、拿黑钱。赚钱很重要，做人更重要，走正道也可以赚大钱，为什么不走正道呢？

如果老板没有法制意识，甚至自己都做违法的事情，那么这个公司的文化将无从建立。有的企业老板抄袭别人的知识产权，那么他的员工也会把公司的知识产权私自卖给别人；有的老板为了一己之利，在项目或者产品生产当中偷工减料，员工看在眼里记在心上，所以他们为了自己的私利也会偷工减料；有的老板在客户不知情的情况下，用技术手段骗取客户的钱财，那么员工也会用技术手段去骗公司的钱财。每年大家看"3·15"晚会，我们都为那些侵犯消费者利益的案件感到触目惊心。那些公司胆大妄为，违法乱纪，欺骗客户，坑害社会，许多都是老板与员工共同犯罪，这样的公司就是社会的毒瘤，总有一天会被铲除。钱挣多少是能力问题，损人利己是德性问题，知错必改，善莫大焉，好好经营公司，赚钱就要赚得心安理得，对得起自己的良心。

要建立企业文化，就必须要先学法，守住法律底线，我们的文化大厦才能有牢固的根基。老板要学法、懂法，在公司中成为遵守法律的榜样，并在公司中宣传法治思想，树立法律风险意识，告诉员工在违法获利和守法损失之间，守法是我们的底线，不允许因为贪图钱财而铤而走险。利益可以不要，违法的事坚决不做，否则一旦违法，就是对自己、家庭、公司和社会极大的伤害和不负责任。

10. 淘汰业绩不达标的员工，是不讲人情吗？

【案例】这些年公司从战略上开始转型升级，有些人跟不上企业的发展，培养不起来，还不好意思淘汰，因为大家认为淘汰员工太不讲人情。可是，产品和服务结构发生了变化，从产品生产到提供解决方案；商业模式也发生了变化，从"等客上门"到活动促销；客户结构也发生了变化，从低端客户到中高端客户，这要求一些关键岗位的员工，特别是业务员的能力要有所提高，大部分业务员通过培训和自身努力实现了转型，胜任了新业务，但是有个别业务员和其他岗位的人员，不学习，不努力，固守原来的经验，业绩一直低迷不振。公司为了明确规则，与他们商定了业绩考核方案，规定了末位淘汰制；为了帮助他们提升，提供了全方位的培训，留足了充裕的时间，但是依然有业务员完不成业绩指标。按照规定，这个月就有两名业务员应该给予劝退，但在公司中高层开会的时候，有人就说还是观察观察吧，再给一些机会吧，淘汰员工是不是太不近人情了。一方面有业绩的压力和制度要求，另一方面有人说情，情感上过不去，这个矛盾怎么解决呢？

【解答】由于业绩不达标而随时开除员工的作法，在法律上是站不住脚的，无论你与员工签订了什么协议，或者公司内部有什么规定，必须要走法定程序。《劳动合同法》规定：劳动者不能胜任工作，经过培训或者调整工作岗位，仍不能胜任工作的，用人单位提前30日以书面形式通知劳动者本人或者额外支付劳动者一个月工资后，可以解除劳动合同。由于业绩不好开除员工，特别是老员工，是我们谁都不愿意看到的结果，但是现实是残酷的，公司需要生存。如果经常不能完成业绩，如果企业不盈利，那么所有的人都会遭殃，就像一艘大船漏水了，船上的人不是堵漏就是划桨，唯独有些人不仅不干活，甚至还制造新的漏洞，这样的人不被撵走，这艘大船就会沉没。这不是人情问题，这是生死存亡的问题，每个人站的角度不一样，得出的结论就不一样。如果谈情，那么对少数不负责任的人谈情，就是对大多数奋斗的员工冷漠，对谁谈情，谈什么情，这是一个价值观问题。

（1）优胜劣汰是不以人的意志为转移的市场规律。公司裁员，多数都是迫不得已的行为，由于市场竞争激烈，公司的利润水平不能够支付更高的人工成本，或者现有的人员不能为公司创造利润，企业必然采取裁员的行动，以维持公司的正常运行。这就是"外部竞争优胜劣汰"导致"内部竞争优化队伍"的必然结果，这是一个自然的规律，你喜欢也好，不喜欢也好，你承认它也好，不承认它也好，它就在那里，无时无刻不在左右着我们的命运。你不能对抗它，只能顺应它，这与人的情感无关，而与企业的生死存亡有关，企业如果破产了，是对股东、对员工、对社会最大的无情。

（2）人情化不等于人性化，提升员工终身就业能力是最大的人性化。从团队建设和员工成长的角度来讲，人情化是对少部分犯错误的人的姑息迁就，人性化是为员工提供终身就业的能力。

一位员工能力不行，公司要想方设法通过培训、提供锻炼机会、调整岗位等一切手段，保证他的生存，提高他的能力。在这个过程中，可能会严格要求，可能训练会比较难受，可能改变过程会痛苦，只要这位员工愿意努力，公司就要做到不抛弃不放弃，让员工具备终身就业的能力，是一家公司对员工最大的人性化。

一位员工经过培训和调岗，依然达不成业绩，就证明他不适合在这家公司工作，如果继续工作，就会给公司造成更大的成本，对他本人成长也没有任何好处。按照法律法规予以劝退，是对公司和员工最好的选择，是最大的人性化，因为他不适应我们公司，不一定不适应其他公司，即便是在他的职业生涯当中产生了一些挫折和心理影响，也有助于他自身调整，适应社会发展，最后成为一个有用的人。

我们是否还记得这样一个新闻，一个公路收费站由于国家政策调整被撤销了，一个40多岁的员工痛哭流涕地说："这可怎么办？我这一辈子只会收费，现在让我去干别的，我也不会啊。"请问这样的体制对员工的成长有什么好处吗？如果企业知道收费站迟早要撤掉，是否应该通过培训让员工学习和掌握新的本领，以迎接未来的就业挑战。让我们觉得可悲的是，一个40多岁的男人竟然哭得像孩子一样，这就是温室里长大的花朵，这就是温水里的青蛙，他们的竞争机能衰退了，已经不能适应社会的竞争与挑战了，这才是对员工最大的不负责任。

（3）依法办事，好说好散，给员工以尊严。保持员工队伍的相对稳定非常重要，只有员工稳定了，企业才能有机会进行培训，员工的技能才能提升，我们的服务和产品才能持续保持竞争力，同时客户才会有安全感和信任感。公司毕竟是竞争的主体，人员进进出出是一种常态，不必大惊小怪，特别是在辞退员工的时候。不论何种情况，辞退员工都应当依法办事，在辞退之前，要与员工讲清道理、消除误解、消除怨恨，满足员工合理合法的要求，对于有贡献的老员工，要给一些额外的奖励和感谢。可以不做同事，但是可以做朋友，也可以不做朋友，但一定不要成为仇人。好说好散，让员工体面地辞职，让员工在社会上重拾自信心，对于正常劝退或者辞职的员工，公司要给予一定的就业帮助，员工会感谢公司，公司也会为自己留一条路，说不准这个员工哪一天会成为你的合作伙伴。

11. 以客户为中心，就一定要满足客户的所有需求吗？

【案例】我们是一家软件开发公司，现在市场竞争十分激烈，市场部拿到一个订单已经非常不容易了，但是即便合同签订了，客户也会提出很多的要求，不断变更设计，增加项目范围，如果控制不当，这个项目就是不赚钱的。当我与市场部研究客户需求的时候，我会告诉市场部，哪些客户的要求是不合理的，如果想增加或者变更设计，需要他们增加费用，但是市场部门的员工认为，公司的价值观不是"以客户为中心"吗？我们要满足客户所有的需求，请问这个说法对吗？

【解答】从企业的核心价值来讲，"以客户为中心"绝对是正确的，但是从具体操作和营销策略来讲，"满足客户的所有需求"肯定是不对的，至少是不完全对的。这其中有一个关键问题，就是对"客户"定义的理解问题。如果我们满足了客户的所有需求，最后公司不赚钱，那么这个客户就不是我们的客户，如果这个客户能让公司赚到合理利润，这个客户才是我们的客户，因为客户必须是与我们共赢的合作伙伴。既然合作时我们赚不到钱，甚至赔钱，除非是战略性客户，否则这一定不是客户。不是我们的客户，就谈不上为他服务，更谈不上满足他的需求，要立即从客户名单中删除。

希望大家在"什么是客户"问题上，从认识到操作，做到以下几点。

（1）敢于向客户不合理的要求说"不"。在营销的过程当中，千方百计地满足客户要求，是我们工作的主要原则，但是我们也要学会当我们无法满足客户需求的时候，当公司无利可图的时候，要敢于拒绝客户的不合理要求，要敢于对那些无理的客户说"不"，也就是说宁可不做，也不要牺牲公司的利益。因为公司没有利益，企业就不能发展，我们再也没有能力为客户提供持续的服务了，这是底线，也是原则，所以我们的内心必须强大。拒绝，也许会让我们失去一个订单，但也可能让公司减少一次损失。与其纠结，不如放弃，转身就走，去谈下一个客户。

有一种特殊的情况要区别对待。如果某家客户以非常低的价格要求与你签约，这一单公司不赚钱。但经过考察确认这是一个大客户，具有长期合作的可能，而且双方谈好两个条件，一是如果这一单做得好，我们就签长期战略合作协议；二是这次的价格只是一个"见面礼"，以后再签约，我们双方要重新商定。这是一次战略合作，这样的合同是可以签的。

（2）拒绝一些"客户"，会激励我们去服务更好的客户。有人说不满足客户的需求，签不上订单，公司怎么生存呢？正好相反，如果一味地满足这些无理的要求，公司可能也会死。作为一家公司，靠降价打折，或者增加成本来获取订单，那么这样的公司实际已经走上了不归之路。这种生存状况其实是生不如死，如果不创新，不提升我们的竞争力，迟早会被市场淘汰掉。

我们为什么一味地向客户"投降"，因为我们没有话语权；我们为什么没有话语权，因为我们没有让客户无法拒绝的产品和服务；我们为什么没有让客户无法拒绝的产品和服务，因为我们缺少创新的能力。

低附加值的产品和服务，获取的就是低端客户，低端客户在付费上就会十分苛刻。高附加值的产品和服务，获得的就是高端客户，高端客户更讲求合作上的平等和价值对等，他们投入的多，获取的会更多。如果我们的产品与服务，在市场中是稀缺资源，那么不是我们去找客户，而是客户上门来找我们。

为了生存，暂时忍让，暂时满足客户的一些无理要求也无可厚非，但千万不要把这种状况当成企业的生存之道，而是要把这种"忍辱负重"作为激励我们不断创新的精神动力，只有在技术、产品和服务上有自己的"硬核"能力，我们才能在谈判当中具有话语权。

（3）单子还是要谈的，关键要有智慧。别看我弱小，但是我不卑不亢，别看你是客户，但是我也要讲我的利益。我可以给你提供一些增值服务，但是我绝不降价；我可以承诺不满意就退款，但是我绝不降价；我可以承诺免费提供三次设计变更，但是超过3次以后，你必须增加费用；我可以确保按照你的工期要求及时交付，但是如果由于你的原因导致延期，你必须要弥补我的损失，或者延长交付期；我可以承诺在价格上适当优惠，但是你必须在付款方式上满足我的需求，如果不能够及时付款，我们要执行原定的价格……

商务谈判就是一种博弈，博弈就靠我们的智慧，只要双方都有诚意，没有谈不成的生意，我们既不去占客户的便宜，也不能让客户欺负我们，双方必须在平等尊重、互利共赢的基础上，在坚守底线中妥协，在妥协中坚守底线，最终达成一致。

总之，如果我们尽了最大的努力，表现出了最大的诚意，依然不能签约，那么我们就要敢于放弃，而且要立即放弃，转身去寻找另一家客户，然后卧薪尝胆，不断创新我们的产品和服务，以便在谈判的时候我们更有话语权，这才是做企业的良好心态。

12. 制度要狠心，文化要爱心，两者经常是矛盾的，怎么处理两者的关系？

【案例】我们有位仓库管理员，当了妈妈以后上班经常迟到，按照考勤制度经常交罚款。有的同事说，她刚当妈妈，需要照顾孩子，罚款就不要罚了；有的同事说，制度对大家都是一样的，她经常迟到，罚款是小事，耽误我们大家领料是大事。最后大家让我决定这个事怎么办，我常听说制度要狠心，文化要爱心，那么到底对她要狠心呢，还是要有爱心呢？

【解答】制度背后的思想是文化，文化的外在表现就是制度，制度和文化是一个问题的两个方面，他们是统一的关系，不是对立的关系，更不能说制度要狠心，文化要爱心。制度和文化，既有狠心的时候，也有爱心的时候。当面对损害股东利益、侵占公司资产、破坏团队和谐的行为，无论制度还是文化，都要对此下狠心，给予严厉的谴责，给予经济和法律上的处罚。有的企业制度规定，当员工结婚的时候、生小孩的时候、孩子上大学的时候，或者父母去世的时候，公司会送给员工一些爱心基金。所以制度和文化都是有态度的，是针对不同的行为，有褒有贬，有奖有罚，制度和文化都代表着我们的企业价值观。

（1）制度是价值观的反映，主张公平和效率。为什么要制度化呢？企业发展到一定程度，各种利益就会交织在一起，无论你怎么做出什么决定，总会有人觉得对自己不公平。老板无法摆平每个人的利益关系，只能商定共同的制度来遵守，才尽可能让各方感到公平，然后提倡在制度面前人人平等，这样就会减少很多无效沟通，提升团队合作的效率。

比如说，《绩效考核方案》既要考虑公司利益也要考核员工的利益，双方必须对职责、考核指标、薪酬体系进行充分讨论，最后形成一个大家都能接受的条件，这就是我们的利益制度，主张的是公平。比如说，公司要求各业务部门在每季度结束后 3 天内，按照财务部的要求，提交部门季度业务数据统计表，以便财务部门核算并作出财务分析，上报给公司季度经营分析会，做好下一个季度的决策。公司有《季度数据统计汇报制度》，规定了汇报的部门、汇报的时间、统计的模板、晚交统计报表的处罚措施，以及对由于虚假数字造成公司决策失误或者经营损失的处罚。这类规定的目的就是为了提高效率，都在一个时间提交，公司就容易合并报表，开会的时间就能保证，都用一个模板做数据汇总，就会很快很准，数据全面而准确就不会出现决策上的失误，这就是制度保证运行效率。

（2）制度需要一个完善的过程，特殊情况也要有制度。对于成长型民营企业来说，企业制度化建设是一项长期的工作，我们既不能照搬别人现成的制度，也不能完全靠人的自觉性，或者靠领导的权力去管理公司。当我们的制度建立起来之后，还需要一个不断完善的过程，其中一个重点内容就是要对特殊情况做特殊规定，这些特殊规定也是我们制度的一部分。

比如案例中所讲到的，这位女工刚休完产假，需要照顾孩子，上班经常迟到，这是一个特殊情况，公司是否可以做一个特殊的规定，在产假结束之后的3个月内允许孩子母亲晚半个小时上班，前半个小时内的工作，暂由部门其他同事代理。在管理实践当中，许多公司都开始意识到针对一些特殊情况做好特殊规定，执行起来之后，既能保证公司制度得以执行，又能考虑特殊情况下的特殊需求。

比如有的公司规定，前天晚上加班的员工，第二天上午可以休息，这样既可以完成公司重要的工作，又可以保证加班人员有充分的休息时间。有的公司规定，外勤业务人员不用到公司来打卡上班，可以直接去业务现场，但必须在网络系统当中进行知会，这样就提高了业务人员的工作效率，同时也约束了自由散漫的行为。有的公司规定，研发人员可以实行弹性工作制，可以在家里上班，但是必须在网上进行知会作为考勤，中途外出也要在网上请假，这样既可以满足研发人员对工作时间的需求，同时也不失公司管理的严肃性。有的公司规定副总以上管理人员可以不参加公司的考勤，因为他们是工作负荷最高的一群人，即使不坐班，他们也会比其他员工付出得更多。

总之，不能把制度化片面理解为不讲人情，也不能把文化片面理解为只有爱心，制度有"不讲人情"的一面，当然讲的是公平和效率，讲的是更大的人情。文化有温暖的一面，但是也有严厉的地方，对一些违反职业道德和损害公司利益的行为，我们的文化也要给予谴责。制度和文化，都体现着公司的价值观，二者不是对立的，而是高度统一的。

13. 薪酬有差异，员工有意见，该怎么办？

【案例】我们是一家出口加工企业，为了提高产品品质，引进了大量的智能化生产设备，设备升级让我们整个供应链发生了很大的变化，对管理效能提出了更高的要求，但是一些老员工就非常不适应，既不会操作先进的设备，也不适应现代化管理，所以我招来了5名本科大学生，都毕业于自动化、智能化设备和现代管理等相关专业。

为了吸引人才，我承诺给他们基本工资5000元，绩效工资3000元，公司包吃包住，上"六险一金"，并承诺给他们提供继续学习和深造的机会。结果这个事情在公司引起了轩然大波，几位与我创业多年的老员工追问我，为什么这些刚刚毕业的学生，拿的工资和薪水跟他们一样多，甚至比他们还要高？他们觉得内心不平衡。我不想解释，但是这些抱怨在公司当中蔓延，产生了许多负面的情绪，请问我怎么解决这样的问题？

【解答】公司的发展是不以人的意志为转移的，设备自动化、智能化与管理现代化是大势所趋，任何人都不能阻挡公司前进的脚步，这一点当老板的必须要立场坚定、旗帜鲜明、毫不动摇。公司战略升级，人才结构必然升级，这也是必然的趋势，没有优秀人才，公司就不可能持续发展。引进人才就必须给相应的待遇，否则人家不会加盟我们公司，那些大锅饭、平均主义的思想会制约人才的引进，会阻碍公司的进步。这些基本的理念和原则确定之后，老板就要寻找一个机会、一个事件，用事实和数据说服那些思想固化和落后的老员工，同时要鼓励年轻的大学生，不要受这些闲言碎语的影响，把自己的工作做好，来证明自己的价值，公司永远要鼓励那些为公司创造业绩的人，在坚守公司文化价值观的问题上不能含糊和退让。

（1）抓住典型事件，用事实证明一切。做文化不能空喊，不能洗脑，更不能打鸡血，最有效的方式是抓住一些典型事件，并把它放大，用事实和数据来证明我们倡导的核心理念是正确的。

给大家分享一个我们咨询客户的案例。这是一家生产铸铁管的企业，出口订单很好，但是日产量太低，产能满足不了市场需求。几位新来的大学生虽然没有更多的实践经验，但是他们通过调查摸底和计算机模拟，对公司的设备以及工艺流程提出了改善方案，得出的结论是可以提高公司单日产量。当他们把这个方案讲解给中层干部的时候，一些老员工就嘲笑他们：你们这是纸上谈兵，书生气太重，我们做了这么多年，也没有实现新的突破，你们几个小孩子能做到吗？甚至他们扬言如果超过单产纪录，他们几个就从公司滚出去，结果这几位大学生也没有含糊，当场承诺如果不能打破公司单产纪录，他们就滚出公司，这就是一个典型事件。

这位老板敏锐地感觉到，转变文化的机会来了，要抓住这个事件，对员工进行一次文化教育。首先他旗帜鲜明地支持大学生的行为，并承诺如果突破单产纪录，会给他们重奖，同时要求各部门给予大力支持。结果年轻人实现了他们的目标，通过设备改造和工艺改善，打破了公司单产纪录。那天，老板把所有员工组织起来，开了一个现场会，用事实和数据向大家讲解公司的价值观：公司以结果说话，以业绩说话，公司付给每一位员工的薪水，都是对他劳动价值的肯定，这是一种平等尊重和价值交换原则的体现。公司愿意给任何人涨薪水，但你必须拿出成果来跟公司平等交换，所以任何对工资不满的人，都可以找公司谈。谈好了，愉快地合作，谈不好可以愉快地分手，但是绝对不允许既不谈又抱怨。抱怨的情绪会破坏我们的文化，不仅影响别人，还会断送自己。

老板当场给每位大学生员工发了5000元的创新奖，当然那些老员工并没有"滚出"公司，因为他们已经无地自容，老板把话点到为止，让他们自己反思，从此以后，这些老员工再也没有抱怨薪水问题。

（2）开诚布公地与老员工讲道理，做文化的关键不在于"文"而在于"化"。

如果说利用典型事件讲解公司的价值观，就是"点化"的话，老板还要选择适当的机会，比如庆祝老员工入职 10 周年聚餐会，逢年过节请老员工和家属员工聚一次餐，或者有意识地把老员工召集起来开个恳谈会，与老员工们交交心，大胆地谈出自己的思想。

首先，大学生员工的工资是知识投资的回报，这些大学生员工的工资其实并不是高，而是社会公平回报，上大学是要投资的，少则十几万元，多则几十万元，四年寒窗苦读，也是这些大学生对自己人生的投入。每个家庭都希望孩子上到一个好大学，学一个好专业，找到一份好工作，能够有一份好的收入，他们能在公司中创造好的业绩，公司就必然会给他们合理的回报。你只能出这个价码，才能招到这样的人才，这个价码不是根据公司现有人员的水平来决定的，而是由社会标准来决定的，如果谁有这个水平，公司一样会出这样的价码。

其次，大学生员工为公司创造价值，就是给我们养老创造条件。我们终究有一天会老去，终究有一天会退休，在工作期间公司要给我们上养老保险，我们离开工作岗位之后，如果公司发展得好，也会照顾大家未来的退休生活。如果没有公司的积累，哪来给大家养老的钱，所以大学生们的贡献和创造，大学生们为公司提供的价值，都是为我们未来能够安享晚年而打好基础。我们不能愚蠢到把给我们养老的人排挤出公司，我们要甘当人梯，为年轻人发挥才华创造一切必要的条件。

最后，要肯定老员工的艰苦付出和卓越贡献。没有老员工，就没有公司的今天，公司会铭记每个老员工的辛苦付出，公司会尽一切可能照顾老员工。对于想进步的老员工，公司提供学习和深造的机会，达到胜任力要求的，公司将委以重任。成长空间确实有限的，公司会合理地安排工作，但是不能挑三拣四，不能心存抱怨。如果既不想进步，又不服从公司的合理安排，甚至起阻碍作用，将面临被劝退的风险。

在待遇上，老员工有司龄工资和一些其他特殊福利，这些是新员工没有的，是公司对大家的关爱，每个人不能只看到别人拿了多少，也要看自己得了多少。公司可以照顾你们，但不会迁就你们，在对待老员工的问题上，公司讲法讲理也讲情，希望老员工对自己未来如何发展，如何对待新来的员工，要有清醒和正确的认识。

（3）告诉大学生员工，要尊重老员工，并鼓励他们创造未来。刚刚参加工作的大学生，他们有热情、有激情、有知识、有胆量，他们直言不讳，敢作敢为，是公司创新发展的新生力量，是公司的未来和希望，老板必须要给予满腔热情的支持、鼓励和信任。他们也有天生的不足，缺乏社会经验，缺乏埋头苦干的韧劲，缺乏人际交往与沟通的能力，缺乏生活的自律，老板要经常与他们聚会和沟通，讲解公司创业发展的历史，讲解老员工为公司的付出，希望他们尊重老员工，要求年轻人多向老员工学习工作经验，结合自己的知识和特长，先适应后改变，在创造中成长自己。

是嫉妒，还是随喜；是知足，还是抱怨；是共赢，还是贪心。人性，有善也有恶，境界，有高也有低，企业管理的过程也是修炼人性的过程。老板与员工都要去修炼，不断内观自省，不断超越自我，不断助人成功。

14. 我们老板与员工先谈情怀后谈钱，导致招聘成功率很低，这种做法对吗？

【案例】我是一家公司的人力资源经理，公司是一家大型服装连锁销售商，这些年发展非常迅猛，公司急需要招聘更高层次的专业技术人才和店面管理人员，当然也有一些店员。但是在招聘过程当中，老板总是先和员工谈情怀，每次招聘都要谈一番公司过去的成就、自己心中的梦想和公司远大的前景。你们加盟公司，就是跟我一起去奋斗，一起干一番大事业，就是不谈钱的事情。当应聘者问到公司薪酬待遇的时候，他总是说，是金子总会发光的，公司不会亏待那些贡献卓越的员工，具体的薪酬待遇找人力资源部了解。结果我们与应聘人员谈到薪酬待遇的时候，许多人转身就走了，招聘成功率很低，我非常着急，请问老板的这种做法对吗？

【解答】不对。一是程序错了，招聘的时候，应当先谈要求，再谈薪酬，最后谈情怀。二是面试的侧重点错了，对于高管，老板可以谈公司的战略、未来的发展、个人的情怀，考察应聘者的价值观、精神境界和思维方式；对于中层管理人员，老板重点谈部门职能、岗位职责、部门存在的问题，考察他的责任心、业务能力和管理思路；对于普通的员工，主要谈岗位技能要求和岗位考核指标，考察他的实际操作技能。无论对哪个层次的员工，都必须要谈工资，特别是普通员工，如果基本条件合适的话，更多的时间应当是谈工资，工资永远是应聘的核心话题。

如果只谈情怀不谈钱，就是纯属"忽悠"人了。作为人力资源经理，建议你与老板做如下沟通：

（1）先由人力资源部进行面试，高层人才需要老板出面。公司越来越大了，招聘的人越来越多了，公司招聘必须走三个程序。第一步，对于基本素质的考核由人力资源部负责，就是考察应聘者是否符合公司的招聘标准，包括岗位认知、学历水平、专业经历、求职动机、业务专长和表达能力等。第二步，对于业务技能的考核，由用人部门领导负责，提出一些比较基本的操作命题，然后由应聘人员现场解答，以观察他的实操能力，考核的方式可以是笔试、口试、或者实操，比如生产一线普工可以到现场做一个工艺操作，文案策划人员可以做一个活动策划方案讲解，技术人员可以在一张不合格的技术图纸上找出问题，品管人员可以针对一个质量问题起草一份《质量整改通知》等。第三步是特殊程序，针对高层管理人员或者高级技术人员，主要是副总、总监、总工以上的应聘人员，可以由老板亲自出面，做最后一轮面试，这时候老板可以谈公司的历史、未来的战略、个人的理想，考察他的战略思维和思想境界。

（2）可以讲情怀，但先要讲清责、权、利。员工，特别是管理者，来到一家公司应聘，他们最关心的就是三件事，第一我承担什么责任，以此来判断自己是否能够胜任；第二我有什么权利，以此来判断公司是否给自己施展才华的舞台；第三给我什么利益，以此来判断我的付出和所得是否匹配。这是一个应聘者最基本的，也是最理性的要求。企业如果忽视了这3个最基本的要求，那么在招聘当中就会出现风马牛不相及的奇葩现象，这边员工在想你到底给我多少钱，那边老板在讲，只要努力一定会成功。这边员工在想，我来了之后是否能够胜任岗位，那边老板在谈成就你们的梦想就是我的梦想。这边员工在想，我来到公司之后，在人、财、事方面都有哪些决定权，那边老板在说，我们公司的舞台是广阔的，海阔凭鱼跃，天高任鸟飞，就是不谈给你什么授权。

我们许多老板不按常规出牌，不按常识办事，还自以为是与众不同，超常思维，其实只是"奇葩"，是要小聪明，可能一时蒙住别人，但最后还是以沉痛的代价收尾。招聘员工也是有其规律的，这是一次双向考察、双向选择，我们要从人的实际需求出发，应聘者最关心的是薪酬待遇问题，他们就是想来打工挣钱的，而企业最关心的是应聘者能否胜任岗位、完成业绩。公司要找到合适的员工，应聘者要找到心仪的公司，所以公司要站在自己的角度设计招聘程序与内容，以便于快速鉴别出我们需要的人，同时也必须站在应聘者的角度，考虑他们的需求，然后制定正确的招聘程序和内容，尽可能真实、全面、快速地回答应聘者的疑问，让招聘成为一次理性的、真诚的、高效的沟通。

（3）招聘不是一次可以搞定的，我们还有试用期。有些老板之所以在招聘当中大讲情怀，是因为他们希望员工认同他的价值观和理想，但是他们忽略了一个事实，这只是一次招聘，员工还没有入职，还没有对公司产生认同，这时候跟员工讲情怀是不合时宜的。

别忘了员工入职之后我们还有试用期，在试用期内，公司与员工双方都有决定是否选择对方的权利，可以随时分手。如果经过试用期考察，员工能够胜任公司的岗位需要，再经过一段时间的学习、工作和团队相处，他们对公司有了一定的了解，有了一定的感情基础，并表现出一定的成长潜力的时候，我们可以作为后备人才来培养，这时候对这些员工讲公司的未来，讲老板的情怀，他们才会有感觉。

15. 孩子留学回国了，却不愿意接我的班，该怎么办？

【案例】我做企业已经20多年了，年龄也大了，准备退休了，我把所有的希望都放在孩子培养上，希望他留学归国之后接我的班。但是事与愿违，他回国之后，在公司工作了一段时间，当我与他正式讨论能否接班的时候，他非常不愿意，他说他有自己的理想，他想去开一家酒吧，并想当一名歌手，而不是像我这样一辈子做一家传统的加工企业。我非常生气，我告诉他，实业是国家的经济基础，这个企业也是家族的财产，你不接谁来接呢？不接这个班就是不孝顺。他说那是你的想法，我不想沾你的光，我有能力去做自己想做的事情。我真是想不通，我们奋斗一生，不就是为了孩子们能有一个更好的未来吗，但是他们却不领情，如果没人接班，我们做企业的意义是什么呢？我们企业如何持续下去呢？

【解答】这是一个很大的人生命题，我们做企业的意义到底是什么？我们跟孩子到底是什么关系？家族企业如何才能持续下去？随着第一代民营企业家年龄逐渐增大，退休和交接班的问题，已经非常现实地摆在了我们面前。按照中国传统文化，子承父业是天经地义的事情，也是一个家族的荣光，目前已经有许多企业顺利实现了交接班，第二代企业家已经开始成为公司的掌舵人，并且比他们的父辈更有智慧，更有能力，企业做得也更加出色。

当然，也有你家这样的孩子，他们对做生意不感兴趣，或者对你的生意不感兴趣，他们愿意从事自己感兴趣的事情，希望从事自己喜欢的职业，去做让自己快乐的工作，他们希望靠自力更生，独闯一片天下，追求他们的梦想，他们内心当中已经有了对未来的选择。如果是这样的话，你一味地强求他接班，让他们做不愿意做的事，即便他勉强答应了，最后的结局依然会两败俱伤。他会一生不快乐，他不快乐，难道当长辈的会快乐吗？希望父母在孩子是否接班的问题上，树立以下两个基本观念。

（1）虽然孩子与我们有血缘关系，但是他有自己的生命轨迹。从孩子出生那天起，我们就觉得自己的生命有了延续，其实这只是血缘关系上非常狭隘的一种理解，而不是人生意义层面上的理解。因为他不是你，所以从出生那天开始，他就注定不是你，他不会再按照你指引的生命轨迹去成长，他有自己的判断，他有对生命的理解，所以他一定会选择自己的未来。只是当他太小的时候，会无意识地接受父母的要求，但是当他留学回来长大成人，有了独立判断意识之后，他知道自己这一生要什么，并且会义无反顾地追求下去。这就是我们所说的，他虽然与你有血缘关系，但他另有自己的生命轨迹。

做父母的要尽养育的责任，把他们抚养成人，供他们上学，陪伴他们成长，保证他们的身心健康，学成长大之后，你就已经尽到了责任，至于未来走什么路，应由他自己去选择。如果他对继承家业感兴趣，愿意经营家族企业，那么我们很高兴，我们的事业后继有人了，我们将为他们提供一切必要的条件，帮助他们接班，帮助他们成长，看着他们把我们创立的事业发扬光大，也满足了我们作为长辈的心愿。但是如果他不愿意接手家族产业，甚至不愿意做企业，你也不要失望，更不应当责备，如果他从事的职业是正当的，是对社会有意义的，他自己感到开心快乐，那么你就应当为他感到高兴，应当大力支持他走自己选择的道路，这是他的生命，我们只能陪伴，只能祝福，无法左右。

（2）做企业的目的不是交给下一代，而是完善自己的人格。做企业到底为了什么？作为企业家，我们在不同的阶段，也有不同的认识。在创业的时候，我们做企业的目的就是为了摆脱贫困，为了家庭有更美好的生活；当企业发展起来，生意做大了，我们自己财务自由了，我们做企业的意义更多的是为员工谋福利，为社会做贡献，这是一种自我价值的体现。

或许在我们的潜意识中，做企业的目的就是为了交给下一代。但是我们沉下心来问问自己，这是我们做企业的最终目的吗？孩子接班固然好，如果不接班呢？难道我们做企业就失去意义了吗？

我认为做企业的目的，不是成就他人，也不是证明自己，更不是留给孩子，而是自己的一场修行，最终完善自己的人格。所以，要放下对孩子是否接班的纠结，要放下做企业需要别人来承认的偏见，回归自己的内心，如果有一天你发自内心地感谢自己，感谢自己创办的企业，让你的一生过得非常有意义，让你的生命得到了升华，那么你的人生就已经非常圆满了。

16. 员工文化水平低，我能够把他们培养成优秀的管理者吗？

【案例】我是开养生馆的，目前已经开了十几家连锁店，现在公司的生意非常好，已经具备了扩大规模的条件，制约我开店的不是资金、技术和模式，而是人才，我们的员工大部分都是初中、高中毕业，没有很高的文化水平。未来我需要大量的店长、运营经理、采购经理、技术指导、店面督导、财务人员、品牌企划人员。以前从外边招来许多能人，但是成功的概率并不高，一是他们的文化与我们不符，二是他们在过去公司那一套，在我们店里用不上。我有意将自己的员工培养成优秀的管理者，但是他们学历这么低，能够成功吗？

【解答】不要怀疑自己，更不要怀疑员工，平凡的员工也可以经营一家伟大的公司，关键在你的心态。如果越是瞧不起自己的员工，越是怀疑自己的员工，那么最后的结果就是员工越会感到自卑，越觉得自己不行，越没有成长的动力，也就成长不起来，最后形成一个恶性循环。老板要坚信自己的员工是最优秀的，他们跟公司一块创业，他们懂得公司，他们了解公司的价值观，他们喜爱自己的职业，他们对公司无比忠诚，他们现在只是缺少管理意识和管理方法，以及适当的领导力训练。如果我们树立起对他们的信心，给他们更好的学习和锻炼机会，他们就能够成为公司所需要的管理人才。

（1）相由心生，你心中认为员工是什么，他们就是什么。一切呈现在我们面前的实相，都是我们内心的折射。作为公司的老板，你具有很大的能量，你对员工的评价就是一种能量，员工会根据老板的评价，在潜意识中调整自己的意识和行为，所以老板怎么看待员工，员工内心可以深刻感受到。如果老板相信员工，认为员工是最棒的，那么员工就会成为一群自信的人；如果老板认为员工是无能的，那么员工就是一群低能力的人。

就像我们教育孩子一样，一个爸爸看见孩子从59分考到了60分，就会大加赞赏这个孩子：你太棒了，你终于达到 60 分，这是一个非常了不起的成绩，我会兑现承诺，带你去游乐园玩耍。虽然这个孩子可能是全班最后一名，但他未来很可能会成为一个成功的人，因为他充满自信。另一位爸爸同样看见孩子从 59 分考到了 60 分，就会大加斥责：我看你是没救了，也就是这个水平了，你将来也不会有太大的出息，这个假期哪也别去了，在家好好学习。这个孩子未来会有两种可能，一种是彻底自卑，再也抬不起头，认为自己就是一个很笨的人，一生不会有成就；另一种是不择手段获取成功，只是为了证明自己不笨，他虽然成功了，但是与他共同生活的人却会痛苦无比，他自己也不会快乐。同样是提高了一分，但是两个爸爸的态度截然不同，两个孩子的命运也完全不同。

相由心生，老板与团队之间每天都不同程度地进行着能量交换，正能量唤起正能量，负能量叠加负能量，只有老板转变自我，内心生成正能量，才可以传递给员工，员工才会自觉调整思维意识与行为方式，这个团队才会按照我们希望的目标成长。

（2）文化水平低会影响员工成长，但不是决定性因素。读书很重要，学历也非常重要，读书可以增加我们的知识，可以提高我们的修养，开阔我们的人生视野。获得更高学历的人，多数是非常有毅力，有学习方法，是非常聪明的人。但是我们的员工不都是受过高等教育的人，由于家庭条件、地域限制或者某些特殊的原因，有些人初中、高中毕业，就开始就业了。

就像你的养生馆，除了一些中医专业毕业的学生，许多员工是通过自学获得一些专业知识、技能，即使没有受过任何专业训练，来到公司如果加以培训，先做一些初级的养生项目也是可以的。如果基础好，再给他们一些深造的机会，那可能会培养出专家级员工。

企业是一所学校，某种意义上讲，老板不仅仅是投资人和最高管理者，也是员工的人生导师，也要为员工的职业生涯指明道路和创造条件。企业有责任教会员工做人的道理和处事的方法，掌握能够赖以生存的职业技能。即便这个员工未来不在你的公司工作了，他在其他岗位上也会非常优秀，这也是企业对社会的贡献，是作为老板的一种成就。

（3）有了实践经验后，再学习的成本会很低，效率会很高。虽然有些员工没有上过大学，但是社会也是一所大学校，并不妨碍他们获取更多的知识，提高自己的人生修养，开拓人生的视野。他们比同龄的大学生更加成熟，他们经受过更多的人生磨练，他们更懂得有一份工作不容易，更懂得为人处世的道理，更懂得只有不断学习和进步才能适应社会，他们学习和成长的动力更强烈。只要公司能够给他们提供培训、学习、成长和试错的机会，他们会更加珍惜这份工作，更加珍惜公司创造的条件，从而快速地吸取知识，提高自己的职业技能。从某种意义上来讲，公司培训他们的成本更低，他们成长的速度会更快，而那些刚毕业的大学生要适应社会，还需要很长的一段时间。

（4）树理念、给方法、做训练，平凡的员工会成就伟大的公司。只要员工想赚钱、肯学习，智商也没有太大的问题，都可以培养成才。关键是企业要有一整套员工成长的机制。从员工进入公司开始，就要为员工制定适合自身情况的职业发展方向。你们是一家养生连锁店，员工入职之后，要依据他们自身的条件，做一些简单的职业规划，比如从初级技师成长为高级技师，从技师或者客服人员成长为店长，从店长成长为业务督导……以目标为导向，自己应当学习什么，要经过哪些阶段，每位员工给自己做好职业规划，公司提供成长的一切必要条件。

把我们成熟的业务和管理经验，变成员工可以看得懂、能操作的工作流程。借助我们多年的经营管理实践，总结出各项工作流程，包括《客户接待流程》《养生保健专业技法和服务流程》《产品和服务推介流程和话术》《客户结算和送客流程》《促销活动组织实施流程》等，通过大量的培训、现场训练和不断总结，让员工在执行流程中掌握最基本的业务和管理技能，这样我们会涌现出更多优秀的技术人才和管理人才。

当经验积累到一定程度的时候，要制定详细的《客户服务手册》和《店面运营管理手册》，不断复制团队和模式。连锁加盟的成功是复制的成功，员工成长了，企业就会得到发展，企业发展了，又会为员工提供更加广阔的舞台，企业就会进入良性循环的新阶段。

技能很重要，职业素养更重要，通过培训和学习，让员工理解自己的岗位价值，我们是大健康产业的从业者，我们的工作不低人一等，我们的劳动是光荣的，我们以精湛的专业技能和满满的爱心，为客户提供健康和快乐的生活。

17. 我上了一些禅修课，回来后给员工转训效果却不理想，这是为什么？

【案例】我是一个追求正能量和生命意义的人，过去几年我一直在学习，以前是成功学、教练技术，后来又参加一些禅修和身心灵的课程，我还去东南亚、美国、加拿大跟随国际禅修大师学习。我自己觉得非常有用，每天都有旺盛的活力，而且领悟到人生的真谛，我要把这些能量传递给我的团队，所以每次我学习完之后，都感觉充满力量，决心要帮助更多的人，回来后都要在团队中进行复训，有时候也会带团队去学习这些课程。起初还有一点作用，可后来时间长了，我发现他们感到厌烦，甚至拒绝，认为我在给他们洗脑，难道我用禅修的方式帮助他们提高觉悟，不是帮助他们成长吗？为什么他们会不愿意？

【解答】员工是正常的，你有些不太正常。这不是做企业文化，搞不好别说员工觉悟，你自己也容易走火入魔。

如果你感到不经常听这类课程，浑身就不自在；听完课之后不向别人布道，心里就非常难受；你满怀热情地去教化别人，却常常遭到别人的不解、回避，甚至抵触；在别人面前强颜欢笑，必须摆出一副成功的样子，而背地里常常痛苦流泪，甚至有些抑郁……这些表现就说明你已经走火入魔，或者已经到了走火入魔的边缘。

我见过许多老板，近10年来，他们拜见过世面上几乎所有流行的"大师"，参加过几乎所有流行的心灵课程，花十几万元都是小事，花几十万元，上百万元上课的大有人在。但是结果怎么样呢？当然你问他们，他们肯定会说好，会说自己的生命得到了升华，认为自己是在用爱心帮助别人成功，甚至有的人说自己已经开悟得道，但是他们的企业做得怎么样呢？他们的员工真正得到心灵的成长了吗？他们的家人都非常健康快乐吗？据我观察，大多数人的企业做得都不怎么样，甚至有的人因为跟随大师，企业没有了，自己倒成了"讲师"，天天就给别人布道。更有甚者，一些人还进入了传销组织，违法乱纪，坑人害己。

你自己修行没有问题，只要是走正道就可以了，但是你不要认为自己修行了，就要去帮助员工，员工不理解你，你就不高兴，其实这也说明你还没有到达境界。做企业文化，还是要回到企业本身，回到大多数人能够接受的方式，当然你自己必须达到一定的境界，再给你的员工转训，否则就会出现内心的纠结。

（1）修行是一件好事，但是必须走正道。佛陀弟子问："如果您不在了，我们以谁为师啊？"佛陀说："以戒为师。"什么意思呢？就是说佛陀不希望我们去崇拜某个人，而是去崇拜真理。如果一个课程制造了一种氛围，让参加的人最后都对讲师个人顶礼膜拜，甚至到了疯狂的地步，你就要加小心了，这不是在学习，更不是在修行，是在洗脑。如果这个讲师再强迫你交费，大肆敛财，你可能就遇到骗子了。看经典，读原著，讲传承，无可厚非，如果自己能够亲身践行，从中领悟到做人的真谛，对自己的心灵成长是有好处的。如果把自己的思想甚至生命寄托在某个人身上，那么你也就失去了自我，误入了歧途。

修行之路，充满着希望与光明，经历着艰辛和痛苦，也布满了陷阱和大坑，稍不留神就会误入歧途，也会掉进大坑。如果修错了，还不如不修，不修的人还没有那么多痛苦，修错的人反而痛苦万分。如果你感到痛苦，那么一定是走偏了，或者没有达到境界，需要赶快自我纠正，回到正道上来。

（2）自己修行没有问题，但不宜强求自己的员工。如果一个老板通过学习和修行，能够看清事物的本质，升华自己的人生智慧，成为一个正直、善良、有智慧的人，这也是一生的造化。如果通过学习，你知道如何去经营公司并帮助员工成长，与他们成为共同的事业伙伴，这是非常值得赞赏的事情。但是当你要求员工与你一样去修行，甚至强迫他们去修行，这是不对的。为什么你上课回来给员工转训，或者带着员工修行，他们会抵触呢？一是可能你本身就没有修行好，无法去教化别人；二是大部分的员工是来工作的，甚至是来谋生的，他与你的关系就是契约关系、合作关系，你非得让他们成为你的同道中人，这未免强人所难；三是每个人悟道的方式不尽相同，所以修行是一个人的事情，不要牵扯更多的人。

即便是有一部分员工有更高的精神追求，那么你与他们共同学习是可以的，不要把自己当成他们的心灵拯救者，在心灵成长的道路上只携手同行，不做讲师。

（3）修行就在红尘中，工作本身就是修行。许多企业家认为修行就应当去寺庙，进教堂，钻山洞，上高原，至少也要到道馆和会所，当然环境好、氛围好，对修行肯定有好处，但这不是决定因素。人生无处不修行，修行就在红尘中。做为老板，除非你的公司实现"自运营"了，根本不用你管了，你可以云游四方，否则就必须把公司做好，做好公司本身就是修行。

稻盛和夫先生说，工作就是提升心志、磨炼人格的修行。他是这么说的，也是这么做的。他从鹿儿岛一所三流大学毕业，来到了松风工业这样一家濒临破产的企业，员工辞职的辞职，罢工的罢工，他认为自己辞职就失业了，不如把自己关起来，好好搞研发。他为了研究一种新型陶瓷材料，住在公司吃在公司，无数次实验也没有结果，每天神志恍惚。一天晚上他像梦游般上厕所，踢倒了走廊的一个罐子，他发疯似的把罐子里的松油作为一个配方继续实验，没想到成功了，这就是未来的世界500强京瓷公司的核心技术和产品。京瓷公司上市之后，稻盛和夫把新股的利润全部回归公司，他希望为员工和股东谋求更多的幸福，创造更多的福利，为社会做出更大的贡献。他说，当他感到迷茫的时候，总是问自己：作为人，何为正确？以此来做出决策。他一生从事经营，决策从未失误过，企业从未亏损过，创造了两家世界500强企业，被日本人称为"经营之圣"，这才是我们修行的榜样。

我们的很多企业家生意上遇到挫折和失败的时候，就认为是自己的命不好，到处求仙问神；当生意峰回路转、风生水起、财源滚滚的时候，又开始自命不凡，不可一世，要么肆意挥霍，追求奢靡的生活，要么胡乱投资，最后血本无归，然后还自吹自擂，把人生的大起大落当成了一种可以炫耀的"传奇"。真正修行的企业家，善于把智慧运用到企业的经营管理实践当中，知行合一，自利利他，为员工创造精神和物质财富，为社会作出更多的贡献，从而完善自己的人格，回归自我本真。

在修行的道路上，做好自己，就是最好的影响他人。

18. 老板看着员工干活，还让我们高管也去盯着员工，整体效率低下，我该怎么办？

【案例】我是总公司中一个事业部的总经理，负责公司最主要一类产品的生产，来公司工作快3年了，最近我打算辞职。原因不是公司对我不好，也不是给我的待遇不高，而是感觉这家公司的管理方法太传统，工作效率太低。我们公司有20多年的历史，老板已经60多岁了，他自己每天都要去车间，看着员工干活，甚至看一个员工操作能看一个小时，他认为只有这样订单才能交付，质量才能提高。他看到我坐在办公室里，他就不舒服，他看见我盯在车间，就很满意。可是我要研究新产品研发，要督促工艺创新，要考虑更新设备，要关注员工绩效考核方案调整，要分析生产成本，还要找有情绪的员工谈话，我哪有时间天天盯在车间？所以我内心十分纠结，请问我该怎么办？

【解答】这种现象不少见，许多企业从小作坊做起，老板的习惯就是到现场，就是盯细节，就是看员工，就是事必躬亲，但是企业做大了，他的习惯依然没有改变。习惯的背后是理念，这个问题的本质是小农意识和现代化大生产观念之间的矛盾和冲突。小农意识具有3个特别显著的特征：

第一是主体的勤劳性。过去的农业生产都是以家庭为单位，以付出家庭成员的体力劳动来换取物质，但是在现代化企业管理当中，只有系统化、信息化、智能化和流程化，才能应对大规模生产所带来的成本增加，进而提升生产效率。

第二是局部的狭隘性。过去农业生产都是局部的狭隘性劳作，就是看好自己的一亩三分地，而没有商品交换的条件，不会考虑到农产品的附加值以及产业链的延伸，更不会产生生态系统的概念。就企业而言，在这样狭隘意识的影响下，企业关注的指标就是生产和销售，关注的是销量、产值和成本，往往忽略了综合利润，而综合利润则是由企业管理的各个子系统综合作用才形成的，这里面不仅仅包括生产系统、销售系统，还有战略决策系统、市场策划系统、研发系统、采购系统、品控系统、人力资源系统、财务系统、行政管理系统、企业运营监控系统等，还有支持这些专业系统的信息化系统、智能化系统、数字化系统等，这些系统都是相互配合、综合作用的。

第三是决策的短视性。小农生产只关注眼前利益，不关注长远利益，只关注现实的收益，不会关注持续的收益。而现代企业管理则必须兼顾近期与远期利益，有很强的规划性和计划性。产品研发需要规划，市场策略和产品推广需要规划，设备更新改造需要规划，人才梯队建设需要规划，资金使用安排需要规划。早规划，早准备，就少失误，走得远。

改造小农意识是一个迭代过程，是一项长久工程，中国的第一代企业家很多是从农村走出来的，他们做企业的方式也很自然地沿袭了小家庭的生产方式，他们一时很难从小农意识的圈子里跳出来。作为受过现代教育，知道现代企业管理体系的事业部总经理，如果你感到不开心，你可以辞职，但我更希望你担负起现代企业管理思想启蒙的责任，用你们的思想，用你们的行动，用你们的事实和数据去影响老板，最终改变老板。这个过程是痛苦的，难度也很大，但你可以去大胆尝试一下。

（1）用算大账的办法，跟老板讲道理。小农意识的一个具体的表现就是算小帐不算大帐。我们就要算一笔大账给老板看，比如我用一天时间审批了一个新工艺，效率提升了两倍，比我去车间盯一天员工干活，哪个效益更高？比如我通过一个月的努力，从提交文件到环保验收，取得了环保许可证，政府不再对公司实行限产，比我一个人在车间盯一个月，哪个效益更高？比如我用一个季度的时间，审批了绩效考核方案并组织了有效实施，工作效率和业绩完成指标有明显的提高，这比我一个人在车间盯 3 个月，收益哪个更高？我用 6 个月时间完成了一项新产品研发，上市之后的利润比传统产品高一倍，请问比我一个人在车间盯 6 个月，哪个效益更高？任何讲道理的方式，都不如算账，任何算大账的方法，都比算小账要好，老板是非常聪明的人，他们会以结果为导向，做出正确的判断，并从中感受到下属对说服自己的良苦用心，他们会改变的。

（2）用管理系统，让老板感受效率。老板通常擅长通过技术革新、工艺优化和设备改造来提高生产效率，但是并不擅长通过导入管理系统和改进管理方法来提高公司整体运营效率。比如说，老板非常重视通过单独指导员工来口传心授，教会员工操作技能，但是这种方法是传统的师傅带徒弟的方式，而现代企业管理理念告诉我们，要为员工提供工作标准、操作流程以及考核指标，更能让员工自觉地提升工作效率，并且能够批量复制人才。再比如，老板愿意召开生产调度会，每周甚至每天开一次，安排布置生产任务，但是如果每周有质询会，各部门都参加，会议有计划模板，汇报有统一要求，讨论有统一规则，人员整齐，信息全面，效率更高，要比只有生产部门参加的生产调度会更能够解决问题，而且成本更低。

老板通常非常注重业务指标，比如销售收入和生产产量，而忽视管理指标，这是因为他没有深刻认识到管理是业务的支持系统。如果财务核算做得不好，我们的成本就无法精准计算，销售报价的主观随意性就很强；如果我们在采购合同当中不能把采购标准精细化，不能对供应商违规行为进行限制和处罚，那么仅靠采购员的努力，去保证供应商及时交付和质量达标，就是一件非常困难的事情。如果我们的人力资源体系不能把部门职能与岗位职责划分清楚，部门之间的合作就会出现推诿扯皮，影响部门之间的协作效率……

老板请我们这些专业的管理人员加盟公司，就是希望能让我们给企业带来更好的管理思路、管理方法和管理工具，当我们适应了公司的情况，了解了公司深层次的问题之后，我们这些职业经理人要敢于向老板提出改革建议，用新的管理思想、新的管理系统，用实践结果，用事实和数据，去说服老板，引导他改变小农意识，改进管理手段，向管理要效益。

（3）用学习和参观，让老板开拓视野。小农意识的另一个突出表现就是经验主义，认为过去这样能够成功，未来这样也会成功，让他们放弃引以为豪的成功经验是一件十分痛苦的事。

作为职业经理人要创造条件，选择一些标杆企业，多让老板出去走走，参观学习，开拓视野，多借鉴别人的成功经验，以减少自己的探索成本。还要创造一切条件，选择一些高质量的课程，让老板走进课堂，多参加学习，开拓理论视野。有时别人说，比我们说更好，因为外来的和尚会念经。

内因是变化的根本，外因是变化的条件，最终的改变当然是老板自身的反省和觉悟，我们作为高管是促进老板产生变化的外因条件，我们做到了该做到的事情，也就尽到了应尽的责任。如果老板改变，我们就跟着老板一块建设新公司，创造新业绩；如果老板不改变，你也可以选择辞职，这段经历对你的职业生涯来讲，无疑也是一笔宝贵的财富。

19. 当公司出现严重问题的时候，为什么最后一个知道的人总是老板呢？

【案例】前几天有个客户打电话给我，说我们交付的一批设备出现了某些质量问题，他向我们的销售部门提出了投诉并要求改进，但是一直没有得到我们的回复，更没有售后人员去现场服务，所以被逼无奈给我打了电话，让我重视这个问题。我把销售经理找了过来，他承认有这个事情，但是他说想等处理好了之后再汇报，我说客户的投诉必须要第一时间告诉我，或者给我一个计划，或者向我说明困难，但是不可以隐瞒。类似的事情在我们公司经常会发生，出了问题以后我总是最后一个知道的，我们的干部到底在想什么？我应当如何去解决这类问题呢？

【解答】是我们的文化出了问题，我们没有形成一种开放分享的文化、对事不对人的文化、坦诚沟通的文化。究其原因，恐怕更多的是在老板身上，我们是否对下属过于严厉，以至于他们对老板产生恐惧感，出了问题不敢汇报，或者是在以往的合作当中，他们提出的一些改进意见，老板没有采纳，也没有告诉他们什么理由，所以他们认为汇报了也没用，不汇报比汇报要好，自己闷头解决了再说。当然，我们也要反思和改进我们的信息管理系统，让不汇报的事实无法隐瞒，用机制确保信息畅通，比如设立客户服务机制，服务之后有回访，就可以从内部第三方打破信息屏蔽，让问题在第一时间反映出来。

（1）公司提倡试错，只要不是原则性错误，应当给予包容。什么是原则性错误，主要是指违法乱纪、重大安全事故、重大经济损失、客户严重投诉等。除此之外，对于一般性错误，只要出发点是好的，公司都可以原谅。人非圣贤，孰能无过？老板应当鼓励员工在试错中走向成功。

我们搞研发会有大量的失败，但是这不能阻挡我们科技进步的脚步；我们尝试新的商业模式会出现多次失败，但是这不能阻挡我们创新模式的脚步；我们从事高精尖产品生产初期会出现许多质量瑕疵，但是这不能阻挡我们质量改进的进程；我们在战略转型的过程中，会丢失一些客户，但是我们不会停止市场的拓展与更高层次的竞争。在试错中总结，在试错中改进，在试错中成长，只要方向是正确的，每一次进步都会带来新的希望，我们终究会有成功的一天。

出了错以后，我们不要苛责员工，以包容的态度，总结经验教训，直面现实，知耻而后勇，从哪里跌倒就从哪里爬起来，继续应对新的挑战。如果团队有这样的开放文化、试错文化，大家就不会掩盖错误，你也就不会最后一个知道问题的发生。

（2）可以出错，但是不可以隐瞒。据有关数据统计，80%的火灾是可以避免的，正是因为有些人有侥幸心理，认为自己可以灭火，结果火越烧越旺，最后到了不可收拾的地步。企业中有些问题到最后铸成大错也是这个道理，其实出了错误，我们本来有机会挽救，但是碍于面子，或有侥幸心理，指望自己能够解决，即使他无能为力，还是要自欺欺人，最后实在隐瞒不住了，才暴露出来，但是已经给公司造成了重大损失。

一家公司的项目经理，代表公司投标一个工程项目，其中标书填错了一个数据，但是他没有报告公司，因为标书已经寄出，他有侥幸心理，这点小问题，投标方也许看不到，即便是看到了，也不会产生什么大的问题，不至于影响最后的结果，因为他幻想着客户与他们多年的友谊不会因为这么点小事而割断吧。但残酷的现实是，他们公司没有中标，他们的老板非常惊愕，因为依据他的判断，这个标非他们公司莫属。最后一了解，正是因为这个错误的数据，招标方认为他们工作马虎，不值得信任，所以没有选择他们公司的方案。

老板找到这位项目经理，问他做了这么多年，每次都成功，为什么这次会出现如此低级的错误。项目经理最后承认他已经知道这个数据是错的，但是他认为这不是大问题，怀着一种侥幸心理，投标之后他也一直忐忑不安，但最终还是没有说出口。如果他能够及时报告公司，公司向投标方说明，或许还有挽救的机会，但他没有这样做，最后的结果也是必然的。

出错是个水平问题，但是隐瞒不报，有的是心理问题，有的是道德问题。

如果是心理问题，就是轻度的恐惧症，就是对某些特定的对象或处境产生强烈的不必要的恐惧情绪，而且伴有明显的焦虑，并主动采取回避的方式来解除这种不安。鸵鸟遇到危险时，会把头埋在沙子里，视而不见，自欺欺人，就是这样的一种症状。

如果是道德问题，就是明知由于自己的过错，会对他人产生重大损失，却故意隐瞒不报，放任不良结果的发生。

如果判断是心理问题，应该通过善意的沟通告诉他出现问题不可怕，可怕的是出现问题不报告，就会产生更大的问题，你就会更加恐惧。如果把问题说出来，即便造成一定的损失，也还有挽救的机会，我们也不会责怪你。当然，解决心理问题主要还是靠自我疗愈。如果是道德问题，就要给予严厉的批评和教育，并给予一定的处罚，严重的要追究法律责任，直至开除。

（3）做好关键节点检查，建立第三方监督机制。任何错误的发生都不是偶然的，而是有事前预兆，只不过我们没有提前发现，并给予及时的纠正，所以我们必须建立关键节点检查和第三方监督机制。案例中所讲到的质量投诉事件，实际上是可以预防和挽救的，我们有很多关键节点是可以控制质量问题发生的。从签订合同开始，我们就要管控整个过程的风险，质量标准是否得到双方的确认和签字；合同中的图纸、工艺标准和质检标准是否正确，生产部门在生产过程中各个关键环节是否严格执行操作标准；我们的质检部门是否按照检查标准、程序和方法，进行了认真检验；即便是客户端出现了问题，如果我们有客户回访机制，由客户服务部门进行电话回访，也不至于总经理最后才知道问题，引起客户的强烈不满。

部门互检是检查体系中的常见方法，是五级检查体系中的第三级，目的是打破部门之间的屏蔽，当部门隐瞒问题时，由另一个部门通过检查来发现问题，及时处理，并通告上级。

20. "大侠式"领导风格，值得提倡吗?

【案例】我们公司已经进入发展期了，团队的成长很关键，但是我们的销售部长是一个"大侠"式人物，当员工跟客户谈不好的时候，他就会告诉员工："散开，让大哥来。"他上去三下五除二，把客户的单子签了，然后回过头来跟员工吹牛：你们看大哥怎么样？大家都一副佩服的表情，为此他感到非常得意。结果他个人能力很强，团队成长很慢，也影响公司的下一步发展，请问他为什么有这种心态？怎么才能让他成为一个能带团队的好领导？

【解答】每个人都有自己的生命动力，有的人把别人的赞美，当成自己的生命动力，一天得不到赞美，他就觉得生命没有意义。这种人实际上是内心空虚，他要不断通过外求来满足自己的虚荣心。有的人把"成就别人就是成就自己"作为生命动力，他会默默无闻地帮助别人成功，然后自己躲在后边享受别人的欢乐，这种人不需要外求，而在意内心的丰盛。从团队建设的角度来讲，前者就是"大侠"式领导，而后者就是"教练"式领导，创业期公司需要"大侠"，发展期公司需要"教练"。

（1）肯定他的能力和业绩。什么是"大侠"？大侠的特点就是武艺超群，独往独来，不带团队。"大侠"式领导一般都是能力非凡的人，在公司创业初期，"大侠"式人物往往是救火队长，能够在危难之时挺身而出，挽狂澜于既倒，扶大厦之将倾，解决了许多急难险重问题，是英雄式人物。你说的这位销售部长，就是这样一位豪杰，对于他在创业时期的出色表现，作为老板应当不吝赞美之辞，给予充分肯定。

（2）告诉他团队的成功才是你的成功。个人打不过团队，好虎架不住群狼，公司进入发展期了，个人的能力固然重要，团队成长更加重要，一个人的能力毕竟是有限的，不可能所有的客户都由你来搞定，这会限制公司的业绩成长。况且一个销售部长掌控了公司一半以上的客户，独自拿下了大部分订单，对公司而言，不是什么好事，而是隐含着巨大的风险。公司对你充分信任，但公司不得不防范风险，没有一家公司敢把命运押在一个人身上，这是全世界公认的道理。只有把自己的成功经验变成员工可以操作的业务流程和方法，训练并提升员工开发客户、维护客户的能力，你的业绩提成建立在团队业绩的基础上，你的收入将会更多，你还会成为团队最受尊重的人物，可谓名利双收。

（3）一个领导最大的成功是看到下属成功。独行侠只能是独行侠，永远成不了领导，更成不了大业，中层领导的价值是带好团队做结果，而不是自己干得多么出色，个人的业绩有多好。当你在代替员工把客户搞定的时候，你有没有想过，你的所作所为剥夺了员工成长的机会，你自己成功了，而团队并没有成功，这种个人的成功，只能叫"小有所成"。所以当公司进入发展期，在复制团队和模式的过程中，必须把自己的角色从"大侠"变成"教练"。这个过程或许是一个痛苦的过程，因为要遏制自己个人成功的冲动，因为要花大量的时间和精力在团队训练上，因为需要巨大的爱心和耐心帮助团队成长，甚至要忍受业绩暂时进入低谷的煎熬。但是渡过了这段困难期，你会发现团队在成长，业绩在提升，当团队在庆贺胜利的时候，你站在背后为他们高兴，就像运动员站在冠军领奖台上，教练员在下面默默祝福，这时你已经发生了质的飞跃，你具备了一位领导的高尚品德，将来会成为公司的股东。

21. 如何让企业文化落地？做企业文化的原理是什么？

【案例】我们是一家快消品代理销售公司，有100多名员工，我非常重视企业文化建设，但是在具体工作当中，我觉得还是有些问题。我们主要的方式是向标杆企业学习，他们的愿景、使命、价值观，他们的企业精神，都是我们学习的榜样，但是总觉得不太适合我们公司。同时我们也开展了大量的文化培训，包括潜能激发、性格训练、野外拓展、集体旅游等团建活动，但就是感觉不能落地，或者层次不够，请问如何让企业文化落地？做企业文化的原理是什么？

【解答】"文"和"化"两个字要分开来解读，"文"是我们倡导的企业价值观，"化"是化成员工的信仰并付诸于行动的过程，"文"很重要，"化"更重要。当然，你们开展的这些活动，也都属于企业文化建设活动，只是没有掌握文化建设的核心和原理，需要进一步深化。企业文化建设的基本原理是"五步走"，也就是内化、点化、教化、同化、感化，我分别讲解一下。

（1）内化。企业的创始人通过不断实践和自我反省，在内心中形成坚定的价值观。每家企业的文化之火，都曾经有一颗火种；每一家企业的文化大树，都曾经有一颗种子，这颗火种，这颗种子，就是企业家最初形成的人生观、世界观、价值观。"三观"来自于人的实践和受到的教育，它的形成标志着一个人思想的成熟。如果一个老板是依靠创新获得了成功，那么"创新"就有可能成为公司的价值观；如果一个老板是依靠诚信获得了成功，那么"诚信"就有可能成为公司的价值观；如果一个老板是依靠爱心获得了成功，那么"爱心"就有可能成为企业的价值观。价值观不是抄来的，也不是专家杜撰出来的，而是来自企业家的自我认知，那些成为他的人生信条和生命指南的观念。

（2）点化。企业家在中高层管理团队思想不一致，出现迷茫或者冲突时，用我们的价值观点醒大家，点到为止，让中高层管理团队成员自己去想象，自己去反省，自己去感悟。当部门之间出现推诿扯皮的时候，我们的老板会提醒："请你们思考一下，在我们内部，谁是你的客户？"扯皮的部门就会停止相互指责，重新思考"内部客户价值"的核心理念，扯皮的事情最终才会得到解决。当高管团队的业绩没有做好，而埋怨下属没有努力的时候，我们的老板会提醒："请问什么是领导？下属出了问题，谁来承担责任？"抱怨下属的领导就会陷入沉默，心生愧意，从中体会公司倡导的"责任"文化。当我们的一位部门经理坚持原则，得罪了员工，老板就要站出来提醒大家："今天这个事情，我必须支持他，请问你们遇到这样的事情，能坚持独立人格吗？"那些平时不坚持原则、讨好员工的人就会内疚和反思，重新思考什么是"独立人格"。点化，就是点到为止，让他自己内化，化成他的反思，化成他的认知，化成他的行动。

（3）教化。中高层管理团队用公司的价值观教育下属员工，并在管理工作当中不断重复我们的价值观，使之成为我们全员共识，进而形成优秀的文化传统，营造独一无二的团队文化氛围。

（4）同化。对于新来的员工，由于我们全员的文化价值观形成了一个强大的"磁场"，他们会不自觉地被熏陶、被感染、被同化。如果一个新员工来到公司，突然发现这家公司只要按照流程操作，做好业绩和结果，不用讨好领导，不用去搞内部关系，就能够得到大家的肯定，与过去的公司文化完全不同。他先是不习惯，然后是怀疑，接着开始调整自我，然后得到肯定、信以为真。文化具有强大的同化能力，所谓"近朱者赤，近墨者黑"，就是这样一个道理。当然"同化"不了的，也就是融入不了我们团队的人，会被我们的文化所排斥，从而保证我们整个文化的纯度越来越高。

（5）感化。我们全员以强大的精神动力去工作，创造出让客户感慨万千的产品，提供让客户无比赞叹的服务，最终感动客户。一切内在的精神，都会通过外在的形式表现出来，优秀的企业文化最终通过我们的产品和服务，让客户感受到超越期望。我们的感化就是感动客户，与客户化为一体，成为战略合作伙伴，我们生意上是合作伙伴，在生命上是人生知己。

22. 我们正在从"亲情文化"向"执行文化"转变，如何打造企业的执行文化呢？

【案例】我们是一家创业 7 年的公司，目前已经从生存期进入发展期，但是亲情文化还是比较严重，请问如何打造企业的执行文化呢？

【解答】亲情文化是以亲情为纽带，凝聚团队的人心，在创业期起到了至关重要的作用。企业进入发展期以后，向执行文化转变，这是企业发展的正确选择。您能意识到这一点，在这个关键节点让企业文化实现转型是非常难能可贵的。德鲁克说："管理即文化。"就是告诉我们，一切管理的问题都是文化的问题，那么一切文化问题都必须通过管理手段去解决，所以从亲情文化向执行文化转变，就必须通过导入和运行管理机制，改变我们过去的思想和习惯。5i 运营管理模式不仅是一个管理闭环，也是打造企业执行文化的"能量环"，5i 分别对应"五大执行文化"，长期坚持 5i 运营管理模式，做好"点化"和"教化"，团队的思想观念会发生巨大的变化，执行文化就会深入人心。

（1）通过 i1 训练倡导结果导向。i1 的训练内容，包括组织架构梳理、部门职能划分、岗位职责明确、KPI 考核指标提炼，通过周计划、月计划，以及质询会，最后做好结果定义。在这个过程中，要训练团队树立结果导向意识，区分什么是做事情、什么是做结果。给大家一个明确的文化理念：做事情，不等于做结果，我们工作的出发点和落脚点都是以结果为导向的，这个结果必须符合公司战略，必须符合总经理要求，必须是各部门要求的，必须是客户要求的。我们定义的结果，必须符合三个要求：有时间、有价值、有证据。经过反复的训练，结果导向的理念会逐渐深入人心，并成为全员的思维习惯。

（2）通过 i2 训练倡导客户价值。i2 训练内容包括流程的再造、优化和训练，养成按流程做事的习惯。从内部合作来看，流程是内部客户价值的传递，上游必须为下游提供合格的结果，下游有权检查、接受或者拒绝。内部客户价值的传递会给外部客户提供高质量的产品和服务，我们执行的一切结果都是为客户创造价值，我们一切结果的好坏都由客户来评价。经过流程训练的公司和没有经过流程训练的公司，给客户的感受是完全不同的，流程化的企业会让客户感受到正规化、效率化、持续化，会感受到严谨的工作作风和高水平的职业素养。

（3）通过 i3 训练倡导独立人格。i3 训练的内容包括检查文化的宣导和五级检查体系的应用。"接受检查是美德，检查别人是职责，一切为客户"就是我们的检查文化。人无完人，人会有过，作为被检查人要认识到，只有通过接受别人的检查，才能防止漏洞或错误，最终满足客户的需求。不是把检查人当成仇人，去消极抵抗或者公开反对，而是当成贵人帮我改进、提高和成长，这是一个人的职业美德。作为检查人，检查不是我们讨好被检查人的机会，也不是彰显我们权力的时候，而是以极大的耐心和爱心，担负起检查的责任，以对客户高度负责任的态度，做好职权范围内的检查工作，防止最终的结果给客户造成不良的影响。

被检查人有时候会成为检查人，也不要因此而自傲，检查人有时候会成为被检查人，也不要因此而不服，要想到这一切都是正常的，一切都是为了客户。公司存在的理由，就是为客户创造价值，这是我们至高无上的文化理念，如果我们在这个理念上达成了一致，那么我们的思想境界和企业文化就提高到了一个层次。

在这个理念的指导下，我们要导入五级检查体系，包括岗位自检、上级检查、部门互检、COO 检查、总经理检查。在检查体系的实践中，每个人要从内心体会我们的检查文化，去掉"小我"，提升"大我"，去掉狭隘的心胸，提升更大的格局，我们在检查过程中产生的矛盾和错误想法就会逐渐消融。

（4）通过 i4 训练倡导团队激励。i4 的训练包括月度考核的奖惩、及时的奖惩和专项制度的奖惩。打分、考核、奖罚是企业管理的常用手段，目的不是扣大家的分，不是伤大家的自尊，而是通过打分，客观公正地评价每个人在某个时期的工作绩效。取得优秀成绩的，我们必须给予赞美和奖励，一时成绩较差、表现不佳的，我们也绝不放弃，通过找原因，定措施，重新定义结果，鼓励他下一次把失去的业绩补回来，把交的罚款挣回来，这样他就是我们心目当中的英雄，就是我们团队当中优秀的一员。表扬先进，鼓励中间，鞭策后进，团队激励是不变的主题。

（5）通过 i5 训练倡导开放分享。i5 的训练内容包括确定专题改进问题，分析真正原因，制定改进措施，以及新结果的各自承诺，其中重点训练《改进表》的下发和使用，改进会的程序与组织方法，通过专题改进会训练我们的结构思维和逻辑思维，遇到老大难问题，不掩盖，不推诿，不逃避，把它公开拿出来进行讨论，对事不对人，挖掘真原因，制定新措施，谁的责任谁承担。在这个过程中，需要训练我们的心态，参会者要以坦诚的心态提出建议，改进者要以阳光的心态接受建议，责任人要有担当的心态承诺结果。这是一次开放分享的交流，这是一次集体智慧的交融，这是一次团队信心的考验，这是一次挑战困难的总动员。

总之，做文化不能"空对空"，必须结合到管理实践当中，让团队深刻认识我们的企业文化。从亲情文化向执行文化转变的过程中，最佳的方式就是通过 5i 运营管理模式的导入和训练，来打造我们企业的执行文化，任何运营机制都必须以执行文化作为思想支撑，任何执行文化都必须通过运营机制而最终落地，这就是执行文化打造的基本原理。

23. 老板的亲戚总是直接指导我下属的工作，该怎么办？

【案例】我是一位事业部总经理，事业部相当于一个子公司，下面有 3 个车间，400 多名员工，以生产为中心，并与集团研发、销售、采购、物流等部门形成矩阵式管理模式。我的直接领导是集团总裁，但是集团有一个副总，也是老板的亲戚，分管财务、采购、物流等部门。他经常到我们事业部，到下面的车间直接指导班组长和员工的工作，下属不敢得罪他，表面还得答应照办，转身就会不做，因为没有我的指令下属不敢随意改变计划与方法。他不是我的分管领导，总插手我们的事务，如果我向总经理反映，好像我告他的状，我要是不说他，他会给部门造成许多混乱，请问我该怎么办？

【解答】这位副总的角色定位不清楚，他以为所有的事情都是他们家的事情，他作为家族的成员，就可以随便管理家里的事情，而没有把自己当成一个分管副总，做好自己份内的事情，少插手别的部门的工作，否则公司将会出现混乱。因为角色定位错了，他的心态就出问题了，他就可以肆无忌惮地插手其他工作，而不是按照职责划分、工作流程以及授予的权限履行职责，一句话就是没有职业素养。怎样才能让他有职业素养呢？我给你几条建议。

（1）让总裁出面是关键。总裁的亲戚一杆子插到底，违反公司的组织程序和原则，作为下属不好直接拒绝或者批评。只有向总裁如实汇报情况，如实讲清自己的不满，如实告知改进的建议，才能让总裁出面找这位亲戚，请他注意自己的职权范围和工作方式，不应当管的事不要管，不应当说的话不要说，公司管理是有章法的，横向有职责，纵向有流程，有分工，也有合作。

总经理找副总谈的时候，最好把公司组织架构图拿出来一起讨论，你在哪，什么角色，什么职责，上下级是谁，横向合作者是谁，你是不是走偏了？请他把图看清楚了，把应当做什么想清楚了，再决定怎么做事。还要教育他，从法律关系上看公司是家族的公司，但是不能按照家庭的方式去管理，这是一个组织，是有分工、协作和授权的，必须按规矩来。从这一点上来说，公司不是家，公司是一个正规化商业组织，作为公司的副总，不要把公司看成你的家，你也不是家长，只是一个职位而已，角色看清了，心态摆正了，做事才能正确，才能保证公司正常的运营效率。你一定要向总裁反映，不要有任何顾虑，不要认为这就是打小报告。

（2）直接告诉他按制度办事。如果总裁不去做这位亲戚的工作，或者做了不起作用，那么你必须要直接面对。如果再发现他到你的下属处直接安排工作，你在员工面前不要表露任何意见，但是之后必须找他单独谈。你要告诉他，我欢迎你来检查工作，也欢迎你来给我的工作提意见，但是你不是分管我的副总，你不能给我的下属直接下达命令。你发现任何问题，或有任何建议，可以向我提出，由我来处理，否则员工会不知所措，这是在人为制造矛盾和内耗，不是我想要什么权利，而是为了公司规范化管理和整体效率。

（3）建议总裁让他当COO。如果这个副总为人正直，坚持原则，懂得运营，也善于沟通，那么你就建议老板让他当COO（首席运营官），作为独立第三方专门从事计划执行和运营效率的监督检查，这样既可以发挥他的特长，又避免了干预其他部门的正常工作。当然，要与老板说清楚，如果他当COO，就必须把分管的部门工作交给其他的领导负责，因为COO是独立的职务，不能既当运动员又当裁判员，这样会影响客观公正的检查监督。与其不让他干，不如让他专门干，只要他符合COO的条件，我们就让他当COO，同时要对他的改进达标率进行考核，出了问题不是他的责任，但是出了问题后不能够改进达标，就是他的责任。

家族企业职业化对于中国民营企业而言是一个大课题，因为我们没有商业文明的基础，没有职业化教育，我们是靠着亲情凝聚人心，靠着勤奋打拼天下，但是我们缺少制度规范，缺少责、权、利统一的概念，缺少按流程办事的概念。不职业化的领导，把公司当成自己的家，把员工当成自己的家里人，其实这违背了商业组织的基本运营原则，我们要按角色办事，按原则办事，按职责办事，按程序办事。涉及到其他领导分管的部门，你可以提建议，但是不能代替人家做决策，也不能代替人家管理员工。如果你觉得他不负责任或者能力不行，你可以找他谈，也可以建议老板调换他的工作，甚至把他劝退，但是不能用这种方式来破坏公司的制度。在未来若干年，中国的民营企业，特别是家族企业要不断提高职业素养，建立健全规章制度，完善公司治理体系，导入规范的运营体系，通过学习、训练逐步提高家族成员职业化的认识和素养。

24. 有一位部门经理是公司的元老，除了我谁也管不了他，该怎么办？

【案例】我们公司的生产部长是创业元老，为公司立下了汗马功劳，他个人能力强，工作勤奋负责，为人耿直豪爽，但是有个最大的毛病，就是"唯老板独尊"，除了老板之外，谁也不在乎，包括分管副总都管不了他。他经常在公司大吵大嚷："在咱们公司，我只听老板的，谁也不好使。"有一次，分管副总找他开会，他就反问："老板参加吗？"副总说这是部门内部会，老板不参加，他大声说："老板不参加，我就不参加，我只听老板的。"跟别的部门合作稍有不顺心，就把人骂回去："你别来找我，只有老板下命令我才听。"这种人怎么转变？

【解答】他是江湖之人，不是职业人。公司里常有这种人，年头很长，脾气很大，大家都很烦他。这种人在创业期就属于李逵型人物，冲锋在先，英勇拼杀，不计得失，功勋卓著，这种精神动力来自于一定要干出业绩，让大家看得起自己的心理诉求，所以这种人内心是非常脆弱的，有极度的不安全感，他渴望外界的表扬、肯定和鼓励。公司进入发展期了，有更多优秀的人加盟公司，他过去的光环慢慢黯淡了，他上面不仅有老板，还有分管副总，他的周围不仅是下属，还有平级的部门经理，老板也不会像以前那样与他朝夕相处，他突然感觉到自己被冷落了，被淡忘了，那种极度不安全感又产生了，所以当他遇到副总提要求时，其他部门提出要求时，他潜意识里就会产生委屈和不公，甚至愤怒的情绪。如果这个人有良好的职业修养，他会心平气和地接受现实，努力做好本职工作，虚心听取别人的意见，向更优秀的人学习。但他是一个江湖人，这样的人怎么改造呢？这事还得老板来解决。

（1）你是成也"义气"，败也"义气"，识时务者为俊杰。过去我们亲如兄弟，艰苦创业，靠的是义气，今天我们成就了一家公司，开始正规化运营，靠的是职业化。时代变了，周围的环境变了，公司的要求变了，与你合作的人也变了，所以你跟我不再是创业的兄弟，而是跟大家一样的合作伙伴。公司不会忘记你当年艰苦努力的奋斗，但如果你想公司越来越好，你就必须要通过学习，从一个讲义气的人变成讲职业化的人，从一个尊重老板的人变成大家尊重的人，从听老板命令的人变成听上级和制度命令的人，这样你才会跟上时代发展的步伐。如果给你时间还不能改进，跟不上公司职业化发展的步伐，在内部运营中继续制造内耗，公司将来想给你机会恐怕都没有了，你靠老板个人是靠不住的。虽然我是老板，但是我绝对不会因为某个人而放弃公司的价值观和制度，我要对所有的人公平。

（2）尊重他人，就是尊重自己。不要认为你是公司的元老，你为公司立下过汗马功劳，你就比那些新加盟的人有优越感，你就可以不理睬人家的指令、合理意见和配合的要求，那样你就错了。他们虽然以前没在公司工作过，但是他们以前都在不同的公司，跟你一样奋斗过、优秀过、自豪过，只是你没看见而已。他们今天表现得如此专业，今天能成为你的领导，就说明他们是非常优秀的人才，优秀的人和优秀的人在一起，不是嫉妒而是互相欣赏、互相学习、互相配合。

一个人想得到别人的尊重，一个人想有存在感，并不是他与这个公司的老板有什么特殊的关系，而是他的人品、才华、成就得到别人的认可。老板的评价不重要，团队和客户的评价最重要，摆脱人身依附关系，树立独立人格，摆脱江湖义气，建立契约精神，这就是职业化的表现。

25. 如何管理好"95后""00后"员工？

【案例】我们是一家餐饮连锁企业，这些年发展非常迅速，员工扩招也非常多，但与以往不同的是，"95后""00后"的比例越来越大。我们一些管理干部和老员工就感到非常不适应，他们有时候上班会迟到，工作很任性，有困难不愿意解决，还经常挑公司的毛病，而且稍不顺心就可以草率离岗和辞职。人力资源经理给我讲了一个故事，我们前厅部要招聘一位员工，一个来应聘的小伙子问月薪多少钱，经理跟他说了工资之后，他就在那里算来算去。经理问他算什么，他说算一个月还能剩多少钱，经理问算一个月剩多少钱干什么，他说自己看中一条牛仔裤，想把这裤子买了，经理问这条裤子买了之后还干活吗？他说先买了再说，当时我们就无语了。我们的干部不知道怎么跟他们沟通，也不知道怎么去管理他们，是我们这代人出问题了，跟不上潮流了，还是这些年轻人出问题了，胜任不了社会工作了？

【解答】是我们出问题了。目前公司的主力大部分是"80后",在"90"后当中,1995年以前出生的员工和1995年以后出生的员工有些不同,所以我们把"95后"和"00后"当成新一代。由于时代不同,他们的物质条件、成长环境、受教育程度也就不同,所以具有非常鲜明的群体特征。他们有创新精神但考虑不周,他们追求快乐又不想盲目付出,他们少年早熟但又很幼稚,他们非常自信又缺乏安全感,他们想干成事但又不务实……但是,无论怎样,他们迟早要接班,这是不以我们意志为转移的客观规律,我们的使命是帮助他们成长,让他们成长为优秀的职业人。我们先把这个"管"字去掉,变成"带"字,他们不是用来"被管"的,是需要我们去带的。如何带好新一代?这是一个很大的课题,我们也在研究,目前已经形成了一些有效的原则和方法。

(1)带好新一代的四大"心法"。从"心"开始,你不能把他们当成另类,也不能把他们当小孩,我们应当用真诚之心与他们交朋友;从"欣"开始,不要紧盯着他们的短处,而要欣赏他们的长处,他们知识丰富、见多识广、聪明伶俐、纯真快乐、个性而富有创意,对梦想和生命的意义有追求,他们一定会比我们强;从"信"开始,在家庭和学校当中,他们没有受过职业化教育,所以初入职场会有许多可笑的事情发生,我们不要认为他们是故意的,他们是不懂,所以我们不要怀疑他们的人品,更不要怀疑他们的潜质,要相信他们,他们现在只是不懂,而不是不愿;从"薪"开始,他们很现实,要与他们谈好薪酬标准,定好薪酬绩效规则,然后不要轻易违反,否则会失去他们的信任。

(2)沟通五部曲。同频,要进入他们的思维层面,进入他的认知层面,这样你才能跟他们沟通。他认为买牛仔裤就是他入职的梦想,你就不要老告诉他,你这个梦想太幼稚,这时候他听不进去,也听不懂。你只有进入他的频道,跟他探讨牛仔裤的事情:买了牛仔裤之后还需要什么?是不是还需要一件漂亮的衬衫、一双时髦的鞋子,然后会有漂亮的女孩子欣赏你。为了这一切,你是否要有一项职业技能,找到一家能培养你的公司,然后做出一番成就,一切才会梦想成真。

同理,只要他的道理有一定的合理性,我们就要给予肯定,然后由浅入深,我们慢慢去谈道理，你会发现他们很愿意谈道理，要把你的理和他的理变成同一个理，最好的方式就是讲公理，公理是不需要证明的道理。比如客户第一，没有客户的认可，我们就没有收入，没有客户的赞美，我们的工作没有成就感，没有客户价值的体现，公司将不会存在，我们也就失去了工作的平台，要以客户为中心，而不是以自我为中心，这就是同理。

同步，新员工入职的初期，适应岗位需要一段时间，这时他们的成长速度相对较慢，作为领导不能着急，而是要手把手地教，一步一步地走，共同商定目标，共同设计步骤，一起开始行动。

同创，新员工适应了岗位、熟悉了环境之后，他们的创造天性就发挥出来了，当然会有很多幼稚的想法，那么我们总的基调是要鼓励，让他们大胆试错，只要不给公司带来巨大的损失，我们都要满腔热情地支持他们的创意。如果成功了，就变成了他们的骄傲，如果不成功，他们也会在挫折和反思当中成熟起来。

同乐，我们要与新一代员工快乐工作，因为快乐是他们的一个职业观，他们认为赚钱很重要，快乐更重要，最好是快乐地赚钱，所以我们当领导的要运用一切手段，开展一些他们愿意参加的活动，利用一切机会创造快乐。

（3）打开心门的六条妙招。第一招，无意间展示绝活。我们有个前厅主管就非常厉害，在新员工入职的第一天，他脚踏智能平衡车，单手托着菜盘，潇洒自如地划出了几道美丽的弧线，把盘子稳稳地送到了餐桌上，大家一片惊呼，原来传菜也能如此优雅，从此以后，他就成了新员工心中的偶像。

第二招，有机会就赞美。新员工出错比较多，特别是在试用期期间，除了原则性问题之外，我们就只提醒，不批评，员工稍有进步，我们就大加赞美。赞美，永远是员工进步的动力。

第三招，寻找共同爱好。共同爱好是工作当中的润滑剂，我们许多管理者没有什么爱好，那就无法陪伴员工成长。我们有个店长，经常拍抖音，把员工活动的画面、工作的画面，甚至工作当中很多小失误拍成了抖音，再鼓励大家拍抖音拿大奖，大家拍得很开心。在发奖仪式上，她都会对这些抖音作品写一篇颁奖词，其实这是她做职业化教育的一种独特方式。

第四招，偶尔打个赌。新生代最烦的是工作枯燥无味，因为很多工种都是重复的动作，这些工作是我们职业的一部分，这是无法回避的。如何调剂呢？偶尔打赌是一个很好的办法。一位销售经理与新来的销售员打了一个赌，如果你们谁在入职后 3 个月内能够成交 3 单，我会连续 1 个月每周一上午给你们买早餐，如果你们做不到，请你们每个人给我买周一的早餐。他们非常兴奋，还签字画押，把约定贴在墙上，结果 5 个人当中有 3 个人完成了约定目标，他们真的相互兑现。

第五招，你的事情你做主。新生代对自由非常向往，能够自己做主，是他们特别得意的一件事情。作为团队的领导，要鼓励大家在公司的规章制度和价值观允许的范围内敢作敢为。一位就餐的女孩接到前男友的骚扰电话，不管怎么解释，对方都不依不饶，她灵机一动，一把抓住旁边的服务生，然后暗示他帮个忙，这位服务生大说了一声："他是谁呀，赶快吃，吃完饭咱们去领证。"结果对方马上挂了手机。这种情况不属于公司规定的服务范畴，但却是一种善意的举动，无损公司利益，又解决了客户的难题，对于这种"自作主张"，应当给予鼓励。

第六招，让"90 后"去带"95 后""00 后"。在新一代占多数的团队当中，如果团队领导年龄太大，思维固化，行动也跟不上，兴趣爱好与团队也不合拍，是很难做好团队建设的。最好的方式是让年龄比较接近的老员工去当他们的领导，最好由"90 后"去带"95 后""00 后"，他们有共同的语言、共同的爱好，有非常相似的思维方式，容易产生共鸣。如果这些"年轻的老员工"能够正确引导，这支新一代队伍的成长速度将会更快。

北京时代兴邦企业管理顾问有限公司由孟志强老师于 2001 年创立，是帮助企业实现"自运营"的专业化管理咨询公司，主要服务项目包括企业"自运营"落地系统总裁班课程、企业"自运营"落地系统实战特训营和"5i 自运营"管理咨询项目，"引领时代，助商兴邦，为中国企业提升核心竞争力而奋斗"是公司的使命。

主要服务过的企业有中国石油、中国石化、中铁股份、工商银行、成飞集团、北车集团、江淮汽车、全友家私、正大集团、中建五局、山东佳农集团、深圳安得利、山西智奇铁路，扬州东升汽车零部件、承德北雁商城、成都三原教育集团、吉林延边德康生物、黑龙江金福泰股份、河北衡水龙马医药、河北冀北医药、太原亚宝药业、上海森海海事、天津亚星、新加坡林文亨建设、上海艺佳建设、阿尤服饰、四川格林流体、浙江强盟实业、北京丽日办公、好太太电器、保定鼎阳智电股份、重庆永昂实业、北京德联易控、西安中航电测、江西天施康医药、苏州黑盾股份、惠州中基钢结构、辽宁宗裕集团、浙江月立电器等 5000 多家企业。

北京时代兴邦企业管理顾问有限公司
官方微信公众号

孟志强老师微头条

公司主要服务项目

类别	名称	内容和目的	时间与方式	参加人
总裁班	企业"自运营"落地系统	讲解运营管理的基本理论、模式、方法和工具，属于实战型高端课程，解决效率提升和可以复制的问题	标准课时2天，每天6学时，包括理论讲解、案例分析、工具使用和方法训练，是各大培训机构和高校的首选总裁班课程	董事长、总经理
	企业"绩效倍增"实战系统	讲解人力资源的基本理论、模式、方法和工具，属于实战型高端课程，解决人才选、用、育、留的问题	同上	同上
	富过三代：如何实现顺利接班	讲解接班的原理、机制和方法，解决中国民营企业"富不过三代"的问题	同上	同上
	事业的小伙伴：如何带好新一代	打造能够带好"00后""95后"一同成长的中高层团队，解决与"00后""95后"沟通难、共事难的问题	同上	同上
管理咨询项目	"5i自运营"管理咨询项目	"5i自运营"系统的导入与训练，包括"人力资源体系+5i运营模式"训练，目的是提高效率，复制团队和人才	企业调研2天，项目周期20～60天不等，咨询顾问每天都会在企业上班，手把手教会企业中层如何抓管理，有一年售后服务期	中高层领导参加训练，其他人员可以旁听
企业特训营	"运营突破"特训营	结合企业具体情况，开展"5i自运营管理模式"实操训练，提高团队执行力和公司复制力，属于咨询式培训	到企业培训，完全个性化服务，课程3天，远程调研1天，课后一年服务期。现场训练，现场出结果，学习之后体系可复制和传承	同上
企业内训	用结果说话：团队执行力训练营	打造以"结果为导向"的超级执行力团队，解决借口多、结果少、执行不到位的问题	课程2天，远程调研1天，用企业的案例做培训，实战、实用、实效，教学氛围生动欢乐，达到思想统一、效率提升的目的	全体员工或者骨干员工参加
	职业选手靠得住：团队职业化训练营	打造"专业、商业、敬业"的职业化团队，解决缺少职业精神、不负责任和缺少价值交换意识的问题	同上	同上
	带好团队拿结果：中层领导力训练营	打造"能够带好团队做业绩"的中层领导队伍，解决中层角色认识错位和缺少工作方法的问题	同上	同上